知识产权
法律制度研究
2023

国家知识产权局条法司◎编

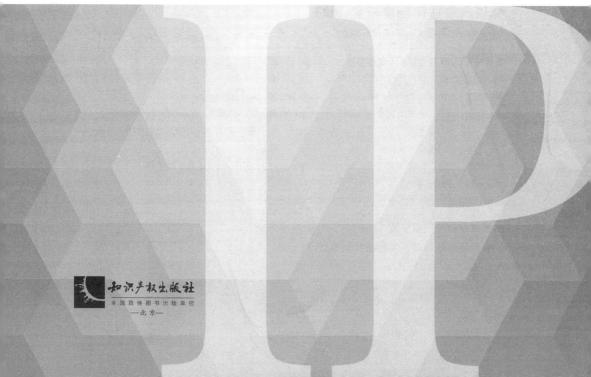

知识产权出版社
全国百佳图书出版单位
——北京——

图书在版编目（CIP）数据

知识产权法律制度研究. 2023/国家知识产权局条法司编. —北京：知识产权出版社，2023.12

ISBN 978 - 7 - 5130 - 9052 - 0

Ⅰ.①知… Ⅱ.①国… Ⅲ.①知识产权法—中国—文集 Ⅳ.①D923.4 - 53

中国国家版本馆 CIP 数据核字（2023）第 254190 号

内容提要

本书分知识产权制度、专利、商标、地理标志、其他 5 个专题，汇编 16 篇文章，围绕近年来知识产权领域的热点问题展开研究。相关文章是知识产权各相关领域的最新研究成果，可以为从事知识产权法律制度研究的人员提供借鉴和参考。

责任编辑：王祝兰　　　　　　　　责任校对：谷　洋

封面设计：杨杨工作室·张　冀　　责任印制：刘译文

知识产权法律制度研究 2023

国家知识产权局条法司　编

出版发行：知识产权出版社有限责任公司	网　　址：http：//www.ipph.cn
社　　址：北京市海淀区气象路 50 号院	邮　　编：100081
责编电话：010-82000860 转 8555	责编邮箱：wzl_ipph@163.com
发行电话：010-82000860 转 8101/8102	发行传真：010-82000893/82005070/82000270
印　　刷：天津嘉恒印务有限公司	经　　销：新华书店、各大网上书店及相关专业书店
开　　本：720mm×960mm　1/16	印　　张：18
版　　次：2023 年 12 月第 1 版	印　　次：2023 年 12 月第 1 次印刷
字　　数：300 千字	定　　价：99.00 元

ISBN 978 - 7 - 5130 - 9052 - 0

编 委 会

目 录

知识产权基础性法律立法模式及重点问题研究

詹　映❶　高　婧❷　杨依楠❸　张紫恒❹　史春惠❺

摘　要

就知识产权基础性法律的立法必要性而言，它是现代化知识产权法治体系的制度根基，是知识产权实质法与形式法合一的制度呈现，是我国深度参与知识产权全球治理的制度支撑，也是知识产权高质量发展社会环境的制度保障。从知识产权基础性法律立法可行性而论，日本、韩国等国外立法提供了可行的立法经验，地方知识产权综合立法为国家层面知识产权基础性法律提供了重要支撑，中国式现代化立法经验则提供了阶段性总结与新领域尝试的条件，理论界与实务界也逐渐取得了初步共识。在立法模式上，法典模式以及以公法为主的基本法模式，都不适合我国当前知识产权法治实践需要——只有公私兼顾的知识产权基本法才能担纲知识产权基础性法律之地位。知识产权共性规则是知识产权基础性立法的重要内容，覆盖知识产权内容、运行、保护全流程，包括知识产权一般规定的共性规则、知识产权运用与促进部分的共性规则以及知识产权保护部分的共性规则。在知识产权基础性法律中建立系统的域外适用制度，具有一定的必要性。同时，既有国际规则与国内外司法实践为在知识产权基础性法律中规定域外适用制度提供了现实可行性。

---

❶❷❸❹❺　作者单位：中南财经政法大学知识产权学院。

关键词

知识产权　基础性法律　立法模式　共性规则　域外适用

一、知识产权基础性法律立法必要性与可行性研究

知识产权基础性法律，是指在知识产权领域具有统领性、指引性、一般性的法律，其规范内容涉及统摄民事权利的私法和规制公共政策的公法。❶ 总体而言，知识产权基础性法律，应当是一部公私兼顾的综合性法律规范。❷ 就目前来看，我国在知识产权领域并不存在基础性法律，而是通过公共政策对知识产权事业发展提供指导和规划，并以知识产权单行法的形式对知识产权法律关系予以保护和规制。为知识产权公共政策和单行法制定上位基础性法律，既是现代化法治国家建设与知识产权强国建设的必要路径，也是《知识产权强国建设纲要（2021—2035 年）》等国家方略的明确要求，更是习近平法治思想在知识产权领域的具体落实。为此，有必要对知识产权基础性法律立法给予充分的必要性与可行性论证。

（一）构建知识产权基础性法律的必要性研究

1. 知识产权基础性法律是现代化知识产权法治体系的制度根基

知识产权基础性法律是知识产权现代化法治建设的集中体现。知识产权在国家法治体系和国家创新体系中具有重要构成地位和特殊制度功能，建设知识产权强国就是为建设社会主义现代化强国提供坚实保障。知识产权强国建设，以法治化国家和创新型国家为目标构成，其中具有基础性、保障性作用的是法治建设。❸ 在知识产权制度体系中，法律是最具地位、最有权威的规范形式。知识产权基础性法律可以为公共政策的制定和实施提供法律依据、法律活动准则和法律效力保障，有效防止行政权力的恣意任性和公共政策的方向偏离。其最大的优越性在于能够保

---

❶❷ 吴汉东. 试论"民法典时代"的中国知识产权基本法 [J]. 知识产权，2021（4）：3-16.
❸ 吴汉东. 中国知识产权法律体系论纲：以《知识产权强国建设纲要（2021—2035 年）》为研究文本 [J]. 知识产权，2022（6）：3-20.

持执政党的执政理念、执政路线、执政方针的连续性、稳定性、权威性，真正做到"不动摇""不折腾"。❶ 可以说，知识产权基础性法律是现代化法治的必然选择。

2. 知识产权基础性法律是知识产权实质法与形式法合一的制度呈现

知识产权形式法具有多重法治价值与意义，其既可以提高知识产权法律的权威性，又能搭建起法治运行的基本框架。然而，目前我国缺少知识产权形式法。在我国，"知识产权法"并不是一部有具体表现形式的专门法。就法律规范文件而言，各单行法并立，其内容直接触及知识产权的权利义务关系，从具体领域对知识产权事务进行实质性规定，但缺少统一的上位法和必要的形式法。当前，我国亟须出台一部知识产权基础性法律，将分散、抽象的法"实在化"。知识产权法的实在化，在立法上有助于明确法律渊源，在法律适用上便于查找法律规范，在行政执法上有利于推进统一管理。在已具备知识产权实质法的前提下，知识产权基础性法律制度建设正是一个恰当的契机，可用以实现知识产权实质法与形式法的统一。

3. 知识产权基础性法律是我国深度参与知识产权全球治理的制度支撑

深度参与知识产权全球治理，必须提出和构建中国的知识产权观和知识产权全球治理观，将其深刻融入当前的全球秩序和话语体系，抓住知识产权全球治理体系变革的时代机遇，加速实现中国知识产权外交政策、制度规则与知识产权国际规则发展变革的密切对接和深度融合。❷ 这一过程的实现，正需要一部体现现代化特色、包容性较强的知识产权基础性法律作为重要媒介。知识产权基础性法律具有强大的包容性与生命力，既为我国参与知识产权全球治理提供重要制度支撑，又是维护我国国家安全的重要保障。未来我国需要积极参与知识产权国际规则的建设，这就要求我国的知识产权法律制度要有强大的包容力和制度活力。从这一层面上讲，具有形式法治价值的知识产权基础性法律，将更好地实现制度支撑作用。

4. 知识产权基础性法律是知识产权高质量发展社会环境的制度保障

近年来，知识产权推广和宣传在一定程度上促进了知识产权文化氛

---

❶ 张文显. 法治与国家治理现代化 [J]. 中国法学，2014（4）：5-27.

❷ 马一德. 全球治理大局下的知识产权强国建设 [J]. 知识产权，2021（10）：41-54.

围的形成，但知识产权单行法模式导致不同知识产权领域分割明显，各单行法的保护与规制各有侧重。权利人、行政机关与社会公众仅在相关领域内了解特定权利义务关系，不同"赛道"的权利义务主体着眼自身，更多社会公众对知识产权整体概念的认知存在模糊，不利于在全社会范围内形成尊重知识产权的良好社会氛围。法律层面基础性法律制度的缺失使知识产权高质量发展社会环境的打造效果有所折扣，而制定统摄全领域、多主体的基础性法律有利于打破当前困局。知识产权基础性法律的功能之一在于为全体社会成员提供行为指引。通过抽象覆盖全领域的基础性规则，指引人们采取特定的行为产生、改变或消灭相互之间的知识产权权利义务关系。依靠知识产权基础性法律的建设，将法律的权威性、规范性和安定性放在首位，才能更好地实现法治所追求的社会效果，从而最终在全社会形成尊重知识产权的文化氛围。

（二）构建知识产权基础性法律的可行性论证

1. 国外立法提供可行的立法经验

日本和韩国作为两个典型的"自上而下"推动知识产权事业发展的国家，分别在 2002 年和 2011 年颁布了日本知识产权基本法与韩国知识产权基本法。美国于 2008 年颁布了美国知识产权资源与组织优先法，该法律为美国第 110-403 号公法。美国知识产权资源与组织优先法同日韩两国的知识产权基本法之间的一个巨大差别在于：美国法专注对民事救济、刑事制裁的司法资源整合，强化国内外知识产权保护的立法取向，在具体内容上存在诸多细致规定；日本法、韩国法则将知识产权基本法定位于"政策法"，没有任何私法条款的立法体例。上述国家的知识产权基础性法律均在特定时期和特定背景下对本国的知识产权事业发展起到了一定的推动作用。综合比对分析国外立法，吸收成熟立法经验，我国制定知识产权基本法时，应注意在确保该法公私法兼顾的基础性法律地位的同时，增强法律的可操作性。

2. 地方立法为国家层面知识产权基础性法律提供重要支撑

近年来，我国各地在知识产权综合立法方面进行了积极探索，在数量上有了巨大飞跃。自 2019 年至 2022 年 11 月，共有 16 个省（自治区、直辖市）、市及经济特区颁布了知识产权地方综合立法。目前的地方知识产权综合立法主要采用"保护法"或"保护与促进法"模式，共同构成了知识产权保护法律体系的重要组成部分，为国家层面的知识产权基础性法律提供了有益借鉴。在这些地方立法中，以"保护法"模式为范本的地方性法规，注重对知识产权行政保护、司法保护、社会保护和法律责任的探索；以"保护与促进法"模式为范本的地方性法规，另外增加了对于知识产权"创造与运用"及"服务与管理"的规定。提炼地方知识产权综合立法的核心内容，将知识产权综合管理改革积累的经验及时上升为法律，将地方立法的实践探索作为制定国家知识产权基础性法律，尤其是其中公法部分的实证基础和先行经验，形成上下呼应、良性互动的立法工作新格局，可以极大地减轻国家知识产权基础性法律的制定阻碍，提高制定可行性。

3. 中国式现代化立法具备阶段性总结与新领域尝试的条件

党的二十大明确将"中国式现代化"这一发展目标作为党在下一阶段的发展目标。事实上，长期以来，我国始终前进在中国式现代化法治的道路上。中国特色社会主义法治体系的建成作为一个良好开端，在知识产权领域体现为诸多单行法的制定、发展与更新。如今，法治国家、法治政府、法治社会的一体建设亦被提上日程。可以说，中国式现代化立法已经拥有了丰富的前置资源，而今后，在知识产权这一分支领域上，还有深耕细作的巨大空间。在知识产权基础性法律的问题上，我国完全可以根据当前我国发展和社会需要，制定出区别于西方法律模本的、兼顾公私法性质的知识产权基础性法律。同时，将建设良法善治的法治中国作为现代法治的发展目标，在知识产权法领域，可以通过知识产权基础性法律对于立法目标和立法原则的阐释，充分实现知识产权法的公平、正义、效率等法律价值。

4. 理论界与实务界逐渐在该问题上取得共识

经过十余年的不断积累和持续推动，制定知识产权基础性法律的论证工作取得可喜进展，认同度不断提高，关注度不断增加。2008年《国家知识产权战略纲要》明确提出要"研究制定知识产权基础性法律的必要性和可行性"。这是"知识产权基础性法律"在党中央、国务院文件中的最早表述。2020年，国务院知识产权战略实施工作部际联席会议办公室印发的《2020年深入实施国家知识产权战略 加快建设知识产权强国推进计划》，将"加强知识产权基本法研究"作为年度立法工作之一予以明确。2021年来，《知识产权强国建设纲要（2021—2035年)》和《"十四五"国家知识产权保护和运用规划》均提出要"开展知识产权基础性法律研究"。知识产权基础性法律制定问题，已逐渐上升至国家层面的战略认知，成为推动我国知识产权事业发展的重要工作之一。

二、知识产权基础性法律之立法模式

（一）知识产权基础性法律立法模式的对比与选择

知识产权基础性法律的立法模式集中于对"民法典中独立成编"、"知识产权法典"和"知识产权基本法"几种类型的抉择。2020 年颁布的《民法典》否定了知识产权在《民法典》中独立成编，实际上意味着排除了以《民法典》作为知识产权基础性法律的可能性。其具体原因包括：第一，知识产权治理的公法规范不应由民法典规定；第二，各知识产权共同适用的某些私法规范尚抽象和提炼不足、稳定性不够，不宜由民法典规定；第三，涉外知识产权保护的实体和程序规范等内容不宜由民法典规定。因此，后民法典时代尚需设计适合于知识产权基础性法律的立法模式。依知识产权基础性法律的地位和性质，具有讨论价值的还有两类立法模式：知识产权法典模式和知识产权基本法模式。同时，知识产权基本法模式又可细分为：①兼顾公私法内容的"基本法"模式；②以公法为主的"强国法"、"保护法"或"保护与促进法"模式。

首先，制定内容庞杂且符合范式特征的知识产权法典虽然是在法律上追求逻辑性、严谨性和体系化的终极目标，但法典的编纂难度以及其与知识产权公共政策等内容的不适应性等，决定了其并不是当前知识产权基础性法律立法模式的最优选择。具体而言：①制定与法国知识产权法典同类型的、简单法律汇编式的知识产权法典意义不大；②制定统领性的知识产权法典难度又太大——面对严密的逻辑性、严格的体系化与相对的稳定性的挑战，目前缺乏深厚的理论准备和充分的思想动员；③最为根本的是，知识产权法典仍为私法领域的基础性法律，以私法规范为主的基础性法律无法涵盖公法规范，同时亦无法实现国家知识产权战略和公共政策的法制化。当前知识产权基础性法律的制定工作，需考虑中国特色社会主义知识产权法治建设的紧迫性、实践的可行性与立法的成本等现实问题。综合来看，法典模式并不适合我国当前知识产权法治实践需要。

另外，以公法为主的基本法模式亦存在诸多缺陷与问题。第一，知识产权各单行法和相关法律体系庞杂，缺乏协调，亟须制定统一的知识产权规则，而以公法为主的基本法无法解决知识产权民事规则的统摄问题。第二，日韩知识产权基本法的运行效果已为我们提供了前车之鉴：宣示性作用较强、可执行性效果较弱的公法性质的基本法，并不宜作为当前知识产权基本法的最优选择。第三，"保护法"或"保护与促进法"模式难以被认同为"基础性法律"。综合考虑前述因素，只有公私兼顾的知识产权基本法，才能担纲知识产权基础性法律之地位。采用兼顾公私法内容的"知识产权基本法"模式，已经逐渐在学术界和实务界达成共识。

（二）知识产权基本法的立法框架初建

公私兼顾的知识产权基本法是最适合当前中国知识产权法治实践需要的立法模式选择。在制定知识产权基本法时，应当注意以下几点：①知识产权基本法内容庞杂，其综合性必然体现了知识产权包括私权性质、公共政策性质及国家战略资源性质的多重特点。需注意对此几种特质的平衡与协调，避免在同一部且位阶、效力均较高的法律内部出现矛盾与冲突。②知识产权基本法的核心特点即在于其性质与内容公私兼顾。因此，在借鉴目前我国各地方性立法和日韩知识产权基本法成熟经验的基础上，还要着重关注对于目前多以单行法形式存在的知识产权私法内容的提炼和总结，对共性问题加以抽象和规定，对于公私法内容不可偏废。对知识产权共性规则的提炼，一直是知识产权基础性法律编纂的难题之一，因此，在面对这一问题时，还需在共性规则的体系化问题、规范模式等方面逐一明确，力求在已有的丰富法制资源的基础上，推陈出新。③对涉外知识产权规则给予高度重视。涉外知识产权问题日益成为我国知识产权走向国际舞台的重要制度保障，我们应综合比对和吸收各国在立法、司法当中的最新成果，并对针对我国采取的不正当管制手段在立法中予以回应。在此基础上，实现中国的知识产权法治创新，配合我国的外交政策、开放战略和全球治理观等，力求中国式现代化知识产权立法与时俱进。

同时，其基本特征应当满足：①体现知识产权基本法作为顶层设计的根本性、指引性，将知识产权法打造为知识产权治理的调控法、知识产权发展的促进法、知识产权事务的管理法和知识财产权益的保护法。❶

---

❶ 吴汉东. 试论"民法典时代"的中国知识产权基本法 [J]. 知识产权，2021（4）：3-16.

②确定知识产权基本法具有可执行性、可操作性。既要强调公法领域的意义，也应当包含从当前各知识产权单行法中提炼出的共性原则与规则，使其在实践中可以对各知识产权主体产生直接的效力与作用，避免其被束之高阁。

以下为笔者对我国知识产权基本法提出的建议性框架。

知识产权基本法
第一章　总则

第一条　立法目的

第二条　调整范围

第三条　严格保护原则

第四条　鼓励创新原则

第五条　诚实信用原则

第六条　平等保护原则

第七条　公平竞争原则

第八条　国家安全和公共利益原则

第九条　知识产权的地域性

第十条　国际规则与国内法律协调原则

第十一条　协调发展原则

第十二条　立法机制

第十三条　基本法与知识产权单行法之间的关系

第二章　知识产权运用与促进

第十四条　机构设置及主要职责

第十五条　机构人员组成

第十六条　政府基本责任

第十七条　地区协调发展

第十八条　高校、科研院所的转移转化

第十九条　利用财政性资金形成的知识产权

第二十条　知识产权风险防范

第二十一条　知识产权对外转让审查

第二十二条　信息化建设

第二十三条　知识产权交易

第五十四条　涉外知识产权民事关系的法律适用

第五十五条　知识产权诉讼域外保全制度

第五十六条　知识产权民事判决的承认与执行

第五十七条　知识产权不公平贸易调查制度

第五十八条　跨境电商知识产权监管

三、知识产权共性规则的提炼与总结

目前，我国学界普遍认可以"多点链接"模式处理知识产权基本法与知识产权单行法之间的关系，提炼单行法中的一般性规范纳入知识产权基本法。知识产权共性规范群的构建，以"提取公因式"为前提。只有对知识产权单行法进行有效提炼与总结，才能增强知识产权法律的适用性和统一性。

（一）知识产权共性规则的立法价值

首先，提炼知识产权共性规则是统一知识产权法内部立法体系的必然选择。知识产权单行法是为回应特殊问题而制定，难以观照整个社会的知识产权制度供给需求，在逻辑、表达等方面存在漏洞或冲突。❶ 而消除法律漏洞与冲突的主要途径，是以更高的立法层次提炼知识产权共性规则，❷ 将单行法中的共性规则转化为具有统摄性的上位法。纵观各国法典化历程，提炼共性规则是法典立法的重要路径。《民法典》总则编便采取了"提取公因式"模式，在避免重复规定的同时，构建了民事法律制度的基本框架。❸ 我国知识产权基础性法律的制定，同样具有知识产权法律制度基本框架之功能，亦应通过提炼共性规则顺畅知识产权法律体系。

其次，总结知识产权共性规则是推动我国知识产权制度现代化的首要保障。《知识产权强国建设纲要（2021—2035年）》强调要"建设面向社会主义现代化的知识产权制度"，而知识产权制度现代化的特征可归纳

---

❶　应松年，张航. 中国行政法法典化的正当性与编纂逻辑［J］. 政法论坛，2022，40（3）：32.

❷　吴汉东. 论知识产权一体化的国家治理体系：关于立法模式、管理体制与司法体系的研究［J］. 知识产权，2017（6）：6.

❸　朱庆育. 第三种体例：从《民法通则》到《民法典》总则编［J］. 法制与社会发展，2020，26（4）：83-84.

为时代性、先进性、合理性三个特征。从时代性而言，以美国、日本为代表的国家纷纷出台知识产权基础性法律，将公共政策转化为知识产权各领域的共性规则。❶ 从先进性而言，我国应加强知识产权保护，尤其是注重对新技术、新业态的知识产权保护，而共性规则以国家治理名义对知识产权提供保护，表明国家在知识产权事务中的法治取向。❷ 从合理性而言，知识产权共性规则可以为各单行法中的法律活动提供准则，保障知识产权现代化实践合法依规发展。

（二）知识产权共性规则的基本定位

知识产权基本法是覆盖知识产权运行全范围、全流程的统一性、基础性法律，是国家知识产权治理格局的制度基石。❸ 作为知识产权基础性法律的重要组成部分，知识产权共性规则的定位体现为以下三方面。

第一，从规范来源而言，知识产权共性规则是对知识产权单行法共同原则与规则提炼归纳后形成的法律规范。具言之，知识产权共性规则，是通过高度抽象的方式，提取知识产权单行法中相同的规范内容及其内在立法逻辑，并以更为一般化的形式提纲挈领地进行规定。❹ 通过梳理、对比知识产权单行法，可以发现其共同适用的法律原则或规则主要涉及权利的归属、权利的行使与利用、权利的保护；将以上内容进行归纳抽象后，便形成了知识产权共性规则。

第二，从效力层级而言，知识产权共性规则是知识产权单行法的统摄性规范，是知识产权各法域共同适用的一般规则。一方面，共性规则是对特定领域法律规范进行归纳后形成的共同规则，体现了这部分法律规范的共同特征与原理。因此，共性规则对所属法律体系内的法律规范具有统辖性，在效力层级上为上位规范。❺ 另一方面，知识产权共性规则根植于知识产权部门法，提炼共性规则便是剥离各部门法特殊性、保留

❶ 吴汉东. 中国知识产权法律体系论纲：以《知识产权强国建设纲要（2021—2035 年）》为研究文本 [J]. 知识产权，2022（6）：13.

❷ 吴汉东. 中国知识产权制度现代化的实践与发展 [J]. 中国法学，2020（5）：1-20.

❸ 吴汉东. 试论"民法典时代"的中国知识产权基本法 [J]. 知识产权，2021（4）：9.

❹ 李永军. 民法典总则的立法技术及由此决定的内容思考 [J]. 比较法研究，2015（3）：1-13.

❺ 孙宪忠. 民法体系化科学思维的问题研究 [J]. 法律科学（西北政法大学学报），2022，40（1）：33-57.

共性规范。由此，知识产权共性规则，是在时间、空间及立法事项上，对知识产权作出的一般规定。❶ 根据《立法法》第 103 条"特殊法优于一般法"❷ 的法律适用原则，知识产权纠纷应首先适用知识产权单行法，在单行法存在差异或冲突时，适用知识产权共性规则。❸

第三，从制度体系而言，知识产权共性规则是对《民法典》知识产权规范的补充与细化，是对知识产权单行法的指引与统领，是二者之间的规范桥梁。广义知识产权制度体系包含如下内容：一是《民法典》中的知识产权规范，但其多为原则性或准用性规范，裁判指引作用有限；二是知识产权单行法及其司法解释，但单行法对同一法律适用问题可能存在差异，如单行法对惩罚性赔偿的主观要件规定不同；三是知识产权公共政策，包括知识产权发展目标、支撑政策等，但因缺乏明确法律效果，无法被行政机关或司法机关援引适用。可见，我国知识产权制度内容繁多、层级复杂、规范分设，而知识产权共性规则正是介于《民法典》与知识产权单行法之间的规范桥梁。

（三）知识产权共性规则的具体内容与规范解读

知识产权共性规则，覆盖知识产权内容、运行、保护全流程，包括知识产权一般规定的共性规则、知识产权运用与促进部分的共性规则以及知识产权保护部分的共性规则。同时，为保障规则的针对性与适用性，知识产权共性规则应以固定要件条款为主，以原则性条款和弹性条款为辅，减少无用引致和宣示性条款；也要避免过度具体化，以防取代单行法的适用。知识产权共性规则主要包括以下条款。

1. 知识产权一般规定的共性规则

（1）知识产权法定原则。该条由两款内容构成：第一款规定知识产权的类型、内容、产生、取得方式等应由法律规定；第二款规定知识产权取得方式法定的特殊规则——法律规定知识产权须经登记、注册产生的，应由行政机关前置批准。

---

❶ 汪全胜. "特别法"与"一般法"之关系及适用问题探讨［J］. 法律科学（西北政法学院学报），2006（6）：50-54.

❷ 《立法法》第 103 条："同一机关制定的法律、行政法规、地方性法规、自治条例和单行条例、规章，特别规定与一般规定不一致的，适用特别规定；新的规定与旧的规定不一致的，适用新的规定。"

❸ 吴汉东. 试论"民法典时代"的中国知识产权基本法［J］. 知识产权，2021（4）：11.

（2）诚实信用与禁止权利滥用原则。申请和行使知识产权，应当遵循诚实信用原则，不得违反宪法和法律，不得滥用知识产权而损害公共利益或他人合法权益。该规则是对《著作权法》第4条、《专利法》第20条、《商标法》第7条的归纳。

（3）平等保护原则。该规则为知识产权国际保护中的国民待遇原则。《与贸易有关的知识产权协定》（TRIPS）第3条规定了国民待遇原则。❶《著作权法》第2条、《专利法》第17条以及《商标法》第17条均规定了平等保护原则。

2. 知识产权运用与促进部分的共性规则

（1）知识产权公共服务体系建设。该条旨在通过加强公共服务促进知识产权实施和利用，应规定由国家建立知识产权公共服务体系，提供知识产权基础数据，同时培育市场化知识产权服务，引导社会资金参与知识产权信息化建设。

（2）知识产权与载体的关系。该条旨在区分知识产权与知识产权载体，应规定具有知识产权的标的物所有权的转移不改变知识产权的归属，但法律有特殊规定或者当事人另有约定的除外。

（3）知识产权权利归属。该条可规定以下内容：一是知识产权权利归属的一般条款，规定知识产权因创造行为而产生的，其知识产权由创造人所有，法律另有规定的除外；二是雇佣关系、委托关系等特殊情形下的知识产权归属；三是知识产权共有条款。

（4）知识产权权利限制。知识产权权利限制条款的共同规则，包括知识产权权利限制的一般条款与特殊条款。前者明确知识产权权利限制的法律后果，限制情形与构成要件以单行法为准。后者为首次销售后权利穷竭条款，旨在消除知识产权的独占性对商品流通产生的消极影响。❷

（5）知识产权许可。该条主要规定下列内容：一是知识产权许可的交易模式，即使用人应当与权利人订立许可合同，并向权利人支付许可使用费；二是知识产权许可合同的备案制度，即在法律有明确规定的情形下，许可合同当事人才需进行备案；三是知识产权许可合同的主要内容；四是知识产权的分许可使用。

---

❶ 吴汉东. 知识产权国际保护制度的变革与发展 ［J］. 法学研究，2005（3）：126-140.

❷ 吴汉东. 知识产权法 ［M］. 北京：法律出版社，2021：204-205.

（6）知识产权转让。我国知识产权单行法中的知识产权转让规范可归纳如下：知识产权转让的对象上，知识产权转让仅限于财产权；知识产权转让合同的形式与登记程序上，知识产权转让应当订立书面合同，登记程序适用单行法规定；知识产权转让合同的主要内容。

（7）知识产权质押。知识产权质押，是指债务人或者第三人将其合法拥有的知识产权作为出质标的，以担保债务履行，或以此获得银行贷款。❶ 该条包括知识产权质押融资制度的公共政策、知识产权的质押对象以及知识产权质押的办理程序。

（8）知识产权服务业。知识产权服务业，是知识产权市场运行机制的重要组成部分，对于我国知识产权申请、运行、成果转化均具有重要意义。该条主要规定我国知识产权服务业的公共政策导向、知识产权服务业管理制度与知识产权服务机构及其从业人员的执业规范。

3. 知识产权保护部分的共性规则

（1）知识产权侵权行为的法律责任。依照我国知识产权单行法的规定，行为人侵犯知识产权的，应当承担民事责任；违反行政管理规定的，依法承担行政责任；构成犯罪的，依法追究刑事责任。

（2）知识产权侵权损害赔偿的认定。该条规则包括知识产权损害赔偿计算方式和赔偿范围。前者涵盖实际损失、侵权所得、许可费倍数以及法定赔偿方式；后者是指知识产权侵权损害赔偿意义上的损失，包含直接经济损失与维权费用在内的间接经济损失。❷

（3）知识产权侵权损害赔偿举证责任。首先，当事人应承担损害赔偿数额的举证责任。其次，在权利人证明困难时，法院可以责令侵权人提供相应证据；如无正当理由不提供的，法院可参考权利人的证据确定赔偿额。该制度又被称为"证明妨碍的推定"。❸

（4）知识产权侵权责任的其他承担方式。知识产权单行法除损害赔偿外，还规定了销毁侵权产品、销毁侵权工具等责任承担形式——本质上是知识产权效力扩张至知识产权侵权物品的体现。该条共性规则便是

---

❶ 张海宁. 构建市场主导型知识产权质押融资模式［J］. 人民论坛，2020（30）：118-119.

❷ 商建刚. 知识产权侵权损害赔偿中实际损失的司法认定［J］. 电子知识产权，2020（4）：86-95.

❸ 吴汉东. 知识产权侵权诉讼中的过错责任推定与赔偿数额认定：以举证责任规则为视角［J］. 法学评论，2014，32（5）：124-130.

对单行法规则的归纳与总结。

（5）知识产权行政执法体系。当前，我国知识产权行政执法仍然存在管辖权不明、执法机构过于分散、跨区域执法协作机制有待完善等问题，有必要通过对知识产权共性规则的提炼，统一规定我国知识产权行政执法体系与管辖权。

（6）知识产权行政执法机关职权。知识产权行政执法部门根据已经取得的证据，对涉嫌侵犯知识产权行为进行查处时，有权采取相关措施，包括对涉嫌侵权人进行调查询问、对涉嫌侵权场所进行检查、对涉嫌侵权产品进行调查取证以及进行查封或扣押。

（7）知识产权财产保全与行为保全。权利人或者利害关系人有证据证明他人正在实施或者即将实施侵犯知识产权、妨碍其实现权利的行为，如不及时制止将会使其合法权益受到难以弥补的损害的，可以在起诉前依法向人民法院申请采取财产保全、责令作出一定行为或者禁止作出一定行为的措施。

（8）知识产权诉前证据保全。知识产权诉前证据保全，与诉前财产保全、诉前行为保全共同构成了知识产权诉前临时措施体系。《著作权法》第57条、《专利法》第73条以及《商标法》第66条均对知识产权诉前证据保全制度作出了原则性规定。

（9）不承担知识产权侵权责任的情形。该条是知识产权单行法中不侵权抗辩手段的共同规则，主要包括合法来源抗辩与其他不侵权抗辩的原则情形。其中，合法来源抗辩是知识产权诉讼中被诉侵权行为人最常适用的抗辩类型之一。该制度设计旨在平衡知识产权人与善意销售者的利益，维护正常商业交易秩序。❶

（10）与其他法律的关系。知识产权的独占属性，决定了市场主体可能通过滥用知识产权或知识产品不当获取竞争优势地位，排除或者限制竞争。故仅适用知识产权法难以全面维护市场竞争秩序，需要与《反不正当竞争法》《反垄断法》衔接适用。❷ 有必要在共性规则中明确法律适用的衔接规则。

（11）知识产权侵权纠纷解决机制。该条共性规则来源于单行法中侵

---

❶ 陈中山. 合法来源抗辩的审查认定 [J]. 人民司法，2019（28）：36-40.

❷ 吴汉东. 论反不正当竞争中的知识产权问题 [J]. 现代法学，2013，35（1）：37-43.

权纠纷救济途径的规定，包括私力救济、司法救济、行政救济与替代性纠纷解决方式四种主要类型。

（12）知识产权诉讼时效。该条主要包括以下规范内容：一是知识产权侵权诉讼中的诉讼时效；二是知识产权侵权诉讼时效期间的起算点；三是诉讼时效期间届满后起诉的法律效果。

四、知识产权基础性法律中的域外适用制度研究

（一）知识产权基础性法律中规定域外适用制度的必要性

当前是全球司法管辖权博弈的关键阶段，个别国家滥用长臂管辖及禁诉令制度，严重破坏了国际司法秩序，同时也对我国的国家安全造成巨大威胁。在此背景下，建立系统的域外适用制度具有一定的必要性。

首先，规定域外适用制度是回应他国滥用长臂管辖的必然选择。进入 21 世纪，全球科技创新空前活跃，源源不断的科技成果涌入世界。为最大限度地实现本国知识产权利益，部分国家的法院开始利用长臂管辖抢占我国涉外知识产权管辖权。对此，我国尝试通过运用《民事诉讼法》中的行为保全条款，达到与西方国家禁诉令（禁执令）相同的法律效果。但是有学者认为此类裁定过于"激进"，不但不能取得预期的效果，反而可能激化各国之间的矛盾。[1] 由此看来，若想构建符合中国国情的知识产权域外适用规则，还是要从体系化的角度全面设计制度规范。[2] 因此，在知识产权基础性法律中建立系统的域外适用制度便成为我国的必然选择。

其次，规定域外适用制度是保障企业知识产权利益的有效途径。我国深入贯彻以人民为中心的发展思想，始终将人民群众的利益放在首位。因此，中国式知识产权制度理应最大限度地保障我国公民、企业的合法权益。目前，部分国家的企业为保证自身利益的最大化，频繁争夺知识产权司法管辖权。但是，我国相关国际民事诉讼司法管辖制度一直处于缺失状态，我国的高新企业也因此遭遇了一系列困境。若想摆脱这一困境，应当规定系统的域外适用制度——这不仅可以使我国企业在面临知

---

[1] 赵千喜. 标准必要专利之诉中的禁诉令 [J]. 人民司法，2021（13）：18-23.
[2] 顾昕，宋飞云. 构建规范合理的知识产权域外适用规则 [J]. 科技中国，2021（10）：22-24.

识产权涉外纠纷时能够"有法可依"，而且能够大幅降低企业诉讼成本与风险，更好地维护我国企业的知识产权利益。

再次，规定域外适用制度是维护国家知识产权安全的重要保障。随着新一轮科技革命和产业变革的加速演进，知识产权已然成为国家之间博弈的主要战场。部分国家纷纷主张确立知识产权法的域外效力，已严重威胁到了我国的国家安全。而建立完善的知识产权法域外适用制度，不仅能够有效维护我国的司法主权与公共政策，还可以推进我国法律的积极适用，充分保障我国的国家主权和国家安全。

最后，规定域外适用制度还是我国积极参与全球知识产权治理的内在需求。长期以来，中国一直是知识产权国际规则的接受者，我国的国家利益也从未在国际规则中得到过充分的体现。❶ 不过，随着我国综合国力和国际地位的显著提升，我们理应以更加积极的姿态参与国际知识产权治理，为知识产权法域外适用制度的建立及完善，提供中国智慧和中国方案。

（二）知识产权基础性法律中规定域外适用制度的可行性

在知识产权基础性法律中规定域外适用制度，集中解决我国知识产权法域外适用的问题，具有现实可行性。

第一，国际规则为知识产权法域外适用制度的构建预留了制度空间。一般而言，某个国家规定的域外适用制度并不违反国际规则，除非有证据证明存在国际条约或国际习惯的明确禁止。该原则由常设国际法院在"荷花号案"中确定。❷

第二，国外立法为知识产权法域外适用制度的构建提供了借鉴经验。各国都非常重视与知识产权涉外问题相关的处理和解决方案。不少国家都积极构建了本国的知识产权法域外适用制度。在构建知识产权法域外适用制度的过程中，国外相关立法实践可以提供借鉴经验，为加快构建符合我国国情的域外适用制度提供了可行之道。❸

第三，现有规定为知识产权法域外适用制度的构建提供了参考依据。

---

❶ 何华. 知识产权全球治理体系的功能危机与变革创新：基于知识产权国际规则体系的考察［J］. 政法论坛，2020，38（3）：66-79.

❷ *S. S. Lotus*（*France v. Turkey*），Judgment 1927 P. C. I. J. 9-18（Sept. 7）。

❸ 张鹏. 跨境知识产权侵权纠纷的民事诉讼管辖规则研究［J］. 知识产权，2022（1）：14-35.

一方面，我国并不排斥法律的域外适用，并且在反垄断法和证券法领域已经存在明确的域外适用规定。❶ 另一方面，在构建专门的知识产权法域外适用制度时，《民事诉讼法》中对涉外民事诉讼程序作出的一般性规定和《涉外民事关系法律适用法》中的相关规定可以提供参考。

第四，法律实践为知识产权法域外适用制度的构建提供了指引示范。在知识产权侵权纠纷领域，我国已经存在域外纠纷管辖的司法实践。❷ 在知识产权纠纷案件的行为保全方面，我国法院以民事诉讼法中的行为保全制度为基础，初步构建起了禁诉令和反禁诉令在知识产权领域的适用制度。❸

第五，学术成果为知识产权法域外适用制度的构建提供了理论支撑。有学者专门研究了知识产权的域外管辖制度，主张应当借助效果原则，引入最低联系标准。❹ 还有学者认为，我国在构建域外适用制度时，应当考虑适当关联因素和合理性原则。❺ 在构建知识产权领域中的禁诉令制度方面，我国也已经积累了丰厚的理论研究成果。❻

第六，综合国力为知识产权域外适用制度的构建提供了实施保障。在知识产权领域，我国已经成为名副其实的知识产权大国。在国家实力上，我国经济实力稳步上升，国际影响力明显增强，综合国力排入世界前列。我国应当具有构建知识产权法域外适用制度的制度自信。我国综

---

❶ 《反垄断法》第 2 条："中华人民共和国境内经济活动中的垄断行为，适用本法；中华人民共和国境外的垄断行为，对境内市场竞争产生排除、限制影响的，适用本法。"《证券法》第 2 条第 4 款："在中华人民共和国境外的证券发行和交易活动，扰乱中华人民共和国境内市场秩序，损害境内投资者合法权益的，依照本法有关规定处理并追究法律责任。"

❷ 邱福恩. 跨境知识产权侵权纠纷的管辖和法律适用问题研究［M］//国家知识产权局条法司. 专利法研究 2018. 北京：知识产权出版社，2020：118；(2019) 最高法知民辖终 157 号管辖权异议裁定书；(2015) 京知民终字第 1814 号民事判决书。

❸ (2019) 最高法知民终 732 号、733 号、734 号民事裁定书；(2020) 鄂 01 知民初 169 号民事裁定书。

❹ 阮开欣. 跨境侵权视角下的知识产权法域外适用问题研究［J］. 国际经济法学刊，2018 (1)：104-116；韩书立. 我国专利法的域外适用问题研究［J］. 法学评论，2021，39 (4)：151-162.

❺ 孙南翔. 美国法律域外适用的历史源流与现代发展：兼论中国法域外适用法律体系建设［J］. 比较法研究，2021 (3)：170-184.

❻ 何炼红，邓欣欣. 类型化视角下中国知识产权禁令制度的重构［J］. 中南大学学报（社会科学版），2014，20 (6)：139-147；张先畅，殷越. 知识产权国际竞争背景下禁诉令制度探索与构建［J］. 法律适用，2021 (4)：41-52.

合国力可为知识产权法域外适用制度的运行和实施提供有力保障。

（三）知识产权基础性法律中域外适用制度的主要制度内容

1. 知识产权纠纷中的国际管辖制度

（1）专属管辖

在理论层面上，知识产权的地域性和公共属性决定了知识产权有效性纠纷的专属管辖。知识产权的地域性，是指一项知识产权只会在授予其权利或者确认其权利的国家或地区内有效，并且其权利的效力受到该国家或地区法律的保护。对知识产权有效性纠纷的专属管辖是知识产权地域性的体现，对知识产权有效性的判断是政府行为，公权力机关对登记、注册类知识产权的确认授权体现了一国范围内的国家主权。在实践层面上，规定知识产权有效性纠纷的专属管辖，是国际国内立法的主流趋势。相关国际条约对一国法院的专属管辖作出了规定❶；欧盟、韩国和日本都将专利、商标等需要授权或者注册类知识产权的有效性问题，纳入了权利授予国或者注册国专属管辖权的范围❷。对于一国法律授权、注册的知识产权，涉及其权利有效性的问题由各国法院专属管辖，已经成为国际国内立法的共同选择。

（2）域外管辖

域外管辖的对象为"发生在中华人民共和国领域外的知识产权纠纷"；该域外管辖旨在突破一般性的地域管辖和属人管辖规则，扩大我国在知识产权国际纠纷中的管辖权。域外管辖的制度设计有其必要性。首先，随着科学技术的发展，跨国贸易和国际交流日益频繁，一般的管辖规则已经无法满足各国之间纠纷处理的需要，无法充分保护本国公民和企业的合法权益，因此各国都采取了不同的措施，来扩大本国管辖权的范围。其次，国际法并未明确禁止一国法院的域外管辖，而域外管辖本

---

❶　参见《选择法院协议公约》和《布鲁塞尔民商事判决管辖权与判决执行公约》。

❷　参见由欧盟颁布的《民商事诉讼管辖权、判决承认与执行条例（重订）》[Regulation (EU) No 1215/2012 of the European Parliament and of the Council of 12 December 2012 on Jurisdiction and the Recognition and Enforcement of Judgments in Civil and Commercial Matters（Recast）]、由欧洲马克斯·普朗克研究所知识产权冲突法小组提出的"CLIP原则"（European Max Planck Group on Conflict of Laws in Intellectual Property. Conflict of Laws in Intellectual Property: The CLIP Principles and Commentary [M]. Oxford: Oxford University Press, 2013.）、由韩国和日本共同制定的《关于知识产权的国际私法原则》（木棚照一. 知的财产の国际私法原则研究：東アジアからの日韩共同提案 [M]. 東京都：成文堂，2012）。

身具有一定的法理基础和合理之处，但在行使域外管辖的过程中，也需要遵守一定的原则和限制——理论上来说，一国的域外管辖行为不会无限度地扩张。最后，应当明确的是，饱受各国诟病的不是域外管辖行为，而是域外管辖的滥用和肆意扩张行为。实践中，一些国家凭借其经济实力，不断利用长臂管辖制度来肆意打击和抑制他国的发展。此种情况下，我国应当及时构建相应的域外适用制度，完善域外管辖的规则设置，以此反制其他国家不恰当的域外管辖行为，制止他国借助知识产权诉讼发起的不正当竞争行为。

2. 涉外知识产权民事关系的法律适用

我国一般根据《涉外民事关系法律适用法》确定涉外民事纠纷的准据法。但是，考虑到涉外知识产权民事关系的特殊性，也可以对其进行单独规定。首先，针对知识产权的归属和内容纠纷，由于其往往涉及一个国家的政治、经济、文化以及社会发展，只能适用为该知识产权提供保护的国家的法律，即被请求保护地的法律。其次，知识产权转让和许可使用纠纷的本质仍然是合同纠纷，可以在一定程度上尊重当事人的意思自治。最后，针对知识产权侵权纠纷，其原则上仍应当适用被请求保护地的法律。不过，知识产权侵权责任通常与一国的公共利益牵连度不高，为顺应冲突规范开放性、灵活性的国际趋势，也可以赋予当事人在侵权行为发生后协议选择适用法院地法律的权利。

3. 知识产权诉讼的域外保全制度

进入 21 世纪以来，部分国家频繁对我国高新企业适用禁诉令制度，这不仅损害了我国企业的利益，更有损我国的司法权威。在此背景下，建立知识产权诉讼的域外保全制度十分必要。而且，我国也已具备建立该制度的理论基础和实践经验。因此，可以在知识产权基础性法律中对域外保全制度加以规定，赋予人民法院依申请或依职权裁定责令被申请人或当事人在域外作出一定行为或者禁止其作出一定行为的权力，以排除域外诉讼对人民法院正常审理案件的影响，保护当事人的合法权益。

4. 域外知识产权裁判的承认和执行

在知识产权跨国诉讼不断增加的今天，我国应当以更加积极、开放的态度看待域外裁判的承认与执行问题。而且，由于知识产权有效性等案件与侵权纠纷的本质不同，因此，我国在建立域外裁判的承认与执行规则时，也应当进行类型化讨论。对于知识产权有效性、归属和存续的域外裁判理应被排除在承认与执行的范围之外。此外，考虑到我国知识产权事业仍处在不断发展的阶段，我们也不应对其余裁判全盘接收，而是需要根据互惠原则，综合考虑国家主权、安全、社会公共利益后，有选择性地予以承认和执行。

我国知识产权综合性地方立法的现状、问题及对策

左登江❶　王佳宜❷　郭　亮❸　熊钦松❹

摘　要

近年来，各省（自治区、直辖市）和副省级城市不断加快知识产权综合性地方立法进程。截至 2022 年 10 月 31 日，全国已有 18 个地方颁布了本地区知识产权综合性地方性法规和规章（含 11 部省级法规、1 部省级政府规章、5 个副省级及省会城市法规以及 1 部上海浦东新区法规）。本文以 18 个地方的知识产权综合性立法为基础，系统梳理其主要内容和特点，重点对知识产权综合性地方立法中需要关注的立法宗旨与目标定位、立法工作推进模式、综合性立法与单行法的协调衔接、地方立法权限与制度创新边界等问题进行分析研究，提出推进知识产权综合性地方立法的立法建议。

关键词

知识产权　综合性地方立法　条例

---

❶❹　作者单位：重庆市知识产权局。
❷❸　作者单位：重庆邮电大学。

一、知识产权综合性地方立法现状

（一）党中央、国务院加强顶层设计，为知识产权综合性地方立法工作提供了指引和遵循

党的十八大以来，以习近平同志为核心的党中央高度重视知识产权工作，习近平同志多次对知识产权工作作出重要指示。2019 年 11 月，中共中央办公厅、国务院办公厅印发的《关于强化知识产权保护的意见》提出："研究制定知识产权基础性法律的必要性和可行性，加快专利法、商标法、著作权法等修改完善。"2021 年 9 月，中共中央、国务院印发的《知识产权强国建设纲要（2021—2035 年）》提出："开展知识产权基础性法律研究，做好专门法律法规之间的衔接，增强法律法规的适用性和统一性。根据实际及时修改专利法、商标法、著作权法和植物新品种保护条例，探索制定地理标志、外观设计等专门法律法规，健全专门保护与商标保护相互协调的统一地理标志保护制度，完善集成电路布图设计法规。制定修改强化商业秘密保护方面的法律法规，完善规制知识产权滥用行为的法律制度以及与知识产权相关的反垄断、反不正当竞争等领域立法。修改科学技术进步法。结合有关诉讼法的修改及贯彻落实，研究建立健全符合知识产权审判规律的特别程序法律制度。加快大数据、人工智能、基因技术等新领域新业态知识产权立法。"2021 年 10 月，国务院印发的《"十四五"国家知识产权保护和运用规划》提出："开展知识产权基础性法律研究。统筹推进专利法、商标法、著作权法、反垄断法、科学技术进步法、电子商务法等相关法律法规的修改完善。加强地理标志、商业秘密等领域立法，出台商业秘密保护规定。完善集成电路布图设计法规。推进修订植物新品种保护条例。制定中医药传统知识保护条例。"上述中共中央、国务院印发的文件，为知识产权综合性地方立法工作提供了指引和遵循。

（二）国家层面加强知识产权领域法律法规制定、修订和研究工作，为知识产权综合性地方立法工作提供了依据和支持

改革开放 40 多年来，我国已经建立了以《民法典》为统领，以《专利法》《商标法》《著作权法》等知识产权基础法律为主体，以《专利法实施细则》《商标法实施条例》《著作权法实施条例》等行政法规以及相关司法解释为支撑的，具有中国特色的知识产权法律制度体系。❶ 然而，由于采用以知识产权不同客体为调整对象的分散立法模式，因此实践中存在各单行法之间不够统一和协调的问题。无论在理论界还是实务界，开展知识产权综合性立法的需求和呼声一直存在。在国家层面，制定知识产权基础性法律的研究工作一直在推进。2008 年颁布的《国家知识产权战略纲要》明确提出："研究制定知识产权基础性法律的必要性和可行性。"近年来，国家知识产权局一直在有序开展知识产权基础性法律研究工作。《民法典》于 2020 年 5 月 28 日正式颁布并于 2021 年 1 月 1 日起施行，其中涉及知识产权的条款共计 52 条，分布于总则和各分编中，尤其是总则第 123 条对民事主体依法享有知识产权的 8 种客体进行了总括式规定，对知识产权综合立法具有重要的引领和示范作用。鉴于国家层面制定专门的知识产权综合性基础法律难度大、涉及面广，这反而为各地开展知识产权综合性地方立法探索留足了空间。

（三）地方层面充分发挥积极性、主动性和创造性，加快推进知识产权综合性地方立法进程

近年来，为贯彻落实党中央、国务院关于知识产权工作的决策部署，各地方政府以法治建设为统领，充分发挥地方的积极性、主动性和创造性，知识产权综合性地方立法工作进程明显加快，为知识产权事业发展提供了坚强的法治保障。据统计，截至 2022 年 10 月 31 日，全国共有 18 个地方制定出台了本地区知识产权综合性地方性法规和规章，其中：省级法规 11 部，分别来自浙江、湖南、北京、广东、山东、江苏、海南、辽宁、山西、上海、天津；省级政府规章 1 部，为《安徽省知识产权保护办法》；副省级及省会城市地方性法规 5 部，分别来自厦门、深圳、武汉、昆明、南京；上海浦东新区法规 1 部，为《上海市浦东新区建立高水平知识产权保护制度若干规定》。

二、知识产权综合性地方立法的主要内容和特点

（一）从名称上看，主要呈现两种模式

一是采用"知识产权保护"作为名称主体部分。经统计，全国 18 部

---

❶ 易继明. 新时代中国特色知识产权发展之路 [J]. 政法论丛，2022（1）：3-18.

知识产权综合性地方性法规和规章中，采用"知识产权保护条例"（或"知识产权保护工作条例"，下同）的有 10 个，包括北京、广东、海南、辽宁、上海、山西、天津、安徽以及深圳和上海浦东新区使用的名称。

二是采用"促进和保护"作为名称主体部分。经统计，全国 18 部知识产权综合性地方性法规和规章中，采用"知识产权促进和保护条例"（或"知识产权保护和促进条例"，下同）的有 8 个，包括浙江、湖南、山东、江苏、厦门、武汉、昆明和南京使用的名称。

（二）从结构上看，主要呈现四个特点

一是各章节全面融入知识产权创造、运用、保护、管理和服务全链条内容。在采用"知识产权保护条例"作为名称的 10 部法规或规章中，其章节结构一般均包括总则、行政保护、司法保护、社会治理、促进与服务、法律责任、附则等，立法构架的逻辑核心是以保护为切入点，从知识产权创造、运用、保护、管理和服务角度贯彻知识产权全链条保护的理念。在采用"知识产权促进和保护条例"作为名称的 8 部法规中，其章节结构一般均包括总则、创造与运用/促进、保护、管理和服务、法律责任、附则等，立法构架的逻辑核心是以促进与保护为切入点，全面落实知识产权创造、运用、保护、管理和服务全链条工作要求。

二是知识产权社会治理得到地方立法的高度重视。通过梳理全国 18 部知识产权综合性地方性法规和规章，有浙江、北京、广东、海南、天津、上海、辽宁、山西、安徽等省市将知识产权社会治理有关内容作为单独章节予以规定，充分发挥社会治理在知识产权治理当中的作用，全面提升知识产权领域治理体系和治理能力现代化水平。

三是工作机制成为解决当前知识产权职能分散实际问题的有益尝试。为切实解决当前知识产权领域职能分散、统筹协调力度不够、行政司法衔接不畅等现实问题，前述 18 部知识产权综合性地方性法规和规章均在总则部分规定了建立统筹协调机制、考核机制等相关内容，其中，上海、辽宁、山西、安徽、深圳等省市将制度建设或工作机制相关内容作为单独章节予以规定，将一些工作中好的经验做法上升为地方法律制度予以固定。

四是促进替代创造与运用逐渐成为新趋势。知识产权创造、运用、保护、管理和服务是知识产权工作全链条中的 5 个核心环节，其中，创造与运用是以市场为主体进行推进，保护、管理和服务则是知识产权政府部门的职能核心。从地方政府职能履行的角度来看，无论在创造还是运用环节，政府的着力点主要在于通过公共政策来引导市场主体提高知识产权创造质量和运用水平，政府主要发挥政策引领促进作用。❶ 因此，将知识产权创造和运用提炼为更上位的促进概念，更符合政府职能定位。目前，江苏、北京、安徽等省市知识产权地方立法中，已将创造和运用的有关内容统一上位为促进章节。

（三）从内容上看，主要呈现四大规律

一是强化制度约束，落实知识产权"严保护"的政策导向。地方知识产权综合立法深入贯彻党中央、国务院全面加强知识产权保护的有关决策部署，从制度层面切实落实知识产权"严保护"的政策导向。如上海、北京、浙江、山东等省市建立了知识产权违法投诉举报制度；上海、北京、广东、江苏等省市加大了对重复侵权、恶意侵权、群体侵权行为的打击力度；上海、北京等规定对严重故意侵权依法适用惩罚性赔偿；上海、江苏等省市探索建立知识产权公益诉讼制度；北京、浙江等省市建立了信用评级和失信惩戒机制；上海、北京、广东、江苏等省市明确了电子商务平台、展会等流通领域市场主体的知识产权保护主体责任等，全方位、立体式强化知识产权保护。

二是加强社会共治，构建知识产权"大保护"的工作格局。地方知识产权综合立法不断改革完善知识产权保护体系，综合运用法律、行政、经济、技术、社会治理手段强化保护，促进保护能力和水平整体提升，积极构建知识产权"大保护"工作格局。在统筹协调方面，地方知识产权综合立法均要求建立知识产权统筹协调工作机制，强化知识产权统筹协调力度；在发挥知识产权司法保护与行政保护主体作用方面，地方知识产权综合立法均专章规定强化知识产权司法与行政保护的有关措施，全面提升知识产权司法与行政保护水平；在强化社会治理方面，浙江、北京、广东、海南、天津、上海、辽宁、安徽等省市专章规定社会共治的有关内容，充分发挥行业组织、市场主体等在化解知识产权纠纷当中的作用；在运用经济和技术手段强化保护方面，浙江、北京、上海等省市加强知识产权智能化保护措施，鼓励知识产权保护领域的数字化改革，

---

❶ 李永明，吕益林. 论知识产权之公权性质：对"知识产权属于私权"的补充［J］. 浙江大学学报（人文社会科学版），2004（4）：60-67.

充分运用云计算、大数据、区块链等新一代信息技术，赋能知识产权保护监管，探索建立智慧、高效、协同的数字化知识产权保护体系。

三是优化衔接机制，突破知识产权"快保护"关键环节。地方知识产权综合立法不断适应知识产权领域改革需求，从优化授权、确权、维权程序，加强跨部门、跨区域协作，推动纠纷快速化解，加快知识产权快保护机构建设等方面，突破知识产权快保护关键环节。在优化授权、确权、维权衔接程序，加快知识产权快保护机构建设方面，上海、广东等省市适应国家知识产权部分审查职能下放趋势，通过立法要求建立专利申请确权快速通道，推动专利快速审查机制建设，为国家重点发展产业和本地战略性新兴产业等提供专利申请和确权的快速通道。北京、上海等9个省市要求建立快速维权机制，加强知识产权快速维权机制建设，完善知识产权保护中心和快速维权中心布局，支持优势产业集聚区申报建设知识产权保护中心和快速维权中心。在加强跨部门、跨区域协作方面，地方知识产权综合立法均要求建立知识产权行政与司法保护衔接机制，推动知识产权保护管理部门与人民法院、人民检察院、公安机关之间开展知识产权案件移送、线索通报、信息共享，同时结合区域发展实际，推动跨区域执法协作。在推动纠纷快速化解方面，浙江缩短知识产权行政裁决案件时间1个月，对基本事实清楚、证据确凿、权利义务关系明确的知识产权行政裁决案件，可以适用简易程序，并自立案之日起30日内作出行政裁决。江苏、浙江等省市建立商标、版权重点保护名录和重点关注市场名录，针对电商平台、展会、专业市场等关键领域构建纠纷快速化解机制。北京、上海、浙江、江苏等省市建立知识产权纠纷行政调解协议司法确认制度，畅通线上线下调解与诉讼对接渠道。

四是建立对外沟通交流机制，塑造知识产权"同保护"的良好环境。地方知识产权综合立法严格落实国内外企业平等、同等保护原则，加强知识产权对外交流，建立信息沟通渠道，加强海外维权援助，塑造良好的创新和营商环境。在加强知识产权对外交流方面，浙江、北京、天津等省市建立交流合作机制，强化国内区域间的知识产权交流和协作，加强与有关国家和地区以及世界知识产权组织等国际组织的交流合作，提升知识产权保护和促进工作的国际化水平。在建立信息沟通渠道方面，北京、江苏、浙江等省市建设知识产权公共信息服务平台，建立知识产权保护状况发布和知识产权典型案例发布制度，提高知识产权信息的透明度。在加强海外维权援助方面，江苏、浙江、天津、厦门等省市要求强化海外维权援助服务，引导重点企业、行业协会、商会等建立知识产权海外维权联盟，设立海外维权援助服务基金，提高海外知识产权纠纷应对能力。

（四）从地域分布看，知识产权综合立法进程与地方经济发展程度密切相关

从前述的 18 部知识产权综合性地方性法规和规章的地域分布情况来看，长三角、珠三角、东部沿海及京津冀等相对发达地区省市占比约 78%，包括上海市及其浦东新区、江苏省和南京市、浙江省、安徽省、广东省和深圳市、浙江省、海南省、北京市、天津市、辽宁省、厦门市等；中部地区包括湖南省、山西省和武汉市，占比约为 17%；西部地区仅有昆明市，占比约 5%。知识产权综合性地方立法进程基本反映了地方经济发展程度和水平。

（五）从创新来看，凸显知识产权综合立法有效支撑地方经济社会高质量发展的特色

地方知识产权综合立法聚集经济社会发展所需，结合地方实际，在服务区域经济发展、提升知识产权公共服务智能化水平、强化知识产权风险与安全管理、推动知识产权价值实现等方面进行制度创新。其一，在服务区域经济发展方面，广东、北京、江苏等省市深入贯彻国家区域发展战略，推动知识产权服务粤港澳大湾区、京津冀和长江三角洲等区域协同发展。其二，在提升知识产权公共服务智能化水平方面，浙江充分发挥其知识产权数字化改革先行优势，依托一体化、智能化公共数据平台，迭代建设"浙江知识产权在线"，打通知识产权创造、运用、保护、管理、服务全链条，推动知识产权治理能力和水平现代化。其三，在强化知识产权风险与安全方面，浙江、北京、江苏等省市明确建立健全重大经济科技活动知识产权分析评议制度，对利用财政性资金或者国有资本设立的重大政府投资、重大自主创新、重大技术引进或者出口、重大人才管理和引进等项目的知识产权状况进行论证评估和安全审查，防范知识产权风险。其四，在推动知识产权价值实现方面，浙江、江苏、广东、上海、山东、辽宁、山西等 7 个省市设立了知识产权奖励制度。浙江建立了专利公开实施制度，对利用财政性资金设立的科学技术计划项目所形成的专利成果，3 年内无正当理由未实施转化的，纳入公开实施

清单，由专利权人合理确定公开实施的方式和费用标准，精准推送匹配给相关主体实施，从而有效唤醒"沉睡"专利，加快专利成果转化，使专利真正发挥作用，更好地赋能经济社会发展。

三、知识产权综合性地方立法的几个关键问题

（一）立法目标定位问题

党的二十大明确提出："加强知识产权法治保障，形成支持全面创新的基础制度。"目前，我国尚未制定国家层面统一的知识产权基本法，地方知识产权综合立法的直接上位法依据仍然是《专利法》《商标法》《著作权法》等单行知识产权基本法律。各地将实践中一些好的经验和做法在地方性法规中予以固定，条件成熟时再进入国家立法序列，可以为下一步制定国家知识产权基本法打下基础。地方知识产权立法先行先试，不仅贯彻落实了党中央、国务院关于知识产权的重大工作部署，符合中央文件精神，而且还自觉运用法治思维和法治方式，将党的政策与立法工作有机结合起来，将深化知识产权重大领域改革与依法治国有机结合起来，通过法治保障，推进知识产权治理体系和治理能力现代化。具体而言，知识产权综合性地方立法应以《民法典》《专利法》《商标法》《著作权法》等上位法律法规为基础，汲取近年来各地知识产权保护工作的有效经验，在相互借鉴的基础上，突出对专利、商标、作品、地理标志、商业秘密、集成电路布图设计、植物新品种等知识产权客体的全方位保护，突出知识产权创造、运用、管理、服务等的全链条保护，充分发挥地方立法的补充、探索、创制、先行作用，❶增强地方立法的操作性和实用性，为各地知识产权服务地方全面创新和经济社会高质量发展提供法治保障。

（二）立法工作推进模式问题

目前，地方立法工作推进机制主要有两种模式：一是自下而上模式，即由行业主管部门起草、政府审查、人民代表大会审议依次进行的常规模式；二是自上而下模式，即有关领导高度重视，由人民代表大会有关

---

❶ 王亚利，岳雪峰. 地方立法治理功能的困境与出路〔J〕. 山西高等学校社会科学学报，2022（5）：39-44.

专门委员会提议案的"非常规"方式推进。由于知识产权综合性地方立法既涉及多个客体，又涉及知识产权部门、市场监管部门、版权部门、农业农村部门、林业和草原部门等多个管理部门，因此立法协调难度较大。在地方知识产权政府职能配置中，知识产权统筹协调职能一般由知识产权局（或市场监管局）承担；相应地，知识产权综合性立法牵头统筹协调职责理应由知识产权局（或市场监管局）承担。目前，我国省级层面知识产权机构设置主要分为三种模式：一是以北京、上海为代表的市政府直属模式；二是以江苏、重庆等为代表的市场监管体系下的部门管理机构模式；三是以广东、浙江等为代表的知识产权局和市场监管局合二为一模式。立法实践中，除北京、上海知识产权局拥有地方立法起草权限以外，全国其他省份知识产权综合立法起草的责任单位均为市场监管局。建立高效的立法工作推进机制，是保障知识产权综合性地方立法工作顺利推进的关键。从各地方立法推进的实践看，目前有两种模式可供选择：一是建立以分管副省长（副市长）为组长的立法工作推进机制；二是依托现有知识产权工作领导小组或知识产权保护联席会议办公室，建立立法工作推进机制。

（三）综合立法与单行法的协调衔接问题

知识产权综合性地方立法旨在为知识产权全链条的运行提供全方位的法制规范，起到统领全局、提纲挈领的作用，其主要内容涉及知识产权行政部门职权职责、知识产权战略制定和公共政策供给、知识产权保护运用、知识产权服务保障等。各地在已有相关知识产权单行立法的情况下，如何协调解决知识产权综合性立法与知识产权单行立法之间的关系问题，防止重复性立法、浪费立法资源，是推进知识产权综合性立法的首要问题。与知识产权单行立法相比，综合性地方立法站位更高，通常以知识产权共性规则为切入点，尽可能关注作品、专利、商标、地理标志等各类知识产权客体的有关共性问题，立足地方事权进行制度设计。首先，知识产权综合性立法应更多关注面上的问题，而专利、版权、地理标志等单行立法应在与综合性立法保持一致的情况下，结合本领域特点，进行深度制度设计，切实解决该领域的实际问题。如专利立法应以提升技术供给质量、营造良好创新环境为切入点，进行有关制度设计；版权是知识产权促进文化产业发展的重要抓手，其立法逻辑前提是基于独创性判定的"拟制权"；地理标志立法的核心则是将地理标志产品、地理标志集体商标和证明商标、农产品地理标志三种类型一体加以保护。其次，知识产权综合性地方立法构成了公权力介入知识产权全链条保护的基本依据，具有明显的公法特征。知识产权单行法虽包含了部分有关行政确权、救济等的公法规范内容，但仍以私法为主。知识产权综合性地方立法是定位于公法性质的知识产权基础性规范❶，其并非对现有单行立法制度的简单加和，而是进一步协调知识产权各单行法并统一知识产权各单行法中的共同标准，主要着力于地方知识产权整体制度和基本框架之构建。

（四）地方立法权限与制度创新边界问题

我国立法采用的是"中央专属立法事项加央地共同立法事项"的二分法模式；《立法法》清晰地划分了中央与地方的立法权限，并为知识产权地方立法留有一定的空间。❷ 虽然我国各知识产权领域的立法在不断完善，但针对知识产权制度运行中的共性和综合性问题，尚需地方立法进一步明确并结合地方实际进行细化和创新。

1. 地方立法的基本权限及空间：中央立法保留之外

《立法法》第 11 条明确规定了国家主权、各国家机关的职权、国家的根本政治制度、剥夺公民政治权利、限制人身自由、税收制度等 11 项全国人民代表大会及其常务委员会专属立法权的范畴，即使相关事项或领域出现法律空白，地方立法也不能涉足中央立法保留事项。《立法法》第 82 条第 2 款中明确规定："除本法第十一条规定的事项外，其他事项国家尚未制定法律或者行政法规的，省、自治区、直辖市和设区的市、自治州根据本地方的具体情况和实际需要，可以先制定地方性法规。"同样地，《行政处罚法》第 12 条第 1 款和第 3 款分别规定："地方性法规可以设定除限制人身自由、吊销营业执照以外的行政处罚。""法律、行政法规对违法行为未作出行政处罚规定，地方性法规为实施法律、行政法规，可以补充设定行政处罚……"上述条文为地方性法规设定处罚权保留了一定的空间。上位法未作规定的，地方性法规可以就不属于中央立法保留的事项设定处罚。

---

❶ 曹新明，孔文豪. 制定知识产权基础性法律所涉若干重要关系初论［J］. 知识产权，2022（10）：39-55.

❷ 罗玥. 知识产权的地方立法权限与空间：以各地著名商标法规被废止为切入点［J］. 地方立法研究，2019（5）：106-118.

2. 地方立法的外在权限及空间：不得与上位法相抵触

"不得与上位法相抵触"应当被理解为"不与上位法的立法精神、原则相抵触"，也"不与上位法具体条文相抵触"。《宪法》第 100 条、《地方各级人民代表大会和地方各级人民政府组织法》（以下简称《地方组织法》）第 10 条第 1 款和第 49 条第 1 款、《立法法》第 80 条都明确规定"在不同宪法、法律、行政法规相抵触的前提下"，才能制定地方性法规。《行政处罚法》第 12 条第 2 款也规定："法律、行政法规对违法行为已经作出行政处罚规定，地方性法规需要作出具体规定的，必须在法律、行政法规规定的给予行政处罚的行为、种类和幅度的范围内规定。"依据以上规定及《立法法》第四章划分的地方立法的权限和范围，地方立法都必须严格控制"在不同宪法、法律、行政法规相抵触的前提下"。

3. 地方立法的内在权限及空间：地方性事务

2000 年的《立法法》首次提出了"地方性事务"的概念。2015 年修改的《立法法》第 73 条第 1 款第 2 项明确采用"属于地方性事务需要制定地方性法规的事项"的表述。在立法上，《地方组织法》第 10 条第 1 款和第 49 条第 1 款，《立法法》第 80 条、第 82 条第 1 款和第 2 款也都明确规定省、自治区、直辖市的人民代表大会和/或人民代表大会常务委员会根据本行政区域的具体情况和实际需要制定地方性法规。由于我国各地经济和社会发展情况存在较大差异，各地在知识产权基本法律的实施和执行方面客观上存在差异；允许各地根据各自的具体情况，对知识产权的管理和保护等方面作出因地制宜的规定，符合调动地方积极性的原则。一言蔽之，知识产权综合性地方立法的权限和空间主要集中在中央立法保留之外且不得与上位法相抵触的地方性事务，而《宪法》《地方组织法》《立法法》《行政处罚法》等则是制定知识产权综合性地方立法的直接立法权源。

四、推进知识产权综合性地方立法的建议

（一）充分认识知识产权的权利特性

一是正确认识知识产权的权利属性。知识产权与传统民事权利存在差异，既涉及财权，也涉及部分人身权。人身权和财产权共同构成民法中的两大类基本民事权利；提倡当事人意思自治是民法的基本属性。

因此，知识产权权利人和相关权利人在知识产权保护中的自我保护和自律管理，是知识产权保护综合立法中必须突出的重点。

二是正视知识产权公权化的趋势。从实践中看，世界各国都将国家公权力不同程度渗透到知识产权的确认、运用以及保护等各个方面，通过保护知识产权权利人的利益来实现整体社会公共利益。我国近年来颁布实施的几部知识产权单行法，更是明确了知识产权行政管理的职责、措施等，强化国家公权力对知识产权保护的职责。随着知识产权私权公权化走向越来越明显，❶ 应正视知识产权价值的多重维度，强调其社会性和公共性，地方立法进一步优化政府介入知识产权法律关系中的积极作用和再分配功能。❷

三是推动公权力适度介入知识产权保护。知识产权领域同时涉及私权利的创造运用和公权力对知识产权的管理和行政执法，而政府同时肩负着推进知识产权战略和发展经济的职责。一方面，有关知识产权的地方性法规应当避免过多干预地方经济和市场竞争；尤其是以"促进"和"激励"知识产权与创新为主要目的的立法，应当尊重市场规律，回归到以市场竞争为主，减少不必要的行政性干预。另一方面，地方知识产权立法不应一味强调保护力度和管理严格，也要考虑到各方利益的平衡，强化市场失灵状态下的政府监管；尤其是对知识产权权利滥用方面要加强立法，确立适当的知识产权保护水平。

（二）严格在地方立法权限内进行制度设计

开展知识产权综合性地方立法，涉及部门多、社会影响面广、关注度高、专业性强、立法难度较大。要坚持科学立法、依法立法原则，坚定维护国家法制统一，无论是制度创新，还是加大处罚力度，都严格在地方立法权限内进行制度设计。

一是确保不触及中央专属立法权事项。根据《立法法》第 11 条的规定，有关民事基本制度、基本经济制度、犯罪和刑罚、诉讼和仲裁制度等事项，只能由国家法律作出统一规定，地方立法不能涉及这些事项。地方性法规可以为执行国家法律、行政法规的规定，根据本行政区域的

---

❶ 冯晓青，刘淑华. 试论知识产权的私权属性及其公权化趋向［J］. 中国法学，2004（1）：61-68.

❷ 邓志红，余翔. 再论知识产权的性质：一种权利结构的视角［J］. 知识产权，2018（2）：3-12.

实际情况，作出具体规定。这符合调动地方积极性的原则。

二是确保不抵触上位法。不抵触上位法是地方立法的底线，也是不可逾越的红线。享有普通地方性法规立法权的地方，无权对法律、行政法规的规定进行变通，也不能突破上位法规定的执行下限和幅度上限。这符合地方法应遵从不与上位法相抵触的原则。

三是厘清地方立法设定行政处罚权限。行政处罚是地方立法设定法律责任的重要形式。在相当长的一段时期内，地方立法的行政处罚权，在事实上被作为"不安全"的权力加以控制。[1] 而无论从法律规定还是从现实层面，地方立法设定行政处罚皆具必要性与合理性。《行政处罚法》为地方性法规设定处罚权保留了一定的空间。在党中央倡导和推行"工作重心下移"的背景下，地方人民代表大会及其常务委员会要合理运用全国人民代表大会赋予地方的立法权先行先试机会，争取获得更多的"先行立法权"。因此，地方立法重点在于厘清本地立法设定行政处罚权的"限"与"扩"的具体情形及边界，形成符合本地实际的行政处罚设定思路。

四是发挥行政保护的独有优势。充分发挥知识产权行政保护快速高效的特点，是解决当前知识产权保护人案突出矛盾的重要手段。知识产权综合性地方立法的目的，就是有针对性地解决当前地方在知识产权保护方面存在的突出问题，最大可能克服上位法的滞后性和不灵活，积极回应社会需求。因此，应在地方立法中突出强化知识产权行政保护力度的价值追求。

（三）加强立法创新以突出地方特色

一是始终坚持用于当地实际。地方性法规是直接关乎当地老百姓切身利益的规范，是调整与规范区域"平衡发展""协调发展""充分发展"的重器。[2] "地方特色"凸显法律实施的地方效果，正是中央设置地方立法权限的目的。因此，知识产权综合性地方立法既要吸收先进地区好的经验做法，又要突出本地特色，避免千篇一律。

二是可从自主性立法和先行性立法先行先试。知识产权作为一项基

---

❶ 刘康磊. 地方性法规行政处罚设定的权限及边界：以新修订的行政处罚法第十二条第三款为视角 [N]. 民主与法制时报，2021-07-15 (6).

❷ 宋才发. 地方立法的规制、备案审查与行政处罚研究 [J]. 河北法学，2022 (12)：2-16.

本的民事制度，通过国家法律予以规范；但从立法实践和理论来看，仍在地方立法上留有一定空间。自主性立法和先行性立法的立法空间较大，可作为知识产权综合性地方立法创新的切入点。目前，在流通领域知识产权保护、知识产权社会治理、跨部门和跨区域协同保护机制、传统知识的保护等方面，地方立法仍有较大的立法创新空间。

三是加强新领域知识产权保护。近年来，随着互联网、大数据、人工智能等数字经济新业态的发展，知识产权侵权违法行为呈现新型化、复杂化、高技术化等特点。新领域多样化的知识产权保护需求逐渐增强，涉及互联网核心技术、基因技术、信息通信、集成电路、人工智能及平台经济等方面的新型案件日益增多，复杂技术事实认定和法律适用难度加大，新领域、新业态知识产权保护的权利边界、责任认定对行政裁决和行政确权提出了新挑战。现有立法对新领域知识产权的保护存在一定的滞后性，而基本法修改周期较长，无法对快速变化的知识产权保护需求作出有效回应。对此，就需要地方大胆创新，持续加强理论研究和实践探索，探索开展数据知识产权、人工智能、基因技术等新领域、新业态的知识产权保护地方立法研究。

四是避免宣示性、重复性的规定。"有特色"是地方立法的灵魂，"可操作"是地方立法的生命。要以问题导向来考虑立法方向。最后出台的不应为一个宣示性的法律文件，故需避免对各个省市已有制度的汇总摘抄，也不应将上位法已有规定罗列到知识产权综合性地方立法中来。

五、对国家层面研究制定知识产权基础性法律的建议

党的二十大报告明确提出："加强知识产权法治保障，形成支持全面创新的基础制度。"开展国家层面知识产权基础性法律制定的必要性和可行性研究，是贯彻落实党的二十大精神的一项重要举措。近年来，各地在地方知识产权综合立法方面进行了有益探索，为国家层面研究制定知识产权基础性法律打下了良好的基础。为此，建议国家知识产权局在总结提炼地方工作经验的基础上，进一步开展国家层面知识产权基础性法律制定的必要性和可行性研究，为支持全面创新提供坚强的制度保障。

标准组织的必要专利披露政策研究

崔国斌[1]

摘　要

为了降低技术标准化过程中的专利挟持风险，多数标准组织制定了专利政策，要求其成员向标准组织披露标准必要专利并承诺按照公平、合理和非歧视的条件发放许可。标准组织的专利政策在定义标准必要专利的范围时，通常会同时考虑技术和商业两个维度，覆盖未公开的专利申请和未来可能获得的专利。标准组织通常并不能要求其成员在进行必要专利披露时进行专利检索，以免过度增加成员的负担。如果愿意，标准组织可以鼓励其成员公布更具体的许可条件。但是，强制要求披露具体许可条件并不可取。专利政策通常鼓励成员尽早披露，但是，专利权人缺乏这么做的充分动机，标准组织也难以作出严格要求。专利权人违反披露义务后，专利政策所规定的法律后果通常并不严厉；在极端情况下，有进一步通过反垄断法进行规制的必要。

关键词

标准组织　专利政策　标准必要专利　披露义务

---

❶　作者单位：清华大学法学院。

引　言

　　技术标准化在提高产品或服务质量、安全性与兼容性等方面具有重要意义，已经成为各行各业的普遍现象。很多高新技术行业的领导者，都希望自己的专利能够成为所谓标准必要专利，即实施技术标准时不可避免要实施的专利（或专利权利要求），❶ 从而最大化专利技术的商业价值。

　　理论上，技术标准被专利所覆盖后，专利权人索要不合理许可费时，如果标准实施者或标准组织可以放弃该技术标准，转而支持其他技术方案，则专利权人的谈判能力并不会因为标准化而得到实质性的加强。不过，在大多数情况下，标准制定的成本、标准实施后实施者和消费者的转换成本都是实质性的，标准组织难以放弃或者修改现有标准。标准组织及标准实施者向替代标准的转换的成本越高，专利权人就越有可能索要更高的许可费。❷ 为了避免技术标准事后被专利权人挟持，很多标准组织制定了专利政策，要求参与标准制定的专利权人（标准组织成员）事先披露自己所拥有的必要专利与专利申请，并承诺将来按照一定条件发放许可——其中最为典型的是承诺按照公平合理非歧视（以下简称"FRAND"）的条件发放许可的许可声明。ESTI、IEEE 和中国通信标准化协会的知识产权或专利政策❸大致是其中的代表。

---

❶　The Institute of Electrical and Electronics Engineers，Inc.．IEEE-SA Standards Board Bylaws［EB/OL］．［2023-08-30］．https：//standards. ieee. org/wp-content/uploads/import/documents/other/sb_bylaws. pdf.

❷　U. S. Departmentof Justice，Federal Trade Commission. Antitrust Enforcement & Intellectual Property Rights：Promoting Innovation and Competition［EB/OL］．（2007-04-17）［2023-08-30］．http：//www. usdoj. gov/atr/public/hearings/ip/222655. pdf.

❸　ETSI. ANNEX 6：ETSI Intellectual Property Rights Policy［EB/OL］．（2022-11-29）［2023-08-30］．http：//www. etsi. org/images/files/ipr/etsi-ipr-policy. pdf；The Institute of Electrical and Electronics Engineers，Inc.．IEEE-SA Standards Board Bylaws［EB/OL］．［2023-08-30］．https：//standards. ieee. org/wp-content/uploads/import/documents/other/sb _ bylaws. pdf；中国通信标准化协会．中国通信标准化协会知识产权政策（试行）［EB/OL］．（2020-08-21）［2023-08-30］．https：//www. ccsa. org. cn/detail/？id = 3019& title =％E4％B8％AD％E5％9B％BD％E9％80％9A％E4％BF％A1％E6％A0％87％E5％87％86％E5％8C％96％E5％8D％8F％E4％BC％9A％E7％9F％A5％E8％AF％86％E4％BA％A7％E6％9D％83％E6％94％BF％E7％AD％96％28％E8％AF％95％E8％A1％8C％29％28％E4％B8％AD％E6％96％87％29.

标准组织要求成员披露标准必要专利并作出许可声明，主要目的是保证标准化工作在成员知情的情况下开展，避免专利权人事后挟持标准。法律上，标准组织的专利政策是其成员与标准组织签署的合同的内容的一部分，对标准组织的成员具有法律约束力。事后，如果专利权人拒绝发放 FRAND 许可，则标准实施者可以通过法院确定 FRAND 许可的具体内容，限制专利权人单方面定价或寻求禁令救济的权利，从而避免技术标准被挟持。不过，需要指出的是，标准组织的专利政策本质上是标准组织内部章程性质的文件，仅仅对其成员有约束力，无法为非标准组织成员的第三方设定事先披露义务。因此，针对标准组织成员的披露要求并不能完全消除第三方挟持技术标准的风险。后一问题通过单独的立法才能解决，超出本文探讨的范围。

在现有法律框架下，标准组织可以比较自由地选择自己的专利政策。不同标准组织的专利政策规定的成员披露义务也不尽相同，它们消除专利挟持风险的效果、成员履行披露义务的成本自然也有差异。而标准组织通常具有很大的市场影响力，即使它的专利披露政策失之偏颇，受影响的各方也不能轻易用脚投票。在这一意义上，标准组织的专利政策并非单纯私人自治的范围，相反，它需要接受标准化法、反垄断法、专利法等一系列法律的规制，以确保在专利权人、实施者和社会公众之间维持合理的利益平衡，落实这些法律所支持的公共政策目标。

如后文所述，中国的标准化工作与欧美不同：中国国家标准的制定工作由政府主导，专利权人参与政府主导的标准化工作，同样需要履行专利披露义务，但这一义务常常直接源自标准化方面的行政规章，而不依赖标准组织的专利政策。[1] 因此，在中国语境下，为了避免标准化领域的专利挟持，完善政府关于标准化工作的行政规章中的专利披露和许可承诺要求很可能比完善非政府的标准组织的专利政策更为重要。不过，这并不是说中国标准组织的专利政策本身没有意义；相反，它们能够在行政规章许可任意选择的或空白的地带发挥作用。

在这一背景下，对于标准组织专利政策进行深入研究有多方面的意义。首先，这一研究可以帮助指引各类标准组织完善各自的专利政策，

---

[1] 当然，现有法律并不妨碍具体的标准工作组在现有规章的框架下制定更具体的专利政策，然后要求标准化工作的参与者遵守该政策。

也可以供政府修订相关的行政法规、规章时参考。毕竟，标准组织的专利政策所面对的问题、所维系的利益平衡关系和所要实现的目标，与政府行政规章中的专利披露规则高度一致，可以相互参照。其次，明确标准组织成员必要专利披露义务的法律边界，探讨违反披露义务的可能法律后果，对于保护各方在标准化过程中的合法权益有重要意义。最后，深入理解标准组织专利披露政策的制度功能及其在实际运作过程中遇到的挑战，对于法院处理后续标准必要专利许可争议中的关键问题同样不可或缺。比如，在标准必要专利许可上的常见争议是：专利权人披露的专利是否真的属于必要专利。了解标准组织专利政策实际运作后，法院就会认识到多数标准组织实际上并没有采取有效措施保证成员对必要专利的披露的可靠性——这样，从法律上推定成员关于标准必要专利的披露是可靠的，然后由实施者来举证推翻，就不是合理的举证责任分配规则。再比如，在多数许可争议中，法院需要明确 FRAND 声明的解释思路，而如果不了解 FRAND 声明所处的标准组织专利政策背景，对它进行合理解释几乎是不可能的。

接下来，本文先简要介绍规范标准组织成员或标准化参与者的专利披露行为的基本法律框架，以及成员或参与者的必要专利披露义务在避免专利挟持方面的重要作用，然后具体分析标准化参与者所需要披露的必要专利的范围、披露许可条件的必要性、披露程序以及违反披露义务的法律后果。通过这一分析，我们能够获得标准组织专利政策或政府规章落实标准化参与者专利披露义务的清晰思路，为后续进一步改进相关制度指明方向。

一、规范专利披露行为的法律框架

中国标准化领域的基本法律法规是《标准化法》（2017 年修订）和《标准化法实施条例》（1990 年），除此之外，还有诸多的部门规章对具体的标准化工作进行规范❶。《标准化法》按照标准制定机构的不同，将标

---

❶ 比如，《地方标准管理办法》《行业标准管理办法》《企业标准化管理办法》《关于加强强制性标准管理的若干规定》《采用国际标准管理办法》《采用快速程序制定国家标准的管理规定》，等等。

准分为国家标准、行业标准、地方标准和团体标准、企业标准四级。❶
《标准化法》对国家标准与行业标准的区分，除了刻意强调制定机构行政级别的差别外，似乎没有太大的现实意义——行业标准在一个行业适用，差不多等于在全国适用，与国家标准并无本质差别。

《标准化法》还依据标准是否具有强制性，将标准分为强制性标准和推荐性标准两类。❷ 对保障人身健康和生命财产安全、国家安全、生态环境安全以及满足经济社会管理基本需要的技术要求，应当制定强制性国家标准，❸ 其他标准则是推荐性标准。理论上，推荐性标准并没有实质性的法律约束力，它要在市场上取得主导地位，还是要依赖于倡导者的推广与市场的接受。而实际上，在中国的市场环境中，获得政府的推荐，会对企业或消费者接受该标准有很大的正面引导作用。另外，成为推荐性标准，也可能是将来成为强制性标准的一个前奏。❹

与美国标准制定机制不同，中国的标准制定工作由政府主导，这使得中国标准化过程中参与者的专利披露行为的规制呈现出与欧美不同的法律路径。美国非政府的标准化组织在各个领域主导了技术标准制定工作，政府承担次要的协调工作。❺ 这样一来，在标准化过程中，标准组织成员的专利披露义务主要由标准组织自身的专利政策设定，政府并不需要直接通过法律规定标准组织成员专利披露义务。出现争议后，法院将标准组织的专利政策视为成员与标准组织之间的合同，通过合同实现规制成员专利披露和许可行为的目的。在合同难以实现规制目的时，法院可以适用反垄断法或专利法等来规制专利权人的行为。

---

❶ 《标准化法》第 2 条。具体来说，国务院标准化行政主管部门制定的在全国范围内统一的技术要求的标准，是国家标准；没有国家标准的情况下，由国务院有关行政主管部门（通常是行业的主管部门）在全国某个行业范围内为统一技术要求而制定的标准，是行业标准；在既没有国家标准又无行业标准的情况下，由省级标准化行政主管部门在省级行政区划范围内统一制定的工业产品的安全或卫生要求的标准，是地方标准。在没有国家标准或行业标准的情况下，《标准化法》要求企业制定企业标准，作为生产的依据，向行政主管部门备案。

❷ 《标准化法》第 2 条。

❸ 《标准化法》第 10 条。

❹ 比如，葡萄酒标准在 1994 年发布时为推荐性标准，2007 年修订后成为国家强制性标准。徐风. 葡萄酒新标准定下死规矩 新国标由推荐性改为强制性［EB/OL］.（2007-04-06）［2023-08-30］. http：//www. ce. cn/cysc/sp/info/200704/06/t20070406_10951221. shtml.

❺ ANSI. Overview of the U. S. Standardization System［EB/OL］.［2023-08-30］. https：//www. standardsportal. org/usa_en/standards_system. aspx.

中国选择由政府主导制定和实施标准。技术标准本身具有一定的公共物品属性，未参与标准制定的企业很容易在标准制定后"搭便车"。❶在私人投资不足导致公共物品短缺时，政府资助或者政府干预标准的供给原本的确有其合理性。因此，并不奇怪的是，在中国，不论是强制性标准还是推荐性的国家标准或行业标准，其制定均由国务院标准化行政主管部门按照国家的政策及法律提供经费，组织人员按照预备、立项、起草、征求、审查、批准等程序制定，❷然后以有关行政主管部门名义发布实施。在国家标准发布实施以后，有关行政主管部门还要对国家标准的实施情况进行监督检查。❸由于政府的长期主导，我国民间的标准化组织自身的发展并不充分，无论是在技术实力还是管理水平上，均和美国、欧盟等发达国家或地区的标准化组织存在较大的差距。从规范标准化工作的角度看，中国决策者关注的重点是全国专业标准化技术委员会（政府机构）及其归口单位而不是民间标准化组织的标准化工作。这也就意味着，中国更多地依靠行政法规直接规范标准化过程中专利权人的专利披露行为，而不是更多地依赖民间的标准化组织自身的专利政策。不过，研究代表性的国际标准组织关于专利披露的政策，对于中国完善标准化方面的法规，依然有直接的参考价值。

《标准化法》和《标准化法实施条例》并未对标准制定和实施过程中的专利问题作出规定。到目前为止，关于标准化过程中的必要专利问题的最为直接的规定，依然是2013年底国家标准化管理委员会和国家知识产权局联合发布的《国家标准涉及专利的管理规定（暂行）》（以下简称《规定》）。在此基础上，国家推荐性标准《标准制定的特殊程序 第1部分：涉及专利的标准》（GB/T 20003.1—2014）对于标准组织处理必要专利问题有具体的程序指引。❹

《规定》对待标准必要专利的态度并不相同。对于强制性国家标准覆

---

❶ 安伯生. 标准化的准公共物品性与政府干预［J］. 中国标准化，2004（7）：71.

❷ 国家标准化频道. 中国标准制定程序［EB/OL］.（2009-12-01）［2023-08-30］. http：//www. chinagb. org/article-57736. html.

❸ 《标准化法》第32～35条。

❹ 国家标准《标准制定的特殊程序 第1部分：涉及专利的标准》（GB/T 20003.1—2014）由中国标准化研究院提出，原国家质量监督检验检疫总局、国家标准化管理委员会2014年联合发布。这实际上是关于制定标准工作流程的国家标准。

盖专利,《规定》第 14 条要求"强制性国家标准一般不涉及专利"。❶ 显然,政府排斥在国家强制性技术标准之中纳入专利技术的做法。国家作出这一规定,可能与过去发生的强制性标准中包含专利技术,而标准的实施者被诉专利侵权的案件有关。❷ 不过,强制性标准的制定有其自身的规律,一味地排斥专利并不总是合理的。依据《标准化法》,很多强制性标准是出于保障人体健康和人身、财产安全等需要而制定的。这时候,制定者采纳的技术标准是主要以有效保障人民人身财产安全为依据,而不单纯因为存在专利就放弃制定强制性标准。在发展迅速的网络与通信技术领域,政府如果出于国家安全或公众通信安全之目的制定强制性标准,则很可能会遇到无法回避专利的问题。《规定》要求"一般不涉及专利",应该还是允许存在一些例外,即必要时,强制性标准还是可以包含专利技术。因此,《规定》第 15 条规定:"强制性国家标准确有必要涉及专利,且专利权人或者专利申请人拒绝作出第九条第一项或者第二项规定的专利实施许可声明的,应当由国家标准化管理委员会、国家知识产权局及相关部门和专利权人或者专利申请人协商专利处置办法。"当然,协商不成时,究竟如何处理,是一个复杂的问题——这可能需要对专利权进行实质限制,似乎只有在人大立法层面才能够得到彻底的解决。国家标准化管理委员会和国家知识产权局不太方便在《规定》这一部门规章中提供实质性解决方案。

对于推荐性标准覆盖专利,国家标准化管理委员会持开放态度。2004 年的《国家标准涉及专利的规定(暂行)(征求意见稿)》第 3 条中规定:"推荐性国家标准原则上不反对标准中含有专利。但该专利应是国家标准中难以替代的技术,且不存在其他拒绝涉及该专利的实质性理由。"这实际上与现在绝大多数标准组织在专利问题上的立场大致相同。可以想象,如果一项专利技术在经过技术效果和许可条件的综合考虑之后,被认为是无可替代的,基本上也就满足了该征求意见稿的这一条的

---

❶ 《国家标准涉及专利的管理规定(暂行)》第 14 条。

❷ 比如,1996 年天津港湾工程研究所诉建设部综合勘察研究设计院侵犯"真空预压加固软土地法"专利权纠纷案,原告的专利技术被编入原建设部颁布的国家强制性标准;2001 年陈国亮诉昆明岩土工程公司侵犯其"固结山体滑动面提高抗滑力的施工方法"专利权纠纷案。这两个案例都以相关专利被宣告无效告终,法院并没有机会真正对这一棘手问题给出直接的答案。参见:马铁良. 技术标准中引用专利的原则 [J]. 电子知识产权,2004(12):30-31.

要求。这一条文虽然最终并未出现在《规定》中，但它所表达的立场应该还是政府的一贯立场。

《规定》为标准制定过程中的参与者设定了披露义务："在国家标准制修订的任何阶段，参与标准制修订的组织或者个人应当尽早向相关全国专业标准化技术委员会或者归口单位披露其拥有和知悉的必要专利，同时提供有关专利信息及相应证明材料，并对所提供证明材料的真实性负责。参与标准制定的组织或者个人未按要求披露其拥有的专利，违反诚实信用原则的，应当承担相应的法律责任。"❶ 对于未参与标准制定过程的第三方，则鼓励其随时披露其拥有和知悉的必要专利情况。❷

国家推荐性标准不可避免地包含专利（或专利申请）时，《规定》要求标准起草工作组应及时请专利权利人作出不可撤销的书面的专利实施许可声明。专利许可要么是免费许可，要么是所谓的 FRAND 许可。❸ 如果相关标准未获得专利权人的上述承诺声明，则国家标准化管理委员会将不批准发布该标准。❹

国家标准发布后，发现标准涉及专利但没有专利实施许可声明的，国家标准化管理委员会应当责成全国专业标准化技术委员会或者归口单位在规定时间内获得专利权人或者专利申请人作出的专利实施许可声明，并提交国家标准化管理委员会。除强制性国家标准外，未能在规定时间内获得专利权人或者专利申请人专利实施许可声明的，国家标准化管理委员会可以视情况暂停实施该国家标准，并责成相应的全国专业标准化技术委员会或者归口单位修订该标准。❺

上述规定与绝大多数标准组织针对其成员的专利政策看似没有太大差别，内容简略，因而，也存在标准组织政策中普遍存在的不确定性。比如，标准必要专利是否包含未公开的专利申请或未来专利？标准组织成员在披露前是否应对标准必要专利进行调查（清查），并对披露内容的真实性负责？标准组织是否应该鼓励披露更具体的许可条件？接下来，本文结合《规定》和典型的国际标准组织的专利政策，对这些问题展开

---

❶ 《国家标准涉及专利的管理规定（暂行）》第 5 条。
❷ 《国家标准涉及专利的管理规定（暂行）》第 6 条。
❸ 《国家标准涉及专利的管理规定（暂行）》第 9 条。
❹ 《国家标准涉及专利的管理规定（暂行）》第 11 条。
❺ 《国家标准涉及专利的管理规定（暂行）》第 12 条。

深入的研究，希望能够对上述行政法规进一步细化起到更好的指引作用。

二、成员应当披露的专利范围

标准组织为成员设定专利披露义务，首先要明确必要专利的范围。《规定》对于标准化参与人员需要披露的必要专利有一个简洁的定义，即"实施该项标准必不可少的专利"。❶ 这里所说的"必不可少"，是指权利要求覆盖了公众实施标准时不可避免要实施的技术方案的专利，或者说不可避免要侵害的专利。❷ 在操作层面，标准组织的专利政策还应进一步明确一系列问题，接下来具体讨论。

（一）技术或商业上的"不可避免"

理论上，专利技术在实施标准时"必不可少"或"不可避免"，可能是技术上原因所致，也可能是商业上原因所致。技术上"不可避免"，如数字音视频编解码技术标准（AVS）工作组（以下简称"AVS 工作组"）的知识产权政策所述，是指不可能通过另一个技术上可行的不侵权的实施方式来实施该技术标准。❸ 中国电子技术标准化研究院（以下简称"CESI"）的《IT 领域标准起草组织知识产权政策模板》基本照抄了这一定义。❹ 商业上"不可避免"，是指替代方案可能"技术上可行但商业上不可行"，即商业上实施成本太高，使得实施者的产品失去竞争力。IEEE的专利政策在定义必要专利权利要求时，要求是在标准通过时，没有商业上和技术上可行的、非侵权的替代该必要专利的技术方案存在。❺ 这里

---

❶ 《国家标准涉及专利的管理规定（暂行）》第 4 条。

❷ 国家标准《标准制定的特殊程序 第 1 部分：涉及专利的标准》（GB/T 20003.1—2014）第 3.1 节 "必要权利要求"。

❸ "专利的某一权利要求被不可避免地侵权，是指该侵权不可能在实施最终 AVS 标准时通过采用另一个技术上可行的不侵权的实施方式予以避免。"参见：AVS 工作组. 数字音视频编解码技术标准工作组知识产权政策 ［EB/OL］. （2008-03-29）［2023-08-30］. http：//www. avs. org. cn/index/list? catid=45.

❹ CESI "IT Standard Drafting Organization's IPR Policy Template"：Ch. 2，Section 4 "Definitions"。

❺ The Institute of Electrical and Electronics Engineers，Inc.. IEEE-SA Standards Board By-laws ［EB/OL］.［2023-08-30］. https：//standards. ieee. org/wp-content/uploads/import/documents/other/sb_bylaws. pdf.

增加了商业上可行的限制条件，扩大了标准必要专利的覆盖范围。未来决策者在解释《规定》中的"必不可少"时，应该参考 IEEE 的思路，使得"必要专利"既涵盖技术上难以替代的专利，也涵盖商业上难以替代的专利。

将不可避免侵权和必要权利要求联系起来，强调的是不可能在技术上找到替代的方案。这一做法似乎没有考虑到下列情形：技术标准在某些环节可能使用功能性语言来表述技术方案。实现该功能可能同时存在数个互相替代的技术方案，而每个技术方案均为不同专利所覆盖——这时候，任何一项专利都不是严格意义上的必要专利，成员没有披露此类专利的义务。可是，成员对此类专利的隐瞒还是可能会影响标准组织的选择：如果成员披露相关专利，则标准组织或许可以放弃在标准中引入上述专利所覆盖的技术方案（尽管是多个互相替代的专利），转而选择其他未被专利覆盖的技术方案，从而降低标准实施的成本。不过，要保障标准组织的此类选择自由，需要耗费成员实质性的成本：它要求成员披露几乎所有能够用来实施标准的专利，大大增加了需要披露的主体和需要披露的专利的范围。与此相对，成员隐瞒非必要专利而导致标准实施成本增加的负面后果，与严格意义上的必要专利的挟持相比，还是要小很多。这是因为实施该标准时存在相互替代的专利技术，有限的专利权人之间互相竞争，依然可以降低专利许可费率。两相权衡，在专利政策中维持现有的标准必要专利的定义可能是有效率的选择。

从上述分析中，我们可以看出：现在的主流的知识产权政策将披露范围限制在"不可替代的"必要专利的范围内，实际上大大缩小了需要披露的必要专利的范围，算是在很大程度上已经对成员作出妥协。这反过来也增加了专利政策中披露要求的正当性。

（二）未公开的专利申请

标准组织在专利政策中要求成员披露已经授权的专利权利要求，不言而喻。一项专利申请，虽然尚未获得授权，但如果已经为专利管理机关所公开，则没有理由将其与已经授权的专利区别开来——毕竟它将来很可能获得授权，从而威胁到技术标准。

处于秘密状态的专利申请的披露则比较特殊，需要单独讨论。未公开的专利申请无法由标准组织或社会公众通过正常的渠道检索发现。❶ 许

---

❶ 依据《专利法》第 34 条，专利申请后一般满 18 个月才会公开。

可成员隐瞒此类专利申请，远比隐瞒授权后的专利的后果要严重。但是，由于专利申请尚未公开，成员可能会将其谋求专利授权这一事实视为自身的商业秘密。标准组织将披露义务延伸到未公开申请，多少会损害成员的合法利益：成员通常不愿意提前向标准组织内部的其他竞争对手披露，以免对方知悉自己的技术研究方向，有更多的时间来作寻求替代的设计，从而可能降低该专利技术将来的市场价值。❶ 同时，向第三方提前披露秘密申请，也可能使得自己将来不再有机会撤回相关的专利申请，转而寻求商业秘密保护。因此，有意见认为："要求创新者承担超出专利法或商业秘密保护范围的披露义务将损害其商业秘密和削弱其未来在创新上的投资积极性"。❷ 在过去一段时间里，"标准制定组织很少鼓励披露（未公开的）专利申请，尽管这些申请可能与已授权的专利相比对开放标准的目标更加有意义或者说更具有威胁性"。❸

不过，要求成员披露与标准技术方案有关的未公开的专利申请，对该成员的负面影响能够被控制在有限的范围内。首先，能够被标准吸收的技术，通常都是相关领域技术人员比较熟悉的公开技术。这意味着该技术通常都已经公开了相当长的时间，标准组织成员对这一技术所提出的专利申请还处在秘密状态的可能性不是很大，因此此类必要的秘密状态的专利申请数量应该不是很多。其次，专利申请的保密期间有限（在中国不超过 18 个月），在标准的制定过程中，成员必要时可以适当延迟到标准颁布前才披露自己的专利申请。这样，成员披露未公开的专利申请所损害的保密利益相对较小。再次，大部分标准组织要求成员签署保密协议，❹ 从而能够在

---

❶ RAPP R T，STIROH L J. Standard Setting and Market Power［EB/OL］. (2002-04-18)［2023-08-30］. https：//www. nera. com/content/dam/nera/publications/archive1/5156. pdf.

❷ SWANSON D G，BAUMOL W J. Reasonable and Nondiscriminatory （RAND） Royalties，Standards Selection，and Control of Market Power［J］. Antitrust Law Journal，2005，73 (1)：52.

❸ SKITOL R A. Concerted Buying Power：Its Potential for Addressing the Patent Holdup Problem in Standard Setting［J］. Antitrust Law Journal，2005，72 (2)：731.

❹ 比如，《数字音视频编解码技术标准工作组会员协议》（2021 年版）第 5 条 "保密"；闪联产业联盟标准工作组章程第 7 条。当然，也有标准组织反对为成员设定保密义务，比如OASIS Intellectual Property Rights （IPR） Policy Section 3 "Confidentiality"："Neither Contributions nor Feedback that are subject to any requirement of confidentiality may be considered in any part of the OASIS Technical Committee Process. All Contributions and Feedback will therefore be deemed to have been submitted on a non-confidential basis，notwithstanding any markings or representations to the contrary，and OASIS shall have no obligation to treat any such material as confidential. "

标准通过前最大限度地减少成员披露信息的对外传播。最后，在部分标准组织中，成员不披露标准必要专利的最严厉的后果，不过是承诺免费许可或发放 FRAND 许可。如果成员觉得拥有特定专利申请的事实属于核心商业秘密，依然可以选择保密而事后按承诺发放许可。

综合以上原因，标准组织要求成员披露其拥有的未公开的专利申请，对于成员的商业秘密的损害相对有限，却可以帮助标准组织对技术方案作出知情选择，其整体的竞争效果应该值得肯定。现在，越来越多的标准组织在其专利政策中要求其成员披露覆盖技术规范（specification）的专利申请。❶ 有意思的是，过去 AVS 工作组的知识产权政策对于专利申请的披露有比较特别的安排：如果成员承诺免费提供许可或者参加 AVS 的专利池（共同接受最高 1 元的许可费限价），则披露义务限于公开的专利和申请，未公开的专利申请可以不披露；如果没有作出上述承诺，则需要披露尚未公开的专利申请。❷ CESI 的《IT 领域标准起草组织知识产权政策模板》也有类似的要求。❸ 这一策略值得在更多的标准组织的专利政策中推广。

（三）未来专利

一项技术标准的实施，除了可能受制于标准颁布前已经提交的专利申请外，还可能受制于标准制定完成后新研发并获得专利保护的技术。为了表述方便，以下将此类专利技术称为"未来专利"，其不包含在标准颁布前已经存在的技术。一项技术标准制定后，成员再对该标准中的技术谋求专利保护的可能性很小，因为这些技术方案通常不再具有新颖性，

---

❶ OASIS Intellectual Property Rights Policy，Section 8 "Disclosure"；VITA Patent Policy，Section 10. 2. 1；AVS 工作组. 数字音视频编辑解码技术标准工作组知识产权政策［EB/OL］.（2008－03－29）［2023－08－30］. http：//www. avs. org. cn/index/list? catid＝45.

❷ AVS 工作组. 数字音视频编码技术标准工作组知识产权政策［EB/OL］.（2008-03-29）［2023-08-30］. http：//www. avs. org. cn/index/list? catid＝45.

❸ CESI "IT Standard Drafting Organization's IPR Policy Template"，Article 16（Nothing herein precludes broader disclosure of unpublished pending patent application on a voluntary basis）。该条规定不禁止基于自愿对未公布的尚未授权的专利申请作出更广泛的披露。根据第 15 条，没有选择第 12 条第 1 款第 1 项或第 2 项，或第 12 条第 2 款第 1 项或第 2 项规定的默认许可义务的成员，还应当在实际知晓的范围内，披露该成员或其关联者的可能包含必要权利要求的未公开的专利申请。

无法获得专利授权。❶ 不过，如果技术标准在某些环节选择了功能性语言来表述某一技术，而不是具体界定技术方案本身，则另当别论。标准之所以使用功能性语言，通常是由于现有技术中有多种可以实现该功能的技术方案存在，而其中任何一种都可以达到标准的要求。标准组织无须将实施方案限定为某一具体的技术方案。比如，标准中涉及绝缘材料，可能只需对材料的绝缘性能作出定义，而无须限定具体的材料成分。实施此类标准的现有技术方案，不可能由成员在标准通过后申请专利。但是，该标准的功能性表述并不妨碍他人在标准颁布之后，获得具有标准所表述功能的新的技术方案并申请专利。

标准公布后，对新获得的技术申请专利保护，无法从技术上妨碍标准的实施，因为标准的实施者可以利用现成的替代方案来实施该技术标准。但是，存在这样的可能性：新获得的专利技术可能具有巨大的成本优势，使得其他的实施技术标准的现有方案失去商业竞争力。在这种情况下，如果专利权人以新技术实施标准，而拒绝许可其他人按照同样的方式实施该标准，其他标准的实施者在竞争中就处于非常不利的位置上。这一结果与专利权人利用现有专利挟持技术标准的局面并无本质区别。为了避免这种情况出现，应当许可标准组织将该新获得的专利定义为实施标准所必需的必要专利，要求成员提供许可。

现在，标准组织的专利政策很少在定义"必要专利"时，直接对未来专利作出规定。比如，AVS 工作组所定义的必要权利要求是指实施 AVS 标准时不可避免要侵害的权利要求。所谓"不可避免地侵权"，是指"该侵权不可能在实施最终 AVS 标准时通过采用另一个技术上可行的不侵权的实施方式予以避免"。❷ 如前所述，这里仅仅提及技术上可行，并没有考虑到"技术上可行但商业上不可行"的情况如何处理。由此，无法推知出现上述未来专利的情况下，结果会如何。IEEE 的专利政策在定义必要专利权利要求时，要求是在标准通过时，没有商业上和技术上可

---

❶ 当然，一个标准的出台前后需要约两年的时间。在标准出台前，如果有成员对标准制定过程中披露但未公开的技术申请专利，还是可能的。

❷ AVS 工作组. 数字音视频编解码技术标准工作组知识产权政策［EB/OL］.（2008-03-29）［2023-08-30］. http：//www.avs.org.cn/index/list? catid=45.

行的非侵权的替代该必要专利的技术方案存在。❶ 这里虽然增加了商业上可行的限制条件，但时间上却限制在标准通过之时，排除了将未来专利解释为必要专利的可能性。

不过，其他部分标准组织的专利政策对"必要专利"（必要权利要求）的定义，存在一定的解释空间，或许可以涵盖未来专利。比如，有标准组织的专利政策规定：所谓专利权利要求被不可避免地侵犯，是指在实施最终标准时，该侵权行为无法通过采用另一个商业上可行的不侵权的实施方式来避免。❷ 这里并没有对专利的申请或授权时间作出明确的限制，而是以实施时是否为商业必需为判断依据。理论上讲，通过这种商业上可行与不可行的判断标准来确定成员的专利许可承诺，可以将成员的未来专利也纳入成员的许可范围之内。当然，在发生纠纷之后，上述解释思路能否为法院所接受，还有很大的不确定性。理想的做法是标准组织在专利政策中对此作出明确的规定。

从反垄断法的角度看，标准组织要求对未来专利的许可对于市场竞争的影响接近"回授条款"。专利权人在发放专利许可时，如果对被许可人将来可能作出的改进发明提出回授许可的要求，可能会降低被许可人从事后续创新的积极性。❸ 因此，法律对过于严厉的回授条款进行限制。比如，依据中国最高人民法院的司法解释，如果技术许可方"要求一方将其自行改进的技术无偿提供给对方、非互惠性转让给对方、无偿独占或者共享该改进技术的知识产权"，则该限制条款可能被视为《民法典》第850条意义上的"非法垄断技术"的合同条款，而被宣告无效。❹ 标准

---

❶ The Institute of Electrical and Electronics Engineers，Inc.．IEEE-SA Standards Board Bylaws［EB/OL］．［2023-08-30］．https：//standards. ieee. org/wp-content/uploads/import/documents/other/sb_bylaws. pdf.

❷ 比如：CDISC. CDISC Intellectual Property Policy［EB/OL］．［2023-08-30］．http：//cdisc. org/about/bylaws _ pdfs/CDISC％ 20IP％ 20Policy-FINAL. pdf；SNIA. SNIA Intellectual Property Policy［EB/OL］．［2023-08-30］．http：//www. snia. org/about/ip_policy/snia_ip_policy_august2003v2. pdf；PCMCIA. PCMCIA Policies and Procedures［EB/OL］．［2023-08-30］．http：//www. pcmcia. org/files/POL-PRO_0507. PDF.

❸ U. S. DOJ，U. S. FTC. Antitrust Guidelines for the Licensing of Intellectual Property：Section 5. 6 Grantbacks［EB/OL］．［2023－08－30］．http：//www. usdoj. gov/atr/public/guidelines/0558. htm.

❹ 《最高人民法院关于审理技术合同纠纷案件适用法律若干问题的解释司法解释》第10条第1项。

组织通过定义必要专利，对成员的未来专利提出许可要求，如果许可条件过于严苛，比如"免费许可"，则可能会影响标准组织成员将来开发商业上成本更低的改进技术的积极性，从而违反专利法或竞争法鼓励创新的基本原则。如果未来专利技术除了用于实施技术标准外别无用途，则免费许可要求的负面影响可能更为明显。因此，标准组织为了避免可能的负面的法律后果，对于未来专利应该持相对谨慎的态度，应避免强制要求专利权人作出免费许可承诺。除此以外，标准组织还是可以要求专利权人作出 FRAND 或者其他合理的许可承诺，以避免可能的专利挟持局面。在这一方面，IEEE-SA 的规章（bylaw）可能值得效仿。该规章要求专利权人对于现有的专利或者将来的专利作出许可承诺：不主张该专利权，或者以合理的、非歧视的方式发放许可。❶

三、披露前专利调查的必要性

专利政策要求标准组织的成员进行披露，而实际的披露工作是由参与标准制定工作的成员代表负责。成员代表所实际知晓的专利与成员所拥有的专利，在范围上有着明显的差别。同时，对专利权利要求进行解释并判断它是否覆盖一项标准的某一环节，并非易事。要求成员代表对照技术标准提案，一个不漏地清点出相关专利，是非常不现实的想法。对于同时参加数十个甚至数百个标准组织的公司而言，要保证自己参加标准组织的每一个代表都能了解公司的专利情况，几乎是不可能实现的任务。

弥补成员代表信息不足的可能措施是要求成员进行专利检索。不过，专利检索需要成员作出很大的投入，而且也不能保证万无一失。"一揽子的或者无限制的披露要求，如果意味着要对一个公司的全部专利库（可能包括数千件专利）进行检索，以确定与建议中的不断变化的标准技术规范相关的每一件专利，然后对所有这些可能的情形进行披露，这对于

---

❶ The Institute of Electrical and Electronics Engineers，Inc. . IEEE-SA Standards Board By-laws［EB/OL］.［2023-08-30］. https：//standards. ieee. org/wp-content/uploads/import/documents/other/sb_bylaws. pdf.

绝大多数成员都是不能接受的。"❶ 因此,很多标准组织并不要求成员从事专门的专利检索,而是将专利披露的范围限制在参加标准制定工作的成员代表在合理注意的情况下能够发现的专利的范围。比如,美国国家标准学会(ANSI)和 ETSI 的专利政策明确指出并不要求成员进行专利检索;❷ VITA 的专利政策规定:每一个工作组的成员都应当以书面形式向工作组披露该成员所代表的 VITA 成员公司所拥有、控制或提供许可的专利或专利申请,这些专利或申请是指该成员在对其所代表的成员公司所拥有、控制或提供许可的专利或专利申请进行合理而善意的调查(a good faith and reasonable inquiry)之后,所了解并相信可能包含 VSO 标准草案所必要的权利要求的专利和申请。❸ 这一"善意而合理的调查"并不包括对成员的专利数据检索。❹ 除此之外,专利政策并没有规定更明确的行为标准。成员代表在调查过程中努力就标准草案问题咨询相关领域的专家、本公司负责专利事务的相关律师或相关管理人员等,似乎就算符合要求了。❺

显然,专利政策在这一环节需要艰难地维持一种平衡:一方面,不能为成员设定过于沉重的检索义务,避免打击成员参与标准化工作的积极性;另一方面,又希望成员能够本着诚实信用原则积极合作,保证标

---

❶ SKITOL R A. Concerted Buying Power:Its Potential for Addressing the Patent Holdup Problem in Standard Setting [J]. Antitrust Law Journal,2005,72 (2):732.

❷ "This is not to suggest that a standards developer should require any participant in the development process to undertake a patent search of its own portfolio or of any other." (ANSI, Guidelines for Implementation of the ANSI Patent Policy,Part Ⅲ,A);"The obligations pursuant to Clause 4. 1 above do however not imply any obligation on MEMBERS to conduct IPR searches." (ETSI Intellectual Property Rights Policy,Section 4 "Disclosure of IPRs").

❸ VITA Patent Policy,Section 10. 2. 1。

❹ "This obligation does not require a WG Member to search the VITA Member Company's patent databases." VITA. Disclosure and Licensing of Patents in Standards [EB/OL]. [2023-08-30]. http://www. vita. com/disclosure/implementation-ex-ante. pdf. IEEE 也持相同立场,参见:IEEE-SA Standards Board Bylaws,Section 6. 2。

❺ "A good faith and reasonable inquiry includes the WG Member using reasonable efforts to identify,contact,and discuss the Draft VSO Specification with:(1) individuals at the VITA Member Company who are experts in the relevant subject area;and (2) the company's attorneys responsible for the patent work in the relevant subject area." VITA. Disclosure and Licensing of Patents in Standards [EB/OL]. [2023-08-30]. http://www. vita. com/disclosure/implementation-ex-ante. pdf.

准组织能够作出知情决定。这样一来，专利政策对于成员代表的要求就只能停留在诚实信用原则的层面上。如果成员代表不合作，刻意隐瞒相关专利，标准组织实际上也很难通过外在的证据来证明该成员代表存在主观过错，除非在某些极端情况下，成员代表背叛该成员或其他原因导致成员内部决策过程被曝光。

标准组织专利政策将披露义务限制在实际参与标准制定的成员代表所了解的专利范围，引发了这样的担心："披露要求如果仅仅限于实际参加标准制定工作的人员所实际知道的范围（没有检索义务），则实际上将无法执行，因为专利权人会故意选择一些对本公司专利库知之甚少的人员来参加标准组织的工作。"❶ 这样的担心自然有一定道理。不过，真正决定成员是否会采取这一不合作的策略的因素是：标准组织对没有披露的相关专利的后续许可条件的设置。如果专利政策规定，专利权人对未披露的专利，需要提供所谓的 FRAND 许可，则专利权人刻意派遣不熟悉专利事务的代表参与标准化工作，隐瞒必要专利的可能性，就会变得很小，因为这一隐瞒并不能带来实质性的收益；相反，适当披露甚至过度披露，还可以彰显成员的技术实力，增加自己将来在许可费谈判中的实力。

如果标准组织认为上述默认规则还不足以激发成员披露的积极性，则可以考虑进一步限制成员对未披露专利主张权利。比如，专利政策可以规定：成员未披露的专利导致该专利免费对外许可。这样，成员们故意隐瞒的动机就基本被消除。但是相反的问题随之而来：成员担心将来无法主张权利，很可能在制定标准过程中过度披露，将大量可能并不相关的专利都当作标准必要专利进行披露。如果标准组织本身没有有效的清查机制，这将导致专利信息披露失去意义。

从上述分析可以看出，标准组织如何设定恰如其分的专利披露义务，避免成员故意隐瞒或过度披露，并非易事。从标准组织的实践看，多数标准组织仅仅要求成员对未必披露专利发放 FRAND 许可，同时也没有采取有效措施审查成员的披露结果。客观上，这一规则似乎激励多数成员过度披露，以争取商业谈判上的主动。出现许可争议后，法院重新审

---

❶ SKITOL R A. Concerted Buying Power: Its Potential for Addressing the Patent Holdup Problem in Standard Setting [J]. Antitrust Law Journal，2005，72（2）：732.

查相关专利是否为必要专利。这可能是不得已的更有效率的安排，但是，这在很大程度上使得标准化过程中的专利披露行为失去了预期的作用。

四、专利许可具体条件的披露

理论上，标准组织可以要求成员按照下列方式作出专利许可承诺：①免费许可（RF）；②承诺按照合理且非歧视（RAND/FRAND）原则许可；③按照更具体的条件发放许可（包括最高的许可费率或最严厉的许可条件）等。成员的此类声明通常都是不可撤回的。❶ 虽然这一声明本身并不让标准实施者自动获得许可❷，但是其在法律上依然有重大意义：专利权人主动放弃了单方设定许可条件的自由，同意在许可条件谈判发生争议后，接受第三方或者法院依据事先许可声明所确定的许可条件。

不过，在实际操作中，绝大多数标准组织仅仅要求成员作出宽泛的FRAND 或 RAND 许可承诺，而不努力要求成员作出更具体的许可条件的声明。事后许可争议发生后，当事人通过司法程序确定具体的符合FRAND 要求的许可条件。对于标准实施者而言，此类诉讼要耗费实质性的司法资源，同时，也增加了司法禁令的威胁。面对这一现实，标准组织可能的选择是：要求专利权人事先披露具体的许可条件，从而避免或减少事后的专利许可条件争议。不过，中国的推荐性国家标准《标准制定的特殊程序 第 1 部分：涉及专利的标准》（GB/T 20003.1—2014）排除了这一选择。根据该推荐性国家标准规定，专利权人在作出专利许可声明时，只能选择：①免费许可；②FRAND 许可；③不许可。❸ 本文认为，仅限于这三个选项并不合理，这一标准将来应该被修正。

（一）现有专利许可声明的局限性

标准组织成员的 FRAND 许可声明比较原则，选择它的好处在于：

---

❶ OASIS Intellectual Property Rights（IPR）Policy，Section 11；AVS 工作组. 数字音视频编解码技术标准工作组知识产权政策［EB/OL］.（2008-03-29）［2023-08-30］. http：// www.avs.org.cn/index/list? catid＝45.

❷ Commonwealth Scientific and Industrial Research Organization v. Buffalo Technology Inc. 492 F. Supp. 2d 600（E. D. Tex.，2007）。

❸ 国家标准《标准制定的特殊程序 第 1 部分：涉及专利的标准》（GB/T 20003.1—2014）第 4.2 节 "必要专利实施许可声明"。

一方面实质消除了专利权人挟持标准的风险，另一方面避免标准组织在标准制定完成之前花费太多的精力于争论具体的许可条件的细节，有利于标准组织各方互相妥协，尽快通过相关标准。

FRAND 声明的优点，换一个角度看，也恰恰是其缺点。在相互竞争的标准组织内部，专利权人发布了 FRAND 声明后，就无须在标准化过程中进行许可条件方面的竞争。实际上，标准组织选择技术标准方案时，原本最重要的考虑因素就是技术效果和商业成本（technological merit/commercial merit）。理想的标准选择策略是：在技术效果和商业成本之间维持平衡。如果标准为专利所覆盖，其实施成本中很重要的一项因素就是专利的许可费。在技术效果接近的情况下，优先选择许可费成本较低的技术。标准组织如果不知道实施一项标准所需要的许可费成本，在标准的制定过程中，就很难对专利技术的成本和效益进行权衡并作出知情选择。❶ "除非标准组织的参加者知道专利权人所索要的许可费的实际数目，至少是一定的区间，否则不可能对将来采用含专利技术的标准的实施成本有一个可靠的估计。也就是说，标准组织在决策的过程中，可能因为缺少关键信息而错失理想的方案。"❷ 如果两个专利权人事先都声明按照 FRAND 条件发放许可，表面上，二者承诺的许可条件相同，标准组织就不再考虑许可费成本的可能差异。对社会而言，这意味着不再有机会利用专利权人之间的相互竞争而选择实施成本较低的技术标准。

所谓"公平合理非歧视"的许可费，没有明确的标准，法院的裁决结果有很大的不确定性。❸ 这很容易导致具体许可谈判中，双方对于法院可能的裁决没有明确的预期，从而难以事先达成许可协议。FRAND 条款这一巨大不确定性，可能会刺激双方采取策略行动，增加社会成本。

从标准实施者的角度看，标准组织成员可能利用 FRAND 声明的模

---

❶ LEMLEY M A, SHAPIRO C. Patent Holdup and Royalty Stacking [J]. Texax Law Review, 2007, 85: 2030.

❷ KELLY J J, PRYWES D I. A Safety Zone for the Ex Ante Communication of Licensing Terms at Standard-Setting Organizations [EB/OL]. [2023-08-30]. https://grouper.ieee.org/groups/pp-dialog/email/pdf00000.pdf.

❸ SWANSON D G, BAUMOL W J. Reasonable and Nondiscriminatory (RAND) Royalties, Standards Selection, and Control of Market Power [J]. Antitrust Law Journal, 2005, 73(1): 5.

糊性，利用自己的优势地位，挟持技术标准，索要不合理的许可费。❶ 在标准组织成员自身也制造标准所对应的产品的情况下，尤其有动机这么做。尽管按照大部分标准组织的规则，标准实施者可以将争议提交独立的第三方或者法院裁决，但是，FRAND 许可争议的仲裁或诉讼成本本身对标准实施者可构成很大的压力。除此之外，仲裁或诉讼导致的潜在商业关系恶化，也足以使得中小企业对之望而却步。如果标准成员在标准技术之外，依然掌握有其他重要的知识产权，或者在其他领域具有事实上的支配地位，中小企业标准实施者挑战标准组织成员对 FRAND 条款的单方解释的可能性就更小。因此，虽然专利权人承诺按照 FRAND 条件发放许可，在法律上意味着专利权人放弃了单方定价的权利，但是，中小规模的标准实施者在专利权人的诉讼威胁下，并不一定能够将FRAND 条款转化为真正公平合理的许可条件。这样，FRAND 许可声明的确有可能成为标准组织成员寻求技术标准化并限制竞争的手段。❷

从专利权人角度看，标准实施者也可能利用 FRAND 声明的模糊性，质疑专利权人许可条件的合理性，执意拖延许可谈判的进程，迫使专利权人提起耗时费力的诉讼。如果法院裁判在确定许可费率时系统性地偏向实施者，则专利权人将无法获得合理的许可费回报。这差不多是标准实施者对专利权人的一种反向挟持。

（二）要求披露具体许可条件的正当性

为了避免 FRAND 条款的不确定性，的确有标准组织鼓励或要求成员披露其最严厉的许可条件，说明具体的许可费率，或者干脆要求专利权人提供免费许可。比如，IEEE 就鼓励成员单方面地披露具体的许可条件，❸ 而 VITA 则要求成员必须披露专利许可费标准的上限。❹ 标准组织鼓励成员披露具体的许可条件，并不产生实质性的强制后果，因而不会

❶ SKITOL R A. Concerted Buying Power：Its Potential for Addressing the Patent Holdup Problem in Standard Setting ［J］. Antitrust Law Journal，2005，72（2）：728.

❷ SWANSON D G，BAUMOL W J. Reasonable and Nondiscriminatory（RAND）Royalties，Standards Selection，and Control of Market Power ［J］. Antitrust Law Journal，2005，73（1）：4.

❸ The Institute of Electrical and Electronics Engineers，Inc. . IEEE-SA Standards Board Bylaws ［EB/OL］. ［2023-08-30］. https：//standards. ieee. org/wp-content/uploads/import/documents/other/sb_bylaws. pdf.

❹ VITA Patent Policy，Section 10. 3. 2 "Declaration"。

产生竞争法上的关切。当然，如果标准组织借披露具体许可条件之名，行价格共谋之实，则另当别论。如果具有市场力量的标准组织走得更远，强制要求成员披露具体的许可条件，是否依然具有法律上的正当性，则需要进一步讨论。

标准组织要求成员单方面披露具体的许可条件，可以促进成员在标准化过程中的内部竞争，并且方便实施者与成员达成专利许可协议。决策者在对这样的政策进行反垄断法审查时，应充分考虑这一正面效果。强制要求事前披露具体许可条件的负面后果大概有两方面：其一，事先的许可条件披露可能损害专利权人的商业利益；其二，事先的许可条件披露可能导致专利组织内部的联合行为。

事先披露具体的许可条件，可能会迫使成员承担它原本并不愿意承担的商业风险。在标准通过之前，相关技术市场前景可能还不够明朗，成员可能对未来产品的制造成本、市场占有率等作错误的估计，从而提出过低的许可费标准。维持这一许可条件不变，可能导致成员事后无法从标准实施中获得合理回报。不过，这一商业风险本身并不足以否定标准组织事先披露许可条件政策的正当性。其实，普通的利权人在发放许可时，大多也要在市场前景不够明朗的情况下确定具体的许可费条件。普通专利权人可以在许可条件中设定应对商业风险的补充条款，比如根据商业规模调整许可费条款、汇率变化条款、提出较高的许可费率等。相对专利技术标准化带来的收益，成员实现确定许可条件的商业风险，应该并未超出合理的程度。

标准组织要求成员披露具体的许可条件引发的另一顾虑是这可能为竞争者之间的价格共谋提供方便。在竞争法视野里，竞争者之间互相披露具有商业敏感性的许可信息，很有可能增加价格共谋的风险。因此，竞争法常常限制竞争者互相披露敏感的商业信息。[1] 标准组织的很多成员相互之间存在直接的竞争关系，许可费或具体许可条件涉及反垄断法上非常敏感的价格信息。标准组织要求披露许可条件并使之具备法律约束力，这可能使得价格共谋披上合法的外衣，共谋的成员可以理直气壮地

---

[1] SWANSON D G, BAUMOL W J. Reasonable and Nondiscriminatory (RAND) Royalties, Standards Selection, and Control of Market Power [J]. Antitrust Law Journal, 2005, 73 (1): 52; RAPP R T, STIROH L J. Standard Setting and Market Power [EB/OL]. (2002-04-18) [2023-08-30]. https://www.nera.com/content/dam/nera/publications/archive1/5156.pdf.

要求相互遵守共谋约定的结果。同时，在标准组织内部，后披露许可条件者的确可能参考先披露的价格采取跟随策略。

实践中，标准组织为了避免成员之间的价格共谋，通常会限制成员在标准化过程中讨论价格问题。比如，ANSI 就认为标准组织内部对具体的许可条件是否公平合理进行讨论是不适当的，其认为这应当由相关各方个案协商决定。❶ 美国大多数标准组织都参考 ANSI 的做法，制定自己的知识产权政策，❷ 禁止成员相互讨论许可费率。❸ 比如，IEEE 的专利政策就明确禁止在标准制定过程中对成员提交的承诺信中的许可条件进行讨论，❹ 其政策说明文件中甚至明确要求成员主动抵制此类许可条件讨论活动。❺ 如果所有成员只是作出笼统的 FRAND 声明，则避免了成员在标准化过程中讨论具体的许可费率，从而降低了标准组织承担反垄断法责任的风险。

不过，在笔者看来，在标准组织成员之间缺乏进一步的价格协调或者价格默契的情况下，单纯披露具体的许可条件，并没有超出公开市场的价格披露的范畴，不直接产生竞争法上的负面后果。美国联邦贸易委员会前主席德伯拉·普拉特·梅杰罗斯（Deborah Platt Majoras）曾指出："对专利权人主动单方面披露许可费率的上限进行反垄断法审查的可

❶ "It should be reiterated，however，that the determination of specific license terms and conditions，and the evaluation of whether such license terms and conditions are reasonable and demonstrably free of unfair discrimination，are not matters that are properly the subject of discussion or debate at a development meeting. Such matters should be determined only by the prospective parties to each license or，if necessary，by an appeal challenging whether compliance with the Patent Policy has been achieved."（ANSI，Guidelines for Implementation of the ANSI Patent Policy，Part Ⅲ，B）

❷ SKITOL R A. Concerted Buying Power：Its Potential for Addressing the Patent Holdup Problem in Standard Setting [J]. Antitrust Law Journal，2005，72（2）：728.

❸ KELLY J J，PRYWES D I. A Safety Zone for the Ex Ante Communication of Licensing Terms at Standard-Setting Organizations [EB/OL]. [2023-08-30]. https：//grouper. ieee. org/ groups/pp-dialog/email/pdf00000. pdf.

❹ IEEE-SA Standards Board. IEEE-SA Standards Board Operations Manual [EB/OL]. [2023-08-30]. https：//standards. ieee. org/wp-content/uploads/import/documents/other/sb_om. pdf.

❺ 该政策提示：如果有人提出讨论许可条件，"参与者应反对 IEEE-SA 政策不允许的任何讨论，工作组主席应终止讨论"。IEEE Standards Association. Understanding Patent Issues during IEEE Standards Development [EB/OL]. [2023-08-30]. https：//standards. ieee. org/wp-content/uploads/import/documents/other/patents. pdf.

能性很小，因为单方面地宣布许可费价格不是集体行为，也不是一种排他性的做法。"❶ 如前文所述，标准组织成员对许可条件披露，可以让成员在标准组织制定标准之前就展开价格竞争，而不是等到标准通过后不再有竞争机会时再来确定 FRAND 许可的具体价格。这一报价行为背后，如果隐藏着违法的价格联合行为，则可以针对性地查证该额外的共谋行为，追究反垄断法上的责任，而无须通过禁止有积极意义的事先披露许可条件的方式来预防该共谋行为。当然，为了降低成员共谋的风险，标准组织还是应当从程序上保证报价过程的公开透明，避免创造私下协商许可条件的封闭环境。

（三）鼓励而非强制披露具体许可条件

虽然标准组织要求成员事先披露具体的许可条件并不违反反垄断法，同时，这一披露对于标准组织作出知情决定也有很大的帮助，但是，决策者并没有必要通过立法将披露具体许可条件变成成员的标准义务。换言之，标准组织可以自行决定是否强制要求标准组织成员披露具体许可条件，法律无须作出统一规定。

法律将决定权交给标准组织，使得标准组织更好地满足不同领域的标准化工作的现实需要。不同领域的技术标准化需求并不相同，专利权人参与标准化工作的积极性也不一致。如果标准化工作对社会很重要，又高度依赖专利权人的参与，但未必给专利权人带来太多的回报，则标准组织可能需要选择比较宽松的专利披露政策，以吸引专利权人加入。相反，如果标准化能够大大增加专利权人的专利价值，但对社会而言未必需求十分迫切，则标准组织可以选择比较苛刻的专利披露政策，比如强制披露具体的许可条件、要求加入设置价格上限的专利池或者设置许可费上限等，以充分保护标准实施者或消费者的利益。总之，制定何种程度的披露政策，取决于标准组织本身的市场环境及其所要达成的目标。法律并不适宜作出统一的强制性规则，否则可能会导致部分关键的专利权人拒绝参与标准化工作，反而不利于标准的制定和实施。

---

❶ MAJORAS D P. Recognizing the Procompetitive Potential of Royalty Discussions in Standard Setting［EB/OL］.（2005-09-23）［2023-08-30］. http：//www. ftc. gov/speeches/majoras/050923stanford. pdf.

五、披露专利的程序安排

标准组织遵循一定的程序制定技术标准，通常是先建立工作组，接受各方的提案，对提案进行筛选，确定标准草案，直至最后正式表决通过标准。在标准通过前，成员对专利的披露会随时影响标准工作小组对技术方案的选择与评估。如果成员等到最后一刻才披露必要专利，有可能导致前面的很多评估工作变成无用功。因此，整体上，标准组织会鼓励成员尽可能早地披露必要专利。

不过，在标准草案被表决通过之前，成员对于必要专利的范围的认识随时会发生变化，为此，标准组织都大多规定：必要专利披露的期限截止于临近标准通过日的某一时间节点。比如，CESI《IT 领域标准起草组织知识产权政策模板》规定：标准组织将标准草案提交审批机构前，应为成员确定一个审阅期限；成员应当在该审阅期限届满之前披露相关专利。❶ 也有标准组织分阶段为成员设定披露义务。比如，VITA 要求成员代表在三个典型的时间期限内披露相关专利：其一是在成员提出标准提案之后，研究小组或工作小组接受该提案成为标准草案之前；其二是在标准草案的工作小组成立 60 日内；其三是在标准草案表决前公布后的 15 日内。❷

标准组织成员本着增强谈判能力、最大化自身利益的目的，可能会适当延迟披露自己拥有的必要专利。这样，该成员可以先观察他人的披露情况，以便更好地确定或者调整自己的策略。延缓披露还可能使得标准组织的技术选择先朝着对自身有利的方向发展：竞争对手也有专利，但尚未披露；而自己先披露，可能导致标准组织的选择对自己不利。等标准基本成型之后，标准组织再因必要专利的披露而修改标准的可能性和积极性都会降低。如果中途退出标准组织而尚未披露必要专利，成员是否依然需要接受 FRAND 声明的约束，有很大的不确定性，而这对于成员而言，意味着它可能有更大的回旋余地。

面对成员的拖延披露必要专利的策略，除非标准组织要求成员履行

---

❶ CESI, "IT Standard Drafting Organization's IPR Policy Template", Article 18。

❷ VITA Patent Policy, 10.2.3 "Timing of Patent Disclosure"。

实质性的专利调查义务并限时披露，否则很难拿出有效应对措施。因为不事先调查，就意味成员可能随时发现新的必要专利，而从程序上看，没有特别的理由限制它披露这些临时发现的专利。现在看来，对于那些不够强势的标准组织而言，它们能做的就是鼓励成员尽早披露，保证标准制定工作的效率。

六、未披露的法律后果

设置披露义务的目的，是让成员尽可能及时而有效地披露与标准有关的专利信息，以方便标准组织作出所谓的知情决策。这一目的能否实现，在很大程度上取决于成员未履行披露义务的后果。这一后果可能是直接违反专利政策而导致的法律后果，也可能是违反不正当竞争法或者反垄断法而导致的法律后果。

（一）专利政策规定的后果

对成员拥有但未披露的专利，标准组织能够规定的后果主要有以下几种。①成员将对所有标准的实施者发放免费许可（或者不主张专利权），比如 VITA 要求，对于没有披露的专利，"VITA 成员公司必须对 VSO 标准技术规范草案所必需的专利发放免费的许可"。❶②按照所谓的 FRAND 条件发放许可。③依据更具体的许可条件发放许可，比如 AVS 工作组的知识产权政策规定：如果专利权人选择参加专利池（patent pool），则其与该专利池的其他成员一道接受在中国境内 1 元/台的上限许可条件。❷④成员可以拒绝许可，标准组织则修改标准技术方案。

标准组织内部不同成员参与标准制定过程的程度有一定的差别：有些成员可能仅仅参加一些公共性、非技术性的讨论；而有些成员则可能提出标准提案，并参与标准工作组的讨论选择工作。标准组织可以为其成员的不披露行为规定不利的后果。比如，在 CESI 的《IT 领域标准起草组织知识产权政策模板》中，如果参与制定标准的专题组的成员没有披露其拥有的必要专利，则标准通过后，它只能选择提供免费许可、FRAND 许

---

❶ VITA Patent Policy，10.4 "Effect of Failure to Disclose Patents or License Terms"。

❷ AVS 工作组《关于 AVS 专利池许可的建议性规定》（2006 年）第 4 条第 2 款："在中国的许可，其收费标准应当体现中国的国情。原则上，在中国为使用 AVS 标准的消费者级解码器提供的专利许可的费用为人民币 1 元/台。"参见：http：//www.avs.org.cn/index/list？catid=48。

可，或者参加专利池统一对外发放许可（接受最高 1 元人民币的限价）；未参加标准专题组的成员，则依然可以选择不许可。❶ 出现后一情况后，标准组织需要重新考虑标准的技术方案。

为了促进成员积极履行事先披露义务，标准组织原本应尽可能为未尽披露义务者设定不利的后果，比如，成员不得事后主张未披露的专利。如果成员不披露专利，依然可以适用 FRAND 许可，则成员很可能抱着侥幸心理，希望避免自己的披露影响标准组织的选择，而是在标准通过之后，甚至是实行一段时间实施者被挟持之后，再披露自己的专利并收取许可费。不过，要求成员接受免费许可的安排，会实质增加成员事先进行专利调查的成本。如前所述，对于一项标准究竟涉及成员的哪些专利，成员需要付出很大的成本才能够知道相对确切的结果。专利政策中不要求成员进行专利调查（清查），就是避免成员承受上述负担。如果规定不披露的后果是免费许可，实际上是变相迫使成员进行专利调查，及时了解自己的专利分布情况并对外披露，否则可能失去获取许可费的机会。对于成员而言，如果标准组织规定的未披露的后果过于严厉，它们参加标准组织的积极性就会打折扣。多数标准组织都需要在寻求更多的专利披露与保护成员参与的积极性之间维持一种平衡。为了避免出现增加成员专利调查成本的负面后果，标准组织可以将免费许可限制在成员故意隐瞒的专利范围内。对于其他并非故意隐瞒但事实上未披露的必要专利，标准组织可以许可成员按照 FRAND 条件发放许可。当然，如果并不担心专利权人退出标准组织，标准组织可以对未披露此类专利的行为规定更严厉的后果，比如未事先披露就不得事后主张专利权。是否这么做，取决于该标准组织在市场上的实际影响力、专利披露的重要性、成员完成披露的成本等因素。

（二）额外的反垄断法责任

成员违反标准组织的知识产权政策中的披露义务，除了可能要承担该政策中所确定的不利后果之外，还可能因违反不正当竞争法或者反垄断法而承担相应的法律责任。成员在标准制定过程中，违反标准组织设定的披露义务，可能被认为试图通过隐瞒专利信息，使专利技术变成标准的一部分，从而谋取不当的市场支配地位，构成图谋垄断。正因为如

---

❶　CESI，IT Standard Drafting Organization's IPR Policy Template，Article 12 and 18。

此，美国联邦贸易委员会在诸多案例中支持标准组织对于成员设置的专利披露义务，并没有质疑此类基本的披露义务的竞争法合法性。相反，如果标准组织的成员没有按照标准组织的要求履行披露义务，则可能被认为试图利用非法手段牟取垄断地位而违法。❶ 比如，在"Rambus 案"中，Rambus 在参加标准化工作的过程中没有按照要求披露必要专利，然后选择退出标准组织。美国联邦贸易委员会认定："通过隐瞒 Rambus 能够随意强加许可义务的可能性，同时通过 JEDEC 悄悄地建立覆盖 SDRAM 和 DDR SDRAM 等标准专利库，Rambus 的行为在很大程度上导致 JEDEC 将 Rambus 的技术纳入 JEDEC DRAM 标准，也导致 JEDEC 没有能够获得将来许可费率方面的保证，最终导致 Rambus 获得市场支配力量。"❷

当然，如果标准组织的专利政策规定隐瞒专利将导致所谓的免费许可，则隐瞒必要专利并不能导致专利权人获得不当的利益，违反反垄断法的可能性也就大大降低。如果标准组织规定未经披露的专利适用 FRAND 许可，而成员刻意隐瞒自己的必要专利并在最终标准中接纳其专利后提出不合理的许可要求，该隐瞒行为是否违反反垄断法，则存在很大的争议。

有观点认为，如果潜在的垄断者受适当的 FRAND 义务的约束，它就会失去利用标准化本身所带来的市场支配力索要额外的许可费的能力，因为给专利许可定价不再是其单方的权利。同时，它也没有能力对不同的实施者进行歧视。❸ 如果被隐瞒的专利本来就是不可替代的技术，即使该专利被披露，标准组织也不太可能会放弃标准化的努力，因为我们假定标准组织对于普通专利也只是要求专利权人作出 FRAND 许可承诺。额外的专利被披露，标准组织很可能还是要通过该标准。换言之，专利

---

❶ 比如：In re Dell Computer Corp. , 121 F. T. C. 616，FTC LEXIS 291（May 20 1996）；In re Rambus, Inc. , No. 9302（F. T. C. 2002）；In re Union Oil Co. of Cal. , No. 9305（F. T. C. Mar. 4，2003）.

❷ JEDEC（The Joint Electron Device Engineering Council）是一个标准化组织。SDRAM（Synchronous Dynamic Random Access Memory）是同步动态随机存储器。DDR（Double Data Rate）是双倍数据速率。DRAM（Dynamic Random Access Memory）是动态随机存储器。In the Matter of Rambus, Inc. , FTC Docket No. 9302（February 5，2007），at 118-119.

❸ SWANSON D G, BAUMOL W J. Reasonable and Nondiscriminatory（RAND）Royalties, Standards Selection, and Control of Market Power [J]. Antitrust Law Journal，2005，73（1）：54.

权是否隐瞒，可能对标准化的结果没有实质影响。

如果被隐瞒的专利存在替代技术，则即便未披露专利的默认许可规则为 FRAND 许可，专利权人隐瞒其专利依然有可能会产生一定的负面影响。如果事先得知特定标准的存在，标准组织有可能会尝试替代性的专利方案或非专利方案，从而制定出不含该专利技术的标准。专利权人隐瞒专利，则在标准通过后，制定标准过程中的成本投入以及标准使用者的转换成本可能使得标准组织难以重新转向替代性的标准。于是，该成员隐瞒必要专利，使得已披露的专利技术在竞争中处于不利的地位，或者限制了标准组织选择公共领域技术的自由，帮助该成员获得原本并不具备的垄断地位（这里假定该标准最终取得市场支配地位），具备实质性的反竞争效果。因此，在标准组织成员明知自己拥有必要专利却依然隐瞒，并产生上述反竞争后果的情况下，可以考虑依据反垄断法追究该专利权人图谋垄断的法律责任，从而有效敦促专利权人积极履行专利披露义务。

七、结　论

由于标准制定成本和标准实施后消费者的转换成本较高，标准组织不会轻易选择放弃或者修改标准，因此在标准本身取得市场支配地位后，标准必要专利的权利人有机会挟持标准的实施者，索要不合理的许可费。在立法者修改专利法或者其他法律，限制专利权人的挟持能力之前，降低专利挟持风险的有效方法就是在标准组织的专利政策中，要求其成员向标准组织披露必要专利并承诺按照 FRAND 条件发放许可。这一披露使得标准组织能够增加自身在标准制定过程中作出知情选择的可能性，并且确保在专利许可争议发生后，专利权人需要接受法院或第三方裁决机构确定具体的许可条件，不再能够单方面地挟持标准实施者。

不过，标准组织为成员设定事先披露相关专利的义务，对于成员的利益可能造成一定的负面影响，需要在专利权人、标准实施者和社会公众之间维持合理的利益平衡。标准组织的专利政策要求成员披露的必要专利，应当包括成员所拥有的已获授权的专利、未公开的专利申请和未来可能获得的专利。标准组织成员需要披露的必要专利，可以限制在实际参与标准制定过程的成员代表所了解的范围之内，它们通常并不需要进行必要专利调查或清查。标准组织应当为成员披露必要专利设定更合理的期限限制，促使成员尽可能早地披露必要专利，保证标准制定工作的效率。对于成员未披露标准必要专利的情况，标准组织可以要求成员就未披露的必要专利接受免费许可的安排。如果标准组织的成员故意隐瞒其拥有的必要专利，导致标准被挟持，还可能需要依据反垄断法承担图谋垄断的法律责任。国家标准化管理委员会和国家知识产权局将来修改《规定》时，也可以参考上述思路，对标准必要专利的权利人的披露义务进行细化。与具体的标准组织不同，《规定》的制定者处于更强势和更中立的地位，可以更好地平衡标准组织、专利权人、标准实施者和消费者的利益。

论我国专利开放许可年费减免规则的适用

何炼红❶　张迎港❷

摘　要

专利开放许可年费减免规则是专利开放许可制度的重要组成部分。现行《专利法》未明确年费减免的条件、期间和幅度，存在规则模糊的漏洞而导致适用不能。为鼓励专利权人自愿实行开放许可，同时防止低价值专利"搭便车"，我国专利开放许可年费减免的条件应明确为专利权人实际作出开放许可，年费减免的期间应确定为开放许可授权实施期间，在制度实施初期宜采用固定比例的方式进行减缴。鉴于专利权人实际作出开放许可方给予年费减免，撤销开放许可声明者不应补缴已减免年费。

关键词

专利开放许可　年费减免　适用规则

---

❶　作者单位：中南大学法学院、中南大学知识产权研究院。
❷　作者单位：中南大学知识产权研究院。

引　言

　　《知识产权强国建设纲要（2021—2035 年）》提出：要深化知识产权领域改革，构建更加完善的要素市场化配置体制机制，更好发挥知识产权制度激励创新的基本保障作用，为高质量发展提供源源不断的动力。为解决专利许可供需信息不对称问题并降低专利许可成本，2020 年修正的《专利法》规定了专利开放许可制度。专利开放许可是指专利权人自愿声明并经国家知识产权局公告，任何人依照声明的价格和标准支付费用后，即可便捷获得专利实施许可。不同于传统的"一对一"许可方式，开放许可可以实现权利人一视同仁、简便快捷的"一对多"许可，使专利许可从传统"合同"方式转变为"下单"方式，有利于扩大专利共享范围、助力技术要素供给和畅通经济循环，是加快推进知识产权转化运用、优化技术要素市场化配置的重大制度创新。高校是创新成果的重要产出地，但是高校专利的转化情况仍不理想，亟待唤醒更多处于"沉睡"状态的专利。开放许可作为一种全新的专利许可方式，为高校专利转化运用提供了新模式、新途径。2020 年，教育部、国家知识产权局、科学技术部发布《关于提升高等学校专利质量促进转化运用的若干意见》提出：支持高校创新许可模式，被授予专利权满三年无正当理由未实施的专利，可确定相关许可条件，通过国家知识产权运营相关平台发布，在一定时期内向社会开放许可。

　　目前，理论界和实务界针对专利开放许可如何具体实施，依然存在诸多讨论和争议，其中一个重要问题就是"专利开放许可年费减免规则如何适用"。一方面，专利开放许可年费减免规则尚未实际运用且无明确规定。2022 年 5 月，国家知识产权局启动了专利开放许可试点工作。❶ 由于当时《专利法实施细则》和相关配套审查规则尚在修改中，过渡期内专利开放许可声明"只收不审"，因此，目前专利开放许可制度尚未正式运行。国家知识产权局和各试点省份印发的相关专利开放许可试点工作方案都没有就年费减免规则如何适用作出规定。试点阶段对于专利开放

---

　　❶ 《国家知识产权局办公室关于印发专利开放许可试点工作方案的通知》（国知办函运字〔2022〕448 号）。

许可的激励，多为人才职称评定、资金奖补等，绕开了无明确规定的年费减免。另一方面，学界就专利开放许可年费减免规则如何适用尚无共识。由于专利开放许可制度属于"舶来品"，《专利法修正案（草案）》一审稿、二审稿均未规定年费减免规则，在社会各界的呼吁下，三审稿方首次采纳年费减免建议。因此，既有研究大多集中于对年费减免规则的必要性、可行性的探讨❶，对于年费减免规则的具体适用问题研究不够充分。英国、德国等国家规定：专利开放许可年费减免的条件为专利权人"实行开放许可"，期间为"专利开放许可声明的有效期间"，幅度为"减半缴纳"。❷ 多数学者从国际通行做法出发，基本认同此观点。❸ 相反观点则认为为避免无实施可能的低价值专利"搭便车"，享受年费减免优惠应以存在实际的开放许可交易为前提，同时优惠幅度大小应与实际交易业绩相挂钩。❹

专利开放许可年费减免是专利开放许可制度的重要激励措施，直接影响整个专利开放许可制度的生命力。而由于《专利法》并未明确专利开放许可年费减免的具体适用规则，因此这一激励措施面临实施障碍。笔者拟系统探讨专利开放许可年费减免的条件、期间和幅度，以期能推进这一规则在实践中准确适用和有效落地，助力专利开放许可制度成为提升高校知识产权转化运用水平的新举措。

一、专利开放许可年费减免规则的构成要素

专利开放许可年费减免规则，是指对专利权人在开放许可实施期间应缴纳的专利年费予以减免的规则。法律规则的两个要素是构成要件和法律后果。❺ 专利开放许可年费减免规则，同样可以从构成要件和法律后果两个方面进行分析。其一，专利开放许可年费减免规则的构成要件是

---

❶ 唐蕾. 我国建立专利当然许可制度的相关问题分析：以《专利法》第四次修改草案为基础 [J]. 电子知识产权，2015 (11)：31.

❷ 《十二国专利法》翻译组. 十二国专利法 [M]. 北京：清华大学出版社，2013：132-133，559-560.

❸ 吴艳. 专利当然许可制度构建中的相关问题研究：兼评《专利法修订草案（送审稿）》[J]. 中国发明与专利，2016 (5)：67.

❹ 李庆保. 市场化模式专利当然许可制度的构建 [J]. 知识产权，2016 (6)：101.

❺ 雷磊. 法律规则的逻辑结构 [J]. 法学研究，2013 (1)：82-84.

指规则的适用条件，是产生年费减免规则法律后果（对专利权人缴纳专利年费相应给予减免）的前提。根据《专利法》第 51 条第 2 款"开放许可实施期间"的表述，可以推知年费减免规则的适用条件是"实施开放许可"。其二，专利开放许可年费减免规则的法律后果，是指构成要件被附加的法律上的反应。年费减免规则法律后果的必备内容包括年费减免的期间和幅度，即在符合专利开放许可年费减免规则适用条件的前提下，对专利权人缴纳专利年费相应给予减免的时间段和比例。《专利法》第 51 条第 2 款规定年费减免的期间是"开放许可实施期间"，年费减免的幅度为"相应给予减免"，则年费减免规则的法律后果是对专利权人在"开放许可实施期间"应缴纳的专利年费"相应给予减免"，属于肯定性法律后果。

从我国专利开放许可年费减免规则的法律条文出发，《专利法》对于年费减免的条件、期间和幅度这些构成要素，无论是在"实施开放许可""开放许可实施期间"，还是"相应给予减免"上，都存在规则模糊的自始漏洞，必将导致专利开放许可年费减免规则的适用不能。此外，专利开放许可制度作为《专利法》新设的特别许可制度，属于构成性规则而非调整性规则；这一制度在我国尚需宣传普及，而专利开放许可年费减免作为一种激励措施，其规则能准确适用并有效落地，无疑是极具吸引力的推广途径，能有效提高专利开放许可制度的生命力和影响力。《专利法》第四次修正后，《专利法实施细则》和相关配套审查规则的修改预期将以上位法《专利法》为依据，对专利开放许可年费减免规则作出完善。因此，有必要对我国专利开放许可年费减免规则的条件、期间和幅度进行准确的解读和界定，确保这一激励措施能有效适用。

二、专利开放许可年费减免适用条件的判断

国务院修改《专利法实施细则》，须以上位法《专利法》为依据，因此明确专利开放许可年费减免的适用条件须首先以《专利法》第 51 条第 2 款为基础进行法律解释。从解释位阶来说，文义解释方法具有优先使用性。[1] 对专利开放许可年费减免规则进行法律解释时，须首先从文义解释

---

[1] 陈金钊. 文义解释：法律方法的优位选择 [J]. 文史哲，2005 (6)：146.

出发，并辅以体系解释和目的解释。

（一）"实施开放许可"的三种文义解释

如前所述，专利开放许可年费减免的适用条件是"实施开放许可"，然而"实施开放许可"面临三种文义解释。根据《汉语大词典》的释义，"实施"是指实际的行为或实际施行。❶ 则"实施开放许可"意为开放许可有实际的行为、实际施行开放许可。据此，根据开放许可实际的行为、实际施行的程度不同，"实施开放许可"的字面含义有三种解释：实行开放许可、实际作出开放许可、实施开放许可的专利。第一种文义解释为实行开放许可，是指专利权人作出专利开放许可声明并由国务院专利行政部门予以公告，属于专利权人和被许可人双方产生许可法律关系之前，专利权人的单方行为。第二种文义解释为实际作出开放许可，是指专利权人实际授予被许可人开放实施许可权的行为，包括专利权人作出开放许可声明和被许可人书面通知专利权人并支付许可使用费，属于双方产生许可法律关系的行为。第三种文义解释为实施开放许可的专利，是指实际作出开放许可后，专利权人与被许可人履行开放许可合同，以制造、使用等方式利用该许可专利的行为，属于双方产生许可法律关系之后的双方共同行为。从鼓励专利权人的力度角度而言，三种解释大小排序为：实行开放许可＞实际作出开放许可＞实施开放许可的专利。

（二）专利开放许可年费减免规则适用条件的选择

1. "实施开放许可"不应被解释为"实行开放许可"

从体系解释方法出发，"实施开放许可"和"实行开放许可"在法条中有不同的含义，且立法者已刻意予以区分。《专利法》第 52 条行文中含"当事人就实施开放许可发生纠纷的"，可见"实施开放许可"是专利许可交易双方的共同行为。而"实行开放许可"在《专利法》第 50 条中，是指专利权人单方作出专利开放许可声明并由国务院专利行政部门予以公告。从我国专利的现状出发，很多专利是低价值专利，缺乏实施价值。❷ 我国专利数量多而质量不高的问题，与专利申请、维持的成本不高有关；如果专利权人只要作出开放许可声明就能够减免年费，会进一步降低维持成本，引发更多不必要的专利申请。不当的专利激励政策会

---

❶ 罗竹风. 汉语大词典：第三卷［M］. 上海：上海辞书出版社，2008：1617.

❷ 许波. 我国构建当然许可制度相关问题研究及建议［J］. 电子知识产权，2017（3）：11.

显著降低企业的专利质量❶，并且低价值专利的许可成功率低，不仅不能实际促进专利的实施运用，还会让大量低价值专利出现在开放许可的交易市场中，扰乱市场秩序，加大被许可人匹配专利的难度。鼓励专利开放许可是必要的，但要限于有实际价值的专利权。❷ 因此，为了保证法律体系的融贯性，避免专利开放许可制度成为低价值专利的避风港，专利开放许可年费减免的适用条件"实施开放许可"不应被解释为实行开放许可。

2. "实施开放许可"宜解释为"实际作出开放许可"

从目的解释方法出发，专利开放许可年费减免规则的立法目的是"鼓励专利权人自愿实行开放许可，促进专利实施和运用"❸。可见，提高专利权人积极性、增加专利开放许可声明的数量，并不是设立年费减免规则的最终目的。发明创造产生正向收益的前提是专利转化为社会生产力，而只有专利权人最终实际作出开放许可，专利才实际转化为社会生产力。以"实际作出开放许可"作为专利开放许可年费减免的适用条件，专利权人不仅要作出开放许可声明，还要双方达成许可交易行为才可获得年费减免——此时专利得到实施和运用。因此，为了达到专利开放许可年费减免规则的立法目的，专利开放许可年费减免的适用条件"实施开放许可"应被解释为实际作出开放许可。

3. "实施开放许可"不宜解释为"实际施行开放许可"

实际施行开放许可专利的表现形式多种多样，如交付技术资料、传授经验、购买实施专利的准备物资等都是施行专利的一部分行为，并无明确的认定标准，也难以进行核实，以此作为获得年费减免的条件不具可行性。而且从理性经济人假设出发，双方达成许可交易、被许可人获得专利实施许可权后，必然会以某种方式利用专利，从而促进专利的实施运用。因此，不宜要求实际施行开放许可的专利才减免年费。

综上，对专利开放许可年费减免规则的适用条件"实施开放许可"，

---

❶ 龙小宁，王俊. 中国专利激增的动因及其质量效应 [J]. 世界经济，2015 (6)：115.

❷ 陈扬跃，马正平. 专利法第四次修改的主要内容与价值取向 [J]. 知识产权，2020 (12)：16.

❸ 全国人民代表大会宪法和法律委员会. 关于《中华人民共和国专利法修正案（草案）》审议结果的报告 [EB/OL]. （2020-10-19）[2022-09-26]. http://www.npc.gov.cn/npc/c30834/202010/d43160bfb7a04a98a4058d2ce46053dd.shtml.

应明确为"实际作出开放许可"。这与英国、德国等国家专利开放许可制度中规定的专利权人"实行开放许可"就可以获得年费减免优惠不同，而这也正是我国立法者对域外法律和实践考察比较后，结合我国专利运行的实际情况所作的重大突破。

（三）"实际作出开放许可"的认定标准

"实际作出开放许可"的认定，应以被许可人书面通知专利权人并支付许可使用费为标准。依据《民法典》的要约承诺规则，一般情况下，被许可人作出的书面承诺生效时，专利权人和被许可人即达成许可的合意——如实际作出许可，在自愿许可中往往表现为双方签订专利实施许可合同。但法律对专利开放许可另有规定。《专利法》第51条规定被许可人支付许可使用费方能获得专利实施许可，确立了专利开放许可合同是实践合同。因此，在专利开放许可中，实际作出开放许可是由专利权人的要约、被许可人的承诺和现实给付（支付许可使用费）共同组成的行为。

三、专利开放许可年费减免期间的确定

（一）"开放许可实施期间"的两种文义解释

专利开放许可年费减免期间，即"开放许可实施期间"，因断句的方式不同，导致其含义亦不同，存在两种文义解释。如前所述，"实施"是指实际的行为或实际施行。第一种断句是"开放许可/实施期间"，即开放许可声明的有效期间，是指专利权人作出专利开放许可声明至声明被撤回或失效的期间，与作出专利开放许可声明就可以获得年费减免的条件相对应。一方面，英国、德国、法国和俄罗斯的年费减免期间皆为开放许可声明的有效期间。另一方面，在《专利法》第四次修正之前，我国多位学者建议如此构建专利开放许可的年费减免规则。❶ 第二种断句是"开放/许可实施期间"。在此语境下，实施是指实施专利，即以制造、使用专利产品等方式利用专利❷。"许可实施期间"是指专利权人授权被许

---

❶ 穆向明. 专利当然许可的理论分析与制度构建：兼评《专利法修订草案（送审稿）》的相关条款［J］. 电子知识产权，2016（9）：34.

❷ 《专利法》第11条。

可人以制造、使用等方式利用专利的期间。如同普通/许可实施期间，"开放/许可实施期间"的"开放"二字表明许可方式，则"开放/许可实施期间"意为专利权人以开放许可方式授权被许可人以制造、销售等方式利用专利的期间，即专利开放许可的授权实施期间——这与实际作出开放许可才可以获得年费减免的条件相对应。

（二）"开放许可实施期间"的应然解读

针对专利开放许可年费减免期间的不同理解，笔者认为：基于体系解释，对"开放许可实施期间"应解释为"专利开放许可的授权实施期间"，该解释与实际作出开放许可才减免年费的条件相对应，由此保持法律体系的融贯性。此外，基于目的解释，同样支持将"开放许可实施期间"解释为开放许可的授权实施期间。鼓励开放许可要限于有实际价值的专利，而实际作出开放许可的专利就是经市场检验的、有实际价值的专利。因此，强调将年费减免期间规定为"专利开放许可的授权实施期间"而非"专利开放许可声明的有效期间"，可以避免无实际价值的专利获得年费减免。

（三）"开放许可授权实施期间"起止点的认定

专利开放许可授权实施期间，是指专利权人授权他人开放实施专利的期间；该授权实施期间的起点，是指被许可人书面通知并支付许可使用费的时间。专利开放许可授权实施期间的截止点有两种：一是约定截止点，是指交易双方约定的授权实施期间的结束时间，涉及合同变更或者双方提前解除合同时，则截止点也相应变更；二是法定截止点，包括专利权有效期届满日、专利开放许可声明的撤回日。

应当仅对专利开放许可授权实施期间尚未到期的应缴年费予以减免。申请人办理专利登记手续时，即应当缴纳授予专利权当年的年费；授予专利权当年以后的年费，应当在上一年度期满前缴纳。❶ 所以专利权人在申请专利开放许可的年费减免时，会涉及专利开放许可授权实施期间与专利缴费年度交叉的问题。开放许可授权实施期间起点所在的当年年费，应当已在申请人办理登记手续时或者上一年度期满前缴纳，属于已过缴纳期限的年费，不应当予以减免；若开放许可授权实施期间截止点在下一年度年费期满日之后，则应当对专利权人下一年度的应缴年费予以减免。

---

❶ 《专利法实施细则》第 97 条、第 98 条。根据 2023 年 12 月 11 日《国务院关于修改〈中华人民共和国专利法实施细则〉的决定》，前述两条分别调整为第 114 条、第 115 条。——编辑注

四、专利开放许可年费减免幅度的完善

（一）专利开放许可年费减免幅度的完善进路

1. 专利开放许可年费减免幅度的完善应遵循"鼓励专利权人自愿实行开放许可，促进专利实施和运用"的立法目的

专利开放许可年费减免规则是专利开放许可制度的重要激励措施，其作用方式是通过年费减免这个调节砝码，影响专利权人的利益天平，从而鼓励专利权人自愿实行开放许可，增强专利开放许可制度活力，并最终通过专利开放许可制度的适用，促进专利实施和运用，增进社会总体利益。可见，鼓励专利权人自愿实行开放许可，是促进专利实施和运用的前提。因此，为了实现立法目的，切实吸引专利权人自愿实行开放许可，发挥专利开放许可年费减免规则的功能，必须保证减免幅度有一定力度，从而有一定吸引力。

2. 专利开放许可年费减免幅度的完善应注重维持专利持有的合理成本

党的十八届三中全会指出：社会主义市场经济体制要使市场在资源配置中起决定性作用，更好地发挥政府作用。一方面，政府收取专利年费，是为了补偿行政成本和利用经济杠杆促使专利权人放弃垄断，从而平衡社会利益。[1] 而年费减免会降低行政收入，并且降低专利权人的专利持有成本，从而放慢发明创造走向社会公共领域的脚步。有学者估计德国 1983 年实行开放许可的专利中，有 4.41% 的专利若没有年费减免优惠，将不会再缴纳专利年费而选择放弃专利权。[2] 另一方面，学界普遍担忧专利开放许可年费减免规则可能造成低价值专利"搭便车"[3] ——这可能也是《专利法修正案（草案）》三审稿首次采纳年费减免建议的原因。

---

[1] 王舒，申江华. 以创新驱动发展的战略思维改革专利费用体系的思考：完善专利年费缴纳时机、标准及救济制度的探讨 [M] //中华全国专利代理人协会. 全面提升服务能力 建设知识产权强国：2015 年中华全国专利代理人协会年会第六届知识产权论坛优秀论文集. 北京：知识产权出版社，2015：2.

[2] RUDYK I. The License of Right, Compulsory Licensing and the Value of Exclusivity [D]. Munich：University of Munich，2012：26.

[3] 胡建新. 我国专利当然许可制度的构建 [J]. 知识产权，2016（6）：89；李慧阳. 当然许可制度在实践中的局限性：对我国引入当然许可制度的批判 [J]. 电子知识产权，2018（12）：71-72；张扬欢. 责任规则视角下的专利开放许可制度 [J]. 清华法学，2019（5）：199.

调查显示：专利权人认同"降低年费将主要引起低质量维持数量的增加"的比例为48.5％，认同"降低年费将降低专利布局成本，加剧专利丛林效应"的比例为61.8％。❶ 此外，专利权人适用开放许可的收益是否比其他转化方式高，才是专利权人是否实行开放许可的决定因素。❷ 因此，虽然给予更大的减免幅度，能吸引更多的专利权人自愿实行开放许可，但是为了平衡专利权人利益与社会公共利益，防止低价值专利搭便车，在给予年费激励的同时，应当尊重市场规律，更多注重以降低交易成本为方式的内生性激励，维持专利持有的合理成本。

3. 专利开放许可年费减免的幅度不应受到专利"年龄"、专利开放许可数量等因素的影响

有学者认为"高龄"专利的年费减免幅度应低于"低龄"专利，且对不同许可授权数量的专利应给予不同的年费减免幅度。❸ 笔者并不认同此观点。一方面，虽然"高龄"专利的确存在更大可能是从年费减免的动机出发才适用专利开放许可制度❹，但是专利权人缴纳多年年费维持的"高龄"专利，正是经过市场检验的高价值专利。不论其是已经实施，还是出于"防御专利"等目的而未实施，若能吸引其适用开放许可制度，扩大其实施规模，都值得为"高龄"专利付出更多的年费减免代价。另一方面，专利权人作出开放许可声明后，最终实际的开放许可数量并不受专利权人控制，并且专利转化的社会正向收益不能简单以许可数量进行计算，因此给予年费减免的幅度自然不应受到许可授权数量的影响。此外，专利开放许可年费减免幅度不应考虑专利权人的经济状况。《专利收费减缴办法》已经考虑了专利权人的经济状况，对于经济条件欠佳的自然人或者小微企业，其年费已经可以减免70％（多权利主体）或85％。

（二）专利开放许可年费减免幅度的具体设置方法

我国《专利法》第51条第2款规定"相应给予减免"，而"减免"可

---

❶ 国家知识产权局战略规划司，国家知识产权局知识产权发展研究中心. 2020年中国专利调查报告 [R]. 北京：国家知识产权局，2021：96.

❷ 刘强. 专利开放许可费认定问题研究 [J]. 知识产权，2021（7）：10.

❸ 蔡元臻，薛原. 新《专利法》实施下我国专利开放许可制度的确立与完善 [J]. 经贸法律评论，2020（6）：87.

❹ 瀬川友史，小林徹，渡部俊也. 英・独におけるライセンス・オブ・ライト制度およびその利用実態 [D]. Johannesburg：The Public Affairs Research Institute，2009：33.

以拆解为"减"与"免",即相应给予减缴或者免缴优惠;而且中国人大网公布的英文版《专利法》法条中对"相应给予减免"的表述为"reduced or exempted accordingly",❶ reduced(减)与 exempted(免)是用 or(或者)连接的分开表述。可见,我国专利开放许可年费减免应设置减缴与免缴两个减免幅度。

此外,我国专利开放许可年费减免应考虑不同的专利类型。一方面,发明专利要求的创造性更强,需要与现有技术相比具有突出的实质性特点和显著的进步,而实用新型专利只需要具有实质性特点和进步,外观设计专利则不属于技术方案,所以一般而言,提高发明专利运用率的社会正向效益相对于实用新型专利和外观设计专利更高,值得给予其更大的优惠力度。另一方面,发明专利的研发成本更高,年费减免规则对其发挥作用需要更大的优惠力度。2020 年我国有效发明专利平均研发成本为 134.6 万元❷,而即使获得整个专利保护期限 20 年年费全减半的优惠41150 元,也仅为平均研发成本的 3.06%。因此,为了实现专利开放许可年费减免规则"鼓励专利权人自愿实行开放许可"的立法目的,有必要给予发明专利更大的优惠力度。

考虑到新引入的专利开放许可制度在我国还没有良好的社会基础,幅度设置应简单易操作,有利于推广普及,也有助于减少年费减免的行政工作成本。笔者建议:在制度实施初期,可以不区分专利具体类型,参照已有专利年费减免政策,对专利开放许可年费采用固定比例的方式进行减缴。在制度实施相对成熟之后,未来我国专利开放许可年费减免可以考虑区分不同的专利类型,动态设置减缴与免缴档次,对发明专利给予更多的年费政策激励。

在有效专利体系中,由于开放许可的专利所占的份额很小,年费的上述减免幅度并不会明显冲击政府的应收年费。有研究表明,1977~2020 年,英国有效开放许可专利占有效专利的 1.37%。❸ 考虑到我国专

❶ 中国人大网. 中国《专利法》英文版 [EB/OL]. (2020-10-17) [2022-09-26]. http://www.npc.gov.cn/englishnpc/c23934/202109/63b3c7cb2db342fdadacdc4a09ac8364.shtml.

❷ 国家知识产权局战略规划司. 2020 年中国专利调查报告 [R]. 北京:国家知识产权局,2021:137.

❸ 万小丽,冯柄豪,张亚宏,等. 英国专利开放许可制度实施效果的验证与启示:基于专利数量和质量的分析 [J]. 图书情报工作,2020(23):87.

利年费缴纳标准高于英国，且我国不限制撤销开放许可声明，这将提高专利权人实行开放许可的积极性。因此，预估我国将有 1.5％的有效专利实行开放许可。假设各类型、各"年龄"段的专利实行开放许可的比例相同，那么即使规定实行开放许可的专利年费全部免缴，也仅损失我国应收年费的 1.5％。如果只有实际作出开放许可而非实行开放许可，发明专利才能年费免缴，同时实用新型和外观设计专利年费优惠是减半，那么我国应收年费减少的成本将更低。因此，未来我国专利开放许可年费减免分类设置减缴与免缴幅度，属于可以控制的合理成本范畴。

（三）专利开放许可年费减免的补缴问题

专利开放许可年费减免的补缴问题，是指专利权人撤回开放许可声明后，是否需要补缴因实施开放许可而已减免的年费。英国、德国等国家普遍规定撤回开放许可声明后，需要补缴，目的主要是维持开放许可声明的数量，防止低价值专利搭便车，并与其实行开放许可即减免年费的条件相适应。我国学界对此存在不同的观点：一种观点认为应当补缴❶；另一种观点认为应当视情况决定是否补缴，如有在先给予的开放许可则无须补缴❷、仅要求大型企业补缴❸、根据开放许可实施的状况决定是否补缴❹等。

目前，我国《专利法》并未规定专利开放许可年费减免的补缴问题。笔者认为，应理解为立法者认为不应当补缴的意思表示。对于行政机关法无授权即禁止，无明确法律依据时，专利行政机关不得要求专利权人补缴已减免年费。所以，当立法者认为不应当补缴时，法律条文的表现形式之一即为空白。况且，我国年费减免的条件不同于英国、德国的实行开放许可，而是实际作出开放许可。我国能获得年费减免的专利，都是经过市场检验的、有价值的专利，已不需要规定撤回后补缴年费来防

---

❶ 来小鹏，叶凡. 构建我国专利当然许可制度的法律思考［M］//国家知识产权局条法司. 专利法研究 2015. 北京：知识产权出版社，2018：191；郭伟亭，吴广海. 专利当然许可制度研究：兼评我国专利法修正案（草案）［J］. 南京理工大学学报（社会科学版），2019（4）：19.

❷ 穆向明. 专利当然许可的理论分析与制度构建：兼评《专利法修订草案（送审稿）》的相关条款［J］. 电子知识产权，2016（9）：34-35.

❸ 曹源. 论专利当然许可［J］. 私法，2017（1）：228.

❹ 何培育，李源信. 基于博弈分析的开放许可制度优化研究［J］. 科技管理研究，2021（12）：170.

止低价值专利搭便车的问题。若要求撤回开放许可声明后补缴已减免的年费，会降低专利权人的积极性，使其从一开始就降低开放许可声明的数量，而这将得不偿失。因此，在我国现有开放许可制度下，要求专利权人撤回声明后补缴减免的年费，并不合理。

五、结　语

笔者以《专利法》第 51 条第 2 款为出发点，运用法解释学方法，系统分析了专利开放许可年费减免规则的基本内容，并对年费减免的条件、期限和幅度提出了具体建议。考虑到现行《专利法》只对年费减免规则作了简要规定，因此，由《专利法实施细则》对年费减免规则进行完善，是最合适且可行的举措。遗憾的是，目前已公开征求意见的《专利法实施细则》修改建议并未对年费减免规则作出相应规定。为提升专利开放许可的制度活力，建议进一步完善《专利法实施细则》，有效落实专利开放许可年费减免规则。

专利开放许可制度
运行机制研究

陈明媛❶　饶波华❷　马　斌❸　吴登侣❹

摘　要

专利开放许可作为新的法律制度设计，受到权利人和社会各界广泛关注。本文以专利开放许可制度实施中可能存在的难点、堵点问题为导向，比较分析国外制度运行情况，基于地方试点，开展调研访谈和问卷调查，重点围绕专利开放许可运行机制，特别是审查规则和流程优化、估价指导和配套服务、制度运行保障机制等方面，进行深入分析与研究，提出相关建议，旨在推动加快专利开放许可制度建设，打通运行链条，推进制度平稳起步和高效运行。

关键词

专利开放许可　运行机制　使用费估价　纠纷调解

---

❶❷❸　作者单位：国家知识产权局知识产权运用促进司。
❹　作者单位：国家知识产权局专利局初审及流程管理部。

引　言

2020 年第四次修正的《专利法》创设了专利开放许可制度，其第 50 条、第 51 条、第 52 条明确了相关规定，为专利运用开辟了新途径、新模式。专利开放许可是专利权人自愿声明并经国家知识产权局公告，事先明确许可使用费支付方式和标准，任何人依照声明的价格支付费用，即可便捷获得专利实施许可的一项新制度。作为《专利法》规定的一种特别许可，专利开放许可丰富了专利实施许可的方式。不同于传统的普通许可、独占许可等"一对一"个性化协商模式，专利开放许可可以实现专利权人一视同仁、简便快捷地"一对多"许可。

当前，我国创新主体和市场主体对专利转化运用的需求强烈，大量专利价值亟待释放。全国技术市场统计年报[1]显示："十三五"期间，全国专利实施许可合同年成交额在 2016～2020 年分别为 386.17 亿元、292.20 亿元、455.07 亿元、381.1 亿元、815.7 亿元，占当年全国技术转让合同成交额比例分别为 24％、20.87％、28.27％、17.4％、34％。可以看出：专利实施许可日益成为技术转让的重要途径。目前，我国存量有效专利规模巨大——截至 2022 年底，我国发明专利有效量达 421.2 万件[2]，但转化实施的比例仍有待提升。《2022 年中国专利调查报告》显示，我国发明专利产业化率为 36.7％，许可率为 12.1％，高校发明专利实施率为 16.9％。专利开放许可在拓展专利许可渠道、促进实用技术转化方面，具有广阔的应用前景，特别是对于市场应用范围广泛，适合多地实施、快速实施的专利，可以在更大范围找准"接收方"，有利于促进供需信息对接，提升谈判效率，降低制度性交易成本，有利于专利权人盘活专利资产，促进创新成果转化为现实生产力。

此前关于专利开放许可的研究，主要集中在《专利法》第四次修正前，关于专利开放许可的法律原理和制度框架选择方面的研究，但是聚焦专利开放许可制度实施的实务问题研究较少。现阶段，专利开放许可制度的落地实施和有效运行仍有许多亟待完善的问题，主要体现在审查

---

[1]　可在科学技术部火炬高技术产业开发中心官网"专项工作"－"技术市场"－"统计年报"下查阅，网址为 http://www.chinatorch.gov.cn/jssc/tjnb/list.shtml。

[2]　2023 年 1 月 16 日国务院新闻办公室 2022 年知识产权相关工作情况新闻发布会。

规则有待完善、服务体系有待建立、救济监管措施有待明确等方面。笔者比较研究了专利开放许可制度国内外运行情况，调研分析了我国创新主体和市场主体的需求，围绕打通专利开放许可制度实施的难点堵点问题，建立了制度运行实施关键问题的分析框架——划分为审查、服务和救济监管三个方面，将配套制度与审查规则贯通起来，将公共服务与市场化服务统筹起来，将权利救济与规范监管结合起来，提出切实可行的建议，为推进专利开放许可制度平稳起步和高效运行提供参考。

一、国内外专利开放许可情况比较分析

（一）我国专利开放许可制度及运行现状

按照《专利法》的制度设计，从法律性质上看，专利开放许可是专利权人通过国务院专利行政部门发出要约，潜在的被许可方一旦接受要约，即可实施其专利技术的一种特别许可。从许可特征上看，专利权人自愿声明开放许可的意愿，明确许可使用费的支付标准和方式，并通过国务院专利行政部门公告，做到"明码标价""广而告之"；任何单位或个人，依照声明公告的价格支付费用，即可获得专利实施许可，实现"一视同仁""付款即得"。由此可见，专利开放许可是一种简便快捷的"一对多"专利许可方式，有助于促进技术供需对接、提升谈判效率、降低交易成本，是推进专利转化运用的一项重要制度创新，是服务创新主体和市场主体、促进经济发展的重要举措。

由于《专利法实施细则》《专利审查指南》尚在修改过程中❶，专利开放许可制度还未正式施行，制度运行的全链条尚未完全打通。过渡时期，国家知识产权局对专利开放许可声明"只收不审"。截至 2022 年 12 月，国家知识产权局共接收了 1436 件专利开放许可声明。可以预见，制度正式实施后，会有更多专利权人通过开放许可途径进行专利转化运用。

国务院印发的《"十四五"国家知识产权保护和运用规划》指出："建立完善专利开放许可制度和运行机制。"《2022 年全国知识产权局局长会议工作报告》作出"加快落实专利开放许可制度"的部署。2022 年 5 月，国家知识产权局印发了《专利开放许可试点工作方案》。专利开放许

---

❶　时间点为本文撰写完成时。下同。——编辑注

可试点是《专利法实施细则》等配套法规的修改尚未出台、过渡期内法定制度未正式运行的情况下，由地方知识产权部门公布许可信息、参照法定制度实施的"一对多"许可。截至 2022 年 12 月，已经有 18 个省份印发了试点方案，组织 1110 个专利权人参与试点，筛选公布了 2.1 万件专利试点进行开放许可，精准匹配推送到 6.1 万家中小微企业，达成许可合同超过 4000 份；达成许可的专利中，约有四成实现了一件专利对多家企业的"一对多"许可，扩大了受益企业覆盖面。试点地方对专利开放许可试点信息进行大数据分析和智能匹配推送，探索实现专利技术和客户需求的精准对接。

（二）主要国家专利开放许可制度及运行情况

截至 2022 年底，全球建立专利制度的国家超过 150 个，有英国、德国、俄罗斯等 20 多个国家❶实施了专利开放许可制度，其中部分国家的专利开放许可情况分析如表 1 所示。

表 1　主要国家的专利开放许可制度特点对比

项　目	英　国	德　国	俄罗斯	中　国
制度模式	要约邀请	要约	要约	要约，同时也吸收了要约邀请的优点（可就许可使用费协商后，另行给予普通许可）
对专利的要求	已授权专利	已授权发明	适用于三种已授权专利	已授权的专利均可，实用新型和外观设计需要提交专利权评价报告
是否要求在声明中明确许可使用费的支付方式和标准	不要求	不要求	要求	要求
年费减免	开放许可声明通过后，年费减半	开放许可声明通过后，年费减半	开放声明通过后的第二年开始，年费减半	开放许可实施期间，年费减免一定比例

❶　阿尔巴尼亚、保加利亚、捷克、德国、法国、西班牙、英国、意大利、希腊、爱尔兰、立陶宛、卢森堡、拉脱维亚、马耳他、斯洛伐克、圣马力诺、土耳其、俄罗斯、泰国、新加坡、中国等。

续表

项　目	英　国	德　国	俄罗斯	中　国
撤回程序的条件	补足减缴年费；其他权利相关人无异议	未许可情况下，随时可撤回	从声明登记之日起，若两年之内未达成许可，可在期满后撤回	以书面方式向国家知识产权局提出，不影响在先给予开放许可的效力
许可使用费标准等争议解决	许可条件由双方协商，协商不成时由英国知识产权局就许可条件进行裁决；法院判决	依请求由德国专利商标局裁定许可使用费标准	没有规定俄罗斯联邦知识产权局裁决；许可合同争议由法院审理	当事人协商；不愿协商或者协商不成的，可以由国家知识产权局调解或向法院起诉
是否限制专利权人提出诉前禁令	如果被告方承诺按照开放许可规定取得许可，则法院无权签发临时或永久禁令	无相关规定	无相关规定	无相关规定
是否赋予被许可人诉权	被许可人可以请求专利权人针对侵权行为提起诉讼；如果专利权人收到请求后 2 个月内拒绝或忽视，则被许可人可以提起诉讼	无相关规定	无相关规定	无相关规定

1. 主要精神基本一致

从优点看，与一般的许可相比，专利开放许可具有官方背书的信用增强、"广告"效应及年费减免优惠，同时建立了纠纷裁决或调解机制，许可全过程标准化、格式化程度较高，降低了信息对接成本，简化了谈判过程，可使双方更快、更方便地达成许可，提升许可效率；从不足看，专利权人须事先公开许可意愿、条件等信息，价格确定机制比较特殊，不能挑选或拒绝被许可方，对转化高价值专利缺乏垄断利益的激励。制度框架上，上述各国都建立了声明提出撤回、专利局审查公告、年费减缴激励、纠纷解决的完整运行机制。

2. 具体模式各有特色

在声明模式上，英国❶、新加坡❷等国家采取要约邀请模式，专利权人不需要公布具体的许可条件，需要当事人协商达成；俄罗斯、德国❸等国家采取要约模式，专利权人发布声明后即受到声明约束，且在提出声明时需要明确一定的许可条件。在许可使用费上，除俄罗斯要求在声明中明确使用费标准外，其他国家一般由当事人协商。关于纠纷解决，英国、德国专利行政部门可以应请求，对协商不成的许可使用费进行裁决。在年费减免上，英国、德国、俄罗斯等绝大多数国家在开放许可声明公告后，对年费给予减半。关于被许可人的诉讼地位，英国、南非开放许可中的被许可人可以要求专利权人提起诉讼，若专利权人拒绝或者疏于起诉侵权人，被许可人可以自行提起诉讼；英国还规定取得开放许可的专利权人不得请求诉前临时禁令，但德国、俄罗斯等国家无相关规定。

3. 成为许可方式的有益补充

从数量上看，英国 1977～2020 年的开放许可登记数量约占同期全部授权专利数量的 2%，2017～2021 年平均每年约 1300 件。❹ 从许可占比看，近五年俄罗斯联邦知识产权局收到了 578 份专利开放许可声明，占 7898 份专利许可协议的份额不到 0.8%，是普通许可的有益补充，但尚未成为主流的许可方式。从技术领域看，英国集中于信息网络和汽车产业领域；德国电气工程领域开放许可专利占该领域授权专利总数的 11%，化学生物领域仅占 1.3% 左右。从专利权人看，英国、德国声明开放许可的主要是跨国大企业，高校和中小企业较少。❺ 根据日本财团法人知识产

---

❶ UK Intellectual Property Office. Patents [EB/OL]. [2022-09-14]. https：//www. gov. uk/guidance/licensing-intellectual-property.

❷ IPOS. Patents [EB/OL]. [2022-09-14]. https：//www. ipos. gov. sg/resources/patent.

❸ German Patent and Trademark Office. Patents [EB/OL]. [2022-09-14]. https：// www. dpma. de/english/patents/patent_protection/index. html.

❹ UK Intellectual Property Office. Patents Endorsed Licence of Right (LOR) and Patents Not in Force (NIF) [EB/OL]. [2022-09-10]. https：//www. ipo. gov. uk/p-dl-licenceofright. htm.

❺ 万小丽，冯柄豪，张亚宏，等. 英国专利开放许可制度实施效果的验证与启示：基于专利数量和质量分析 [J]. 图书情报工作，2020（23）：86-95.

权研究所的调查报告❶，英国高校首先判断有市场前景和潜在被许可人的情况下，才确定专利的申请和维护，因此英国高校从申请开始就积极寻找许可对象，到授权时大部分专利已经确定许可对象，对找不到许可对象的专利基本在申请后 5 年就放弃，不再缴纳年费。此外，基于高收益、低管理成本的考虑，英国高校更偏好独占许可方式。

（三）美国等未设立专利开放许可制度的原因分析

美国、日本、韩国等国家没有设立专利开放许可制度。以美国为例，参考一些学者的研究成果❷，笔者经分析认为主要有两方面原因。一是在认知层面，美国基于对市场经济和人的经济属性的确信，不认为有人面对潜在的经济利益时会将自己的财产束之高阁；且美国笃信自由市场原理，对政府干预不信任。基于这种背景和对权利人利益的尊重，美国没有设置专利开放许可制度。二是在实践层面，美国技术成果转移转化的法律和市场体系较为完备，在法律法规、组织运行架构、专业服务保障方面，形成了技术转移转化的良性循环，再设置专利开放许可制度的需求和必要性不强。

二、专利开放许可试点问卷调查分析

（一）问卷调查总体情况

为深入了解专利开放许可试点参与各方的体验评价、需求和建议，2023 年 4 月至 5 月，国家知识产权局知识产权运用促进司面向参与专利开放许可试点的专利权人、被许可人，分别设计试点体验问卷，组织试点省份通过互联网开展调查，共回收 659 份问卷。在答卷对象中，专利权人约占 60％，被许可人约占 40％；高校、科研院所约占 30％，中小微企业约占 60％，大型企业约占 5％。

（二）问卷调查反映的试点情况

关于试点制度和流程设计的体验，在回收问卷中，96％的专利权人、

---

❶　知的財産研究所. 産業財産権にる料金施策の在り方に関する調 & 研究報告书［EB/OL］.［2022-09-10］. https://dl.ndl.go.jp/info: ndljp/pid/1248010.

❷　裴志红，武树辰. 完善我国专利许可备案程序的法律思考［J］. 中国发明与专利，2012（5）：75-80.

98％的被许可人认为本地试点制度流程设计能满足需要；96％的专利权人、99％的被许可人认为本地试点制度流程设计与本单位管理制度匹配。

关于许可使用费的估算，93％的专利权人认为国家知识产权局发布的《专利开放许可使用费估算指引（试行）》以及国民经济行业分类专利实施许可统计数据，对其专利开放许可使用费估算的参考作用很大或提供了一定的参考作用。

关于试点中的公共服务及市场化服务体验，94％的专利权人认为地方知识产权局组织对接活动等服务，对许可达成起到了促进作用；93％的专利权人、98％的被许可人认为交易中心等市场化机构在专利开放许可试点中提供的市场化服务可以满足或基本满足需求。

（三）各方反馈的问题和建议

制度设计方面，有关高校建议：专利权人声明填写仅填写许可终止期限，但实际达成许可时间不确定，建议可以按时间比例收取许可费或顺延。有关企业希望全面实施阶段声明公告和撤回机制流程能简单便捷；希望能尽快全面实施专利开放许可制度，落实专利年费减免等优惠措施；希望进一步简化声明、审查和备案等流程，让许可更加快捷高效。

配套服务方面，有关高校建议：知识产权管理部门对专利开放许可估价加强指导，提供全国专利转让、许可和作价入股的市场交易信息，提供更多的许可价格、许可模式供高校参考。有关企业建议分领域分批组织线上线下推广对接活动，实现精准对接，帮助达成许可；建议在全国范围内建立统一的交易平台，形成许可方、被许可方交易市场，加强国家知识产权局专利开放许可线上平台与其他各类线上平台的衔接，加强市场化机构提供的对接服务的精准性；希望及时总结推广校企合作典型经验和做法，营造产学研深度融合的环境和氛围。

三、专利开放许可制度运行重点问题分析

专利开放许可制度的有效运行，有赖于一系列制度规则、服务体系和市场机制的衔接配合、协调运转。从国家知识产权局相关职责和业务流程来看，主要包括声明审查、许可备案、费减审批、纠纷调解、失信监管等主要环节；从政策引导和服务支撑来看，还需要做好估价指导、信息供给、宣传引导等各项工作，特别是要科学指导专利权人合理确定

许可使用费。《专利法实施细则》和《专利审查指南》尚在修订，年费减免、纠纷调解等具体办法尚未出台，专利开放许可制度运行的"四梁八柱"还有待搭建，在手续办理、服务体系、监管规范等关键问题方面还面临一些难点、堵点，需要做好相关的制度配套和政策协同。

（一）关于声明审查、许可备案等手续办理

1. 声明审查环节

许可使用费是专利开放许可能否达成的关键，是影响专利开放许可制度运行的重要因素，也是当事人的关注焦点。声明审查是专利开放许可的第一道关口。专利许可使用费标准和支付方式是声明的必备内容，基于当事人的意思自治。但专利权人对专利价值和许可交易的认识水平相对有限，如缺乏相应约束和指导，容易出现随意定价甚至故意过高定价以"博眼球"的现象。据了解，国家知识产权局已收到的专利开放许可声明中，一次性付费定价最高的达数亿元，明显超出了合理价格。明显过高甚至"天价"的使用费，不仅妨碍交易达成，还可能引发社会公众的质疑，对制度运行产生不良影响。为防止过高要价引发不良舆情，建议国家知识产权局秉持审慎原则进行形式审查，要求专利权人提供许可使用费的测算依据和方式，引导其严肃认真对待、科学合理测算，在此基础上，对专利开放许可使用费的范围进行合理限定；例如，在专利审查指南中明确，以固定费用标准支付的，一般不高于一定数值。另外，许可费价格标准调整，是可以预见的常见需求；目前声明内容的更改需要以撤回原声明、提交新声明的方式进行。为引导专利权人慎重提出许可使用费，稳定市场预期，防止频繁撤回、重复提交加重审查负担，除联系人、代理机构、收款账户信息等对专利开放许可合同实施不产生实质性影响的变更事项外，有必要研究并明确对主动更改声明时机和重复提交次数的合理限制措施。

2. 许可备案环节

全面掌握许可达成情况，是评价专利开放许可制度运行成效的重要数据基础。《专利法实施细则》明确规定，专利实施许可合同应当向国务院专利行政部门备案。❶ 但实操中，专利开放许可备案一次即可予以减免

---

❶ 《专利法实施细则》第 14 条第 2 款："专利权人与他人订立的专利实施许可合同，应当自合同生效之日起 3 个月内向国务院专利行政部门备案。"根据 2023 年 12 月 11 日《国务院关于修改〈中华人民共和国专利法实施细则〉的决定》，前述条款应调整为第 15 条第 2 款。——编辑注

年费，专利权人缺乏将后续达成的许可进行备案的动力。为强化备案要求，建议在专利审查指南或声明表格中，要求专利权人在提交声明时，承诺将所有许可实施情况进行备案，并由审查系统提供便捷的备案服务。同时，可以将备案的书面文件作为纠纷调解、侵权处理和诉讼中的有力证据，推动当事人主动备案。

（二）关于涵盖估价指导、交易保障、信息开放及市场化服务的服务体系

1. 许可使用费估算指导

总体上看，专利开放许可使用费由专利权人自主提出、由市场决定，但专利开放许可制度的简易性、便捷性与技术转移的复杂性之间存在一定的内在矛盾，缺乏询价磋商、技术验证等前期过程，专利许可使用费估价难的问题突出。建议知识产权管理部门在专利开放许可估价方面积极发挥指导作用，针对不同情形，给予有针对性的许可费估算指导。例如，制定发布专利开放许可使用费估算相关指引，提供使用费估算的思路方法、相关统计数据和示例，引导专利权人正确理解制度精神，准确把握专利开放许可"一对多"、小额、普惠、便捷的特性，科学合理估算许可使用费，避免盲目过高要价。专利开放许可使用费的制定，原则上应该能够为专利权人获得较为合理的经济回报，其使用费标准应该比普通许可更低。对于专利技术已自行实施的，专利权人可以选择参考该专利产品收益情况，对使用费进行估算；对于专利技术已许可他人实施的，专利权人适宜选择参考该专利已签订的普通许可合同的许可使用费数据，对使用费进行估算；对于专利技术未自行实施、也未许可他人实施的，专利权人可以参考同行业专利许可统计数据，也可以参考国际一般许可费率进行估算。专利权人可以《"十三五"国民经济行业门类专利实施许可统计表》❶及国家知识产权局后续发布的专利实施许可统计有关数据为基础，根据拟开放许可的专利所属行业，选择按固定或可折算金额支付或提成支付进行计算。专利开放许可费的支付方式对支付标准数额具有重要影响，可参考专利许可费的常见支付方式，如固定支付、里程碑支

---

❶ 专利实施许可数据统计分析组. "十三五"期间专利实施许可使用费有关数据发布［EB/OL］.（2021-12-17）［2022-08-30］. https：//www.cnipa.gov.cn/art/2021/12/17/art_430_172260.html? eqid＝af04c176000e551300000002647944c6.

付、按比例提成等方式。

2. 交易安全保障

按照《民法典》关于技术许可合同的规定❶，专利许可和实施并非简单的权利交割和资金交付过程，而是涉及专利权人提供技术资料和指导、被许可人按期缴纳许可费等一系列权利和义务问题，需要保障具有稳定预期、可以持续履约的交易安全。《专利法》第 51 条已经规定了获得许可的两个要件，即书面方式通知专利权人和按要求支付许可使用费。在不增加书面协议的情况下，为保障专利开放许可的交易安全，有必要在声明提出和书面通知的环节，对专利权人和被许可人的相关基本权利和义务分别予以明示，并要求双方作出承诺，从而起到等同于双方签署格式化简易许可合同的效果，为顺利转化实施、平稳完成交易提供基本保障。建议借鉴普通许可协议的核心条款，设计成相应的格式文件，并由国家知识产权局在声明审查和许可备案中，明确当事人签署的相应要求。

3. 信息开放和宣传引导

专利开放许可制度要取得实效，离不开高质量的源头供给和高效率的精准对接。目前高校、科研院所和国有企业对专利开放许可关注度较高。《2022 年中国专利调查报告》显示：48.3％的专利权人知晓专利开放许可制度，49.6％的专利权人愿意采用开放许可方式——其中高校专利权人这一比例达到近九成。但由于制度未全面实施、专利权人决策相对谨慎等原因，目前向国家知识产权局提交的声明数量不多。建议国家知识产权局构建完善开放许可数据库，做好开放许可专利信息的集成和开放，便利潜在被许可人查询使用，降低各方信息获取成本。建议各级知识产权管理部门加大培训指导力度，强化宣传推广，提高创新主体对开放许可制度的认识和运用能力；同时，组织高校、科研院所、企业等专利权人，主动筛选具有市场应用前景的专利，提高源头供给质量。

4. 相关市场化服务

市场化服务机构可建立开放许可专利展示平台，对接专利行政部门构建的开放许可数据库，详细展示开放许可专利技术，帮助包括潜在被许可人等快速获取、更好了解开放许可专利信息；可以梳理产业技术需求，形成开放许可专利需求数据库，方便创新主体和知识产权服务机构

---

❶ 《民法典》第 866 条、第 867 条、第 870 条。

准确获取市场需求；可以开发估算专利开放许可使用费的信息化工具，提升专利开放许可声明的科学性、合理性、便捷性；可以依托交易结算系统，为专利开放许可提供快速线上交易渠道，帮助供需双方线上完成许可使用费支付，提升便捷度。

（三）关于纠纷调解和失信监管

专利开放许可的纠纷调解和失信行为监管，是守好风险底线、保障制度良性运转的重要支撑，需要与相关服务促进机制同步推进，协同发挥作用。

1. 纠纷调解

《专利法》第 52 条规定，当事人就实施开放许可发生纠纷的，可以请求国务院专利行政部门调解或向人民法院起诉。在制度上明确由国务院专利行政部门负责调解的初衷，是考虑到其负责开放许可的审查公告，具有业务关联和一定便利。因此，建议国家知识产权局负责的开放许可纠纷调解宜限于与审查公告业务直接相关的事项。同时，各地专利代办处作为国家知识产权局专利局的业务派出机构，参与开放许可声明受理和审查工作，具有承担调解任务的便利，可以根据实际需求接受委托承担调解工作。对于与开放许可审查公告不直接相关的许可双方之间的民事纠纷，建议根据职权法定原则和属地管辖原则，充分发挥各类组织的特定优势，分级分类建立开放许可相关民事纠纷的调解机制。根据《专利法实施细则》第 85 条❶的规定，管理专利工作的部门，可以对包括专利许可合同纠纷在内的各类专利纠纷进行调解，因此，可以发挥具有专利纠纷人民调解职能的机构的作用，支持知识产权保护中心、相关行业协会参与纠纷调解工作。

2. 失信监管

在目前我国社会信用水平仍有不足的情况下，出于骗取费减优惠或地方奖补资金的目的，未来出现虚构被许可人、编造使用费收取证明、组织关联方互相许可等各种失信情形的可能性较大。相关失信行为可能发生在开放许可制度实施的各个环节。例如，声明环节相关失信行为主要包括在开放许可声明的提交、撤回等环节中，专利权人提交虚假材料、

---

❶ 根据 2023 年 12 月 11 日《国务院关于修改〈中华人民共和国专利法实施细则〉的决定》，此条调整为第 102 条。——编辑注

隐瞒重要事实、信用承诺不实或未履行信用承诺等违反诚实信用原则的行为；实施环节相关失信行为主要包括在开放许可合同订立及实施等环节中，专利权人、被许可人或关联方提交虚假材料、隐瞒重要事实、信用承诺不实或未履行信用承诺等违反诚实信用原则的行为。当事人在声明提出、获取费减等环节提交虚假材料或隐瞒事实的行为，应由相关执法部门予以处罚；为了防范和应对失信行为，可以进一步加强信用承诺机制的应用，将开放许可失信行为和失信行为主体纳入知识产权信用信息和信用档案；可以加强对失信行为线索的排查，经核实确认为失信行为的，及时移交地方专利执法部门处理。同时，应建立部门协同、上下联动的监管机制，加强审查过程的线索排查，及时移交地方处理；严格奖补资金管理，做好对许可实施实际情况的核查。

四、相关建议

一是完善审查规则，打通运行链条。审查规则是打通手续流程的基础。当前，专利开放许可流程仅涉及受理流程，尚未开展后续审查工作，制度运行中的实际问题尚未显现，因此，具体审查规则和相关流程配套仍需作为后续研究的重点。同时，要充分考虑审查规则与相关服务、监管体系的衔接配套，既提供便利服务，又提升审查效能。

二是加快制度建设，强化运行保障。围绕年费减免、纠纷调解、失信监管等各个环节的问题，加快建立健全相关制度和业务规则，及时研究明确年费减免手续的便利办理方式，出台纠纷调解范围、方式和失信监管措施，组织做好纠纷调解工作，严厉打击提供虚假材料、骗取费减或地方奖补资金等行为，为制度实施营造良好的环境。

三是加强政策引导，完善配套服务。总结专利开放许可试点工作经验，及时发现问题，推动完善相关制度和政策措施。推广专利开放许可使用费估算指引，按年度更新、发布专利实施许可合同费率信息，为科学合理估算开放许可使用费提供参考基准。发布相关宣传服务手册，组织系列宣传解读活动，引导各方正确认识和合理运用开放许可制度，切实将制度优势转化为治理效能。

比例原则在专利侵权禁令救济中的适用[1]

仲　春[2]　李新杰[3]

摘　要

比例原则的实施有助于法律实现实质正义，其在专利侵权禁令救济中应得到积极适用，从而避免限制竞争以及赋予权利人不当杠杆性利益。作为对欧盟执行指令的遵循，德国 2021 年专利法修订正式引入比例原则，英美法系国家也在专利禁令颁发时进行衡平考量。作为工业大国，中国在知识产权强国建设过程中应注重制度设计的均衡性，在专利法中明确引入比例原则，并对专利禁令的绝对化颁发做法予以更多限制。

关键词

专利法　比例原则　衡平

---

[1]　本文系国家社会科学基金一般项目"数字经济竞争法实施难点问题研究"（19BFX163）、最高人民法院 2022 年度司法研究重大课题"标准必要专利许可条件法律问题研究"的阶段性研究成果。
[2]　作者单位：暨南大学知识产权研究院。
[3]　作者单位：珠海拱北海关综合处政策研究科。

古希腊哲学家亚里士多德说："公正就是某种比例。"公正作为法律制定和实施的首要追求，要求比例原则在公法与私法中均得到普遍适用，甚至成为一项不言自明的基础原则。作为保护知识产权以激励创新的利器，不加限制的知识产权请求权无疑是一把双刃剑，在促进创新的同时，也有可能被权利人用于控制市场、限制竞争和谋求不当利益，从而对创新活动产生阻碍作用。❶ 传统民法程式化处置模式往往将停止侵害作为侵权案件的必然司法后果。但这一模式在专利侵权纠纷的司法适用中不具有必然性。❷ 当前无论在学术研究、司法实践还是立法中，对于不加区分的知识产权绝对化保护尤其是停止侵权禁令救济的颁发，多数人已经意识到该做法存在问题并尝试进行制度优化的努力。本文对比例原则在知识产权法尤其是专利法停止侵权判定中发挥的均衡作用进行分析，借鉴《德国专利法》（GPA）中比例原则的引入，以期对中国专利执法、司法乃至立法决策提供更多的参考。

一、比例原则及其在知识产权法中的适用理论

（一）比例原则：公法领域的"帝王原则"向私法领域的浸润

在立法上，比例原则可以溯源至英国大宪章，并在德国警察法中首次被适用。❸ 现代意义上的比例原则，是指行为者应当选择有利于正当目的实现的必要手段，并且该手段所造成的损害同其所促成的利益应当成比例。❹ 德国法学家卡尔·拉伦茨教授指出，比例原则是一种实质的法的原则，其直接源自正义，有"正当限度""适度"的思想。德国行政法之父奥托迈耶曾称比例原则为"皇冠原则"，其在行政法中地位可比照"诚实信用"原则在民法中"帝王条款"的地位。

比例原则是利益衡量论的延伸，其核心在于平衡目的与手段的关系，以达到损益平衡。根据比例原则的四阶层理论，内涵包括目的正当性、

---

❶ 梁志文. 反思知识产权请求权理论：知识产权要挟策略与知识产权请求权的限制［J］. 清华法学，2008（4）：124-136.

❷ 康添雄. 专利侵权不停止的司法可能及其实现［J］. 知识产权，2012（2）：12-20，63.

❸ 1958 年对整个基本权利教义学具有重要意义的德国药房案标志着比例原则的最终形成。参见：刘权. 比例原则［M］. 北京：清华大学出版社，2022：19.

❹ 刘权. 比例原则［M］. 北京：清华大学出版社，2022：20.

适当性、必要性和均衡性四个细分原则。目的正当原则要求行为者的目的正当，认为目的是行为的出发点，目的正当是手段正当的前提。适当性原则又被称为妥当性或适合性原则，指手段应有助于正当目的的实现。必要性原则又被称为最小损害或最小侵害原则，要求所运用的手段是必要的，所造成的损害也应当最小。必要性原则更强调公平，禁止过度损害。

虽然被认为是公法的"帝王原则"，但如今比例原则已日益超越法系和部门法，或者转换说法，成为更广阔的民商事法律领域立法和法律运行的基础性原则。例如我国《民法典》第6条即规定："民事主体从事民事活动，应当遵循公平原则，合理确定各方的权利和义务。""公平合理"本身即为比例性的另一种表达方式，抑或说比例原则为手段，公平合理为手段欲达成之目标。较之公法领域适用比例原则主要对公权力进行节制并实现现代社会对公民权利的保障，私法领域中比例原则适用更注重复杂主体不同利益之间的调整与分配。在私法领域，往往不存在绝对的善或绝对的恶，利益的合理分配成为私法适用中的核心争议——这也是民商事司法领域我国大力发展调解制度的内在根基。易言之，如果民商事领域一方行为构成"绝对的恶"，则是不可适用调解的，否则无异于不分青红皂白。只有在"公说公有理，婆说婆有理"的情景下才具有调解存在的正当性空间——双方在司法主持下合意抑或妥协实现利益分配。

现代国家，权利的种类越来越多，绝对的权利则越来越少。不加限制地对单一权利进行绝对化保护，必然违背民法的基本原则。为防止正当权利的不当滥用，许多大陆法系国家在其立法中采用了"禁止滥用权利"原则。这一原则在不同的国家可能建立在不同的理论基础上，如比利时和法国的过错概念、德国的诚信概念或荷兰的合理及公平性概念。深究之下，这些概念均与比例原则具有一定的关联性：正当权利的行使也需要遵循比例并不得滥用，否则就将从一种值得保护的"善"转化为过度行使的"恶"。

人们普遍认为，无论基于何种理论基础，权利滥用理论都是一种"允许法官为不平衡的情况寻找补救办法的工具和恢复权利扭曲行使的工具"。大陆法系国家所依据的最普遍标准是：一项权利的行使可能带有恶意伤害他人的意图，这种行使可能是不成比例的，包括不顾第三方利益或者在没有合法利益的情形下行使权利，以及行使权利与授予权利的目的或功能相矛盾。在德国，滥用理论被认为是善意的一般原则（treu und glauben）的具体应用，该原则起源于《德国民法典》第 242 条。但这一一般性规定仅为法院提供指导，具体案件中需要法官根据不同的情况进行解释，以确定行使一项权利是否违反诚实信用原则。尽管如此，人们承认：如果一项权利的行使违背其目标，或以不相称的方式损害他人，则根据善意的限制或纠正功能，该权利的行使可减少到正常比例。❶

（二）知识产权法以及专利法领域比例原则适用的法理基础

《与贸易有关的知识产权协定》（TRIPS）的序言部分指出"各成员应当承认知识产权是私权"。目前学界对知识产权的私权属性已经形成了共识。然而，与其他私权不同的是，知识产权同时带有明显的公权色彩，主要原因是知识产权的保护客体兼具公共物品和私人产品的双重属性。❷知识产权虽然为私权，但其利用不仅应考虑个人利益，还应考虑社会公共利益和国家利益，这两种利益虽各有侧重，但归宿是同一的。

在知识产权法领域，比例原则的适用尤其体现在通过限制公权力的过度扩张进而控制权利人对知识产品的垄断。知识产权法的适用并非机械、教条地使用法条，将法律适用于复杂鲜活的生活中即面临着对争议事实的认定、对相关法条的解释以及对法律漏洞的补充。知识产权具有地域性和专业性，其大量蕴含特定的政策目的，伴随着贸易考量规范的出现，新问题层出不穷，这就要求在对争议事实进行利益衡量的同时，需要以比例原则作为保证个案处理公平、正义的判断标准。在遵循知识产权法定主义的前提下，当法律适用出现漏洞时，相比生硬地估算双方利益，辅之以比例原则的精神更能平衡各方利益，彰显法律公平之理念。❸

作为承担责任的首要方式，停止侵害较早地规定于我国民事一般立法中并主要适用于人格权及有形财产领域。民法为保护某一特定利益而

---

❶ 诚实信用履行：债务人有义务按照诚实信用的要求，并考虑到习惯做法（performance in good faith：an obligor has a duty to perform according to the requirements of good faith，taking customary practice into consideration）。参见《德国民法典》（German Civil Code）第 242 条，英文版可通过以下网址查阅：https：//www. gesetze-im-internet. de/englisch_bgb/englisch _bgb. html＃p0742。

❷ 冯晓青，刘淑华. 试论知识产权的私权属性及其公权化趋向［J］. 中国法学，2004（1）：63-70.

❸ 毕文轩. 比例原则在知识产权法中的适用［J］. 理论探索，2018（6）：118-123.

设定的一系列相互关联的权利可以被视为一个权利链条，源权是权利链条的始端，而救济权则是这个权利链条的末端，请求权是救济权的制度常态。❶ 停止侵害的性质在学界主要有以下界定学说：绝对权请求权、侵权责任、侵权请求权。绝对权请求权学说主张停止侵害是为了保持或者恢复权利圆满状态所必需的。❷ 绝对权请求权根据权利基础不同，可以分为物权请求权、人格权请求权以及知识产权请求权等。三者之中，物权请求权规定最为完善。物权请求权的基本理论为知识产权请求权的制度构建奠定了基础，但知识产权请求权不同于物权侵害请求权。基于类物权处理，知识产权停止侵害适用传统物权请求权体系的相关规则，并逐步成为最有效的侵权救济途径。

在知识产权领域，停止侵害请求权以知识产权产生为基础，与知识产品的利用相联系，且在构成要件上不以过错为标准。❸ 罗伯特·P. 莫杰思（Robert P. Merges）教授据此得出结论，认为物权规则在很多场合能有效地适用于包括知识产权在内的许多制度，对永久禁令制度的强烈偏爱，便是物权规则（property rules）体现在知识产权法中的经典实例。物权停止侵害请求权在知识产权领域衍生出知识产权停止侵害请求权，虽为后者提供了理论依据，但这一明显带有先入为主的认识惯性极易混淆物权与知识产权的权利本体差异，引发停止侵害请求权绝对化适用的风险。❹

财产法的法哲学基础无法为知识产权制度确立提供足够的理论支撑。财产权的劳动理论无法解释专利权、商标权的国家授予性和在先申请原则，更无法解释知识产权权利边界界定的问题。知识产权与物权的性质也存在差异：虽然同为绝对权利，但两者在权利性质上存在区别，物权的个体是有体物，权利边界十分明确，而知识产权的非物质属性使得知

---

❶ 杨明. 知识产权请求权研究：兼以反不正当竞争为考察对象 [M]. 北京：北京大学出版社，2005：12.

❷ 侵权责任说将停止侵害视为侵权责任。侵权请求权则指在侵权损害赔偿法律关系中，作为权利人的被侵权人所享有的请求侵权人承担侵权责任的请求权。参见：鲁甜. 知识产权停止侵害请求权限制研究 [D]. 武汉：中南财经政法大学，2018：12-13.

❸ 吴汉东. 试论知识产权的"物上请求权"与侵权赔偿请求权：兼论《知识产权协议》第45条规定之实质精神 [J]. 法商研究，2001（5）：3-11.

❹ 杨涛. 请求权抑或侵权责任：知识产权法中"停止侵害"性质探析 [J]. 知识产权，2015（4）：95-100.

识产权的边界难以确定。物权的客体具有物质性和唯一性，当物损毁灭失时，物权请求权就随之消灭，知识产权并不具有这一特点。

知识产权停止侵害请求权的限制也源于民法基本原则。在英美法系国家，知识产权禁令否决主要是根据衡平规则，其背后所体现的公平公正的价值理念和我国民法基本原则的立法旨趣相一致。知识产权停止侵害请求权限制的基本类型主要有三种：①损害公共利益的限制；②当事人利益失衡的限制；③善意侵权人支付合理对价的限制。❶ 知识产权存在诸多限制性制度。对于侵权物而言，其本身存有侵犯专利权的成分，也存在非侵权成分。如果机械适用传统物权请求权的理论，在损害赔偿足以弥补专利权人损失的情况下，对市场并无贡献的专利权人仍可能借由停止侵害请求权使行为人的整个产品退出市场，从而排挤侵权物其他专利对社会的贡献，损害社会利益。❷

知识产权法寻求最大限度提高制度所创设的净社会收益，通过奖励创新为大多数人带来更大的利益，但知识产权制度也需要避免为创作者提供高于市场的奖励。制度的合理奖励应恰好可以催生那些通常在无奖励情形下不会产生的创新。经济学假设一个好的政策会在一个合适的点上平衡政策的边界与规模，并在这个点上最大限度地增加创新作品的数量和质量，而社会并不需要为此付出很大的代价，然而事实上这个过程非常复杂。其中一点反映在本文的研究焦点即专利领域侵权禁令适用的合理边界上。

（三）比例原则引入专利侵权救济须重点考量的因素

依据《民法典》第 179 条第 1 款的规定，"停止侵害"是侵犯专利权的民事法律责任承担的主要方式之一。在我国专利制度运行的近 40 年间，停止侵权的当然适用有效地保护了专利权人的利益，遏制了侵犯专利权的不法行为，在促进发明创造和经济社会发展方面发挥了重大作用。然而，随着数字经济时代的到来，当然停止侵权可能造成公共利益的损害以及当事人一方的过度损害，其是否符合当下经济发展以及司法实践是一个具有研究价值的问题。尽管《最高人民法院关于审理侵犯专利权纠纷案件应用法律若干问题的解释（二）》[以下简称《专利案件解释（二）》] 第 26 条对停止侵权作出了限制，但该条文的表述过于简洁，司

---

❶ 鲁甜. 知识产权停止侵害请求权限制研究［D］. 武汉：中南财经政法大学，2018：27.

❷ 鲁甜. 知识产权停止侵害请求权限制研究［D］. 武汉：中南财经政法大学，2018：30.

法适用上可能造成困惑。在决定是否适用停止侵权时应综合考量国家利益、公共利益以及当事人利益。

国家利益是首要考量因素。在专利领域，国家利益主要指国家安全和国家战略利益，而国家安全的内涵是"国家基本安全利益"，主要涉及"国防或军事利益、维持法律或公共秩序的利益"。❶ 例如 5G、高铁、航空航天是我国重要的国家战略发展领域，相关的专利技术就可能涉及战略利益。在以往的司法实践中，相较于公共利益而言，国家利益在限制责令停止侵权方面的适用很少，主要原因为绝大多数专利侵权纠纷很难触及国家利益。然而，近年来形势发生了很大变化，尤其是标准必要专利与国家利益的关联度与日俱增，在诸多跨国标准必要专利侵权纠纷案件、标准必要专利反垄断诉讼案件及行政执法案件中，国家利益成为各国司法和行政部门不可回避的因素。在美国联邦贸易委员会诉高通标准必要专利垄断案中，在高通一审败诉的情况下，美国司法部曾公开支持高通，认为打压高通会直接影响到美国在 5G 通信时代的行业领导地位；美国司法部、国防部和能源部曾经发表过联合声明，认为一审判决会危及美国 5G 产业发展、国防安全等；高通最终在二审中获胜。❷ 可以预见的是，未来涉外、涉国家利益的专利侵权纠纷案件会不断增加，运用比例原则分析是否适用停止侵权时，国家利益应放在利益平衡机制的第一位。

要基于公共利益提升专利权社会价值。公共利益与价值取向是相互连接的，在具体的法律实践过程中，法官在公共利益认定的问题上具有较大的自由裁量权，这也一定程度上导致了公共利益在知识产权案件中认定标准不一甚至被滥用的风险。具体到专利停止侵权案件中，公共利益的认定应与涉案企业、产品、专利的性质紧密相关。需要明确的是，并非具有公共属性的企事业单位提供的专利或专利产品都服务于公共利益。结合 TRIPS 以及中国专利法，"公共利益"的内涵所涉及的基本上是宏观方面的利益，当专利权人滥用专利权时，法院可以给予一定程度上的限制，主要为了社会公众能够更好地享有专利权的普惠，提升社会福利，进而提升专利权的价值。专利权的限制是基于对社会进步和经济发展的政策判断。如果禁令对社会进步和经济发展以及公众基本权利造成

---

❶ 张乃根. 国际经贸条约的安全例外条款及其解释问题［J］. 法治研究，2021（1）：132.

❷ 仲春，陈梦豪. 美国 FTC 诉高通标准必要专利垄断案二审研究［J］. 人民司法，2021（13）：45.

严重阻碍和影响，法院应限制停止侵权的适用。

同时要在双方当事人间追求利益平衡。我国专利立法和司法解释中并没有对当事人间的利益平衡作出明确规定，但最高人民法院在相关的指导意见中已经表达了类似的观点。❶ 同时，尽管《专利案件解释（二）》第 26 条没有提及比例原则，但在第 24 条第 2 款规定了在标准必要专利案件中法院可以驳回专利权人终止本标准执行行为的请求，理由是被指控侵权人在谈判中没有明显不当行为；第 25 条规定无过错的被诉侵权产品的使用者可在支付合理报酬后继续使用侵权产品。上述两条显然突破了停止侵权当然论，且考量的因素并非国家利益或者公共利益，具有基于当事人利益平衡的比例原则色彩。此外，在一些知识产权案件中，法院认为当事人之间的利益平衡也是重要的考量因素。❷ 我国已经在知识产权行为保全中将双方利益平衡作为考量因素，行为保全和停止侵害都是权利人要求侵害者不作为的非财产救济权，只不过区别在于前者是一种临时救济措施，后者是法院作出判决时要求被告承担的法律责任。❸ 无论是为了加强法律制度内部的协调性，还是基于对停止侵权可能造成当事人一方过度损害的防范，都应当将双方当事人之间的利益平衡纳入停止侵权的裁判考量。

二、比例原则在专利法立法与司法中的应用

（一）比例原则对专利停止侵害请求权绝对化的限制

具体到专利权，其并非一种绝对权，其受到侵害时权利人享有停止侵害的请求权，而是否颁发停止侵害的禁令则是法院自由裁量的结果。❹

---

❶ 《最高人民法院关于当前经济形势下知识产权审判服务大局若干问题的意见》指出："权利人长期放任侵权、怠于维权，在其请求停止侵害时，倘若责令停止有关行为会在当事人之间造成较大的利益不平衡，可以审慎地考虑不再责令停止行为，但不影响依法给予合理的赔偿。"

❷ 例如"马克力普酒业案"中，法院认为销毁诉讼必须与被告的侵权行为严重程度相当，判令销毁不得造成双方更大的不必要的损失。参见上海知识产权法院（2016）沪 73 民终 245 号民事判决书。

❸ 喻玲，汤鑫. 知识产权侵权不停止的司法适用模式：基于 138 份裁判文书的文本分析 [J]. 知识产权，2020（1）：21.

❹ 陈武. 权利不确定性与知识产权停止侵害请求权之限制 [J]. 中外法学，2011（2）：357-368.

在专利侵权救济中，国外可以使用的禁令包括临时禁令和永久禁令，分别与我国的诉前、诉中停止侵犯专利权行为的措施和诉终停止侵权的措施相对应。❶ 一般情形下，司法实践以支持停止侵权请求权为原则，以基于比例原则的考量限制专利权人的停止侵权请求权为例外。❷ 但这种基于知识产权的"类物化"处理，以民法通则与侵权责任法中的相关规定作为知识产权民事救济的基本依据，忽视了知识产权的特性，导致了停止侵害责任的滥用，利益失衡情形时有发生。❸ 产生于财产规则的"停止侵害当然论"不能实现帕累托最优。如前文所述，综合考量国家利益、公共利益、当事人利益等诸多因素，个案中有必要对专利停止侵害请求权进行适当规制。

在武汉科兰金利建材有限公司（以下简称"科兰公司"）、韩某姬诉武汉浩坤建设工程有限公司（以下简称"浩坤公司"）、武汉水资源发展投资有限公司（以下简称"水投公司"）侵害发明专利权纠纷案中，被告浩坤公司与水投公司在天兴洲堤防加固工程项目中未经权利人许可生产、使用专利产品；原告通过合法途径获取证据事实，并要求被告立即停止侵权行为，消除侵权影响，赔偿权利人损失。法院合议庭经过数次现场勘验并当庭比对，认定两被告在其承建的部分天兴洲堤防加固工程中，在未获涉案专利相关权利人许可的情形下，直接实施了铺设涉案专利产品（植生块）的行为，系侵权行为。但是，关于被告浩坤公司、被告水投公司各自应如何承担法律责任的问题，法院并未支持原告立即停止侵权行为的诉讼请求，原因是审理时该涉案项目施工作业已经完成。使用侵权产品的天兴洲堤防加固工程直接关系到当地防洪安全及公共利益，如判令被告水投公司停止继续使用涉案专利产品，将势必造成社会资源的浪费，且不利于防洪安全及公共利益。但两被告并不因此免除承担赔偿损失或支付与上述经济损失相当的合理费用的民事责任。❹

当然，上述个案有其特殊性。当前我国专利司法实践中主要呈现的仍是"侵权立即判决停止侵害"为常态，"侵害不停止"为例外的情况。

---

❶ 罗东川，宋建宝，易健雄. 专利法重点问题专题研究［M］. 北京：法律出版社，2015：84.

❷ 喻玲，汤鑫. 知识产权侵权不停止的司法适用模式：基于 138 份裁判文书的文本分析［J］. 知识产权，2020（1）：17-24.

❸ 鲁甜. 知识产权停止侵害请求权限制研究［D］. 武汉：中南财经政法大学，2018：11.

❹ 湖北省武汉市中级人民法院（2016）鄂 01 民初 319 号民事判决书。

"停止侵害当然论"在保护权利人、鼓励发明创造的方面发挥了相当重要的作用。但随着知识产权运营体系的进一步细化及市场竞争的日趋激烈，"停止侵权当然论"成为有害竞争，损害公共利益的幕后推手之一。❶ 这是因为，知识产权在今天会被企业视为获取自身市场竞争优势以及打击竞争对手的重要手段之一。当今企业通常会将专利布局分为保护性和竞争性两种类型。前者是为了保护核心技术或产品，后者则为打击竞争对手。有效的专利布局可以为企业创造实际营收效益，例如技术标准、产业标准、企业产品技术标准等技术授权模式，为企业带来实质效益，或从专利诉讼角度来看，可让企业更有效地排除竞争而巩固市场。这些做法从企业的角度来看虽无问题，但从整个社会的角度审视，则可能形成专利丛林并有碍创新。一旦围绕某产品的知识产权形成了专利丛林，企业要想有效地开发该产品，就必须向其他许多拥有牵制性和互补性专利的专利权人取得使用许可，并向其支付高昂的交易成本和专利使用费，否则将不可避免地侵害相关专利，面临侵权诉讼的窘境。要想把被专利丛林"肢解"的权利重新整合为可统一使用的权利往往是一个极其缓慢、艰难的过程。❷

今天，新产品往往包含多种技术，而当一项相关的个人专利很可能只涵盖无数技术中的一种时，通过自愿交易实现专利权的清除就会成为问题。识别一种新的复杂产品可能侵犯的所有专利是一项特别困难和代价高昂的任务，在很多情形下，从社会福利角度来看，这种成本不可负担。❸ 在专利诉讼的框架内，研究文献中有一种日益增长的趋势，认为应针对禁令救济进行平衡。❹

---

❶ 鲁甜. 知识产权停止侵害请求权限制研究［D］. 武汉：中南财经政法大学，2018：30.

❷ 陈潭，黄金. 专利丛林困境及其治理路径［J］. 广州大学学报（社会科学版），2012（1）：50-56.

❸ 鲁甜. 知识产权停止侵害请求权限制研究［D］. 武汉：中南财经政法大学，2018：29-33.

❹ 2019 年 4 月，慕尼黑大学（LMU）主办了一次关于"专利法中的禁令和灵活性"的会议. 张校铨. 德国专利法拟明确判令停止侵权时适用"比例原则"［EB/OL］.［2023-10-08］. http：//ipforefront.com/article_show.asp? id＝883&BigClass＝专利. 另外，一些学者还认为，在给予强制救济时滥用更大的相称性将是危险的，并可能严重扰乱整个专利制度的平衡（A contrario，some authors also argue that to infuse more proportionality in the grant of injunctive relief would be hazardous and could severely disturb the balance of the patent system as a whole. ）. 参见：TOCHTERMANN L. Injunctions in European patent law［EB/OL］. (2019-05-14)［2022-12-19］. https：//www.4ipcouncil.com/ research/injunctions-european-patent-law.

（二）《德国专利法》对《欧盟有关知识产权的执行指令》的符合性修订

《德国专利法》修正案草案于 2021 年 6 月 10 日由德国联邦议院通过，并于 2021 年 6 月 25 日通过了联邦参议院的审议。修正后的《德国专利法》在由德国联邦总统弗兰克·瓦尔特·施泰因迈尔签署后已于 2021 年 8 月 17 日在德国《联邦法律公报》上颁布并生效，直接适用于已经提起的专利诉讼案件，但其中的部分规定需要一段过渡期生效。这一修订是为了使《德国专利法》与《欧盟有关知识产权的执行指令》（Directive 2004/48/EC）❶ 第 3 条第 2 款的规定一致：该条款具体规定"这些（保护知识产权的）措施、程序和补救措施应有效、相称和具有劝阻性，并应在适用时避免对合法贸易造成障碍和损害，防止保障措施的滥用"，明确规定了比例原则适用于知识产权诉讼请求的行使。此外，《欧盟有关知识产权的执行指令》还在前言部分阐释："在适当情况下对损害侵权人的利益应采取纠正措施，这些纠正措施应考虑到第三方的利益，特别是包括消费者和善意形式的私人方。""如果侵权行为是无意或无过失的，并且本指令规定的纠正措施或禁令不成比例，那么会员国应可选择在适当的情况下规定向受害者提供金钱补偿作为可能的替代措施。"❷

在过去，德国颁布禁令的要求源于实体法而非程序法。修正前的《德国专利法》第 139 条规定"任何违反第 9 条至第 13 条使用授权发明的人，会被权利人在多次遭受侵权风险的情况下要求采用禁令，权利人也可以在第一次遭受违法威胁的情况下采用所述禁令请求"，即单次侵权即可请求禁令。如果满足《德国专利法》第 139 条的先决条件，法官在程序上没有回旋余地放弃授予禁令。历史上所有侵犯专利的行为，无论是直接侵权还是帮助侵权，都可以触发禁令救济。当然，《德国专利法》中也存在"公共利益"这种一般概念，并会随着时间的变化而变化。和公共利益相关的因素包括：专利持有人不能满足国内需求；为了促进出口和改善贸易平衡；为了改善货币状况；禁令可能导致被许可方资不抵债，

---

❶ 该指令于 2004 年通过，目的是通过加强对知识产权的保护来促进国内市场的成功。

❷ Official Journal of the European Union. Directive 2004/48/EC of the European Parliament and of the Council of 29 April 2004 on the enforcement of intellectual property rights［EB/OL］.（2004-04-30）［2022-12-18］. https：//eur-lex. europa. eu/legal-content/EN/TXT/PDF/? uri＝CELEX：32004L0048.

增加失业；为了提高公共场所的安全性，促进公共卫生；为了增加特定药品的持续供应，特别是与同类产品相比具有显著优势的产品；追求经济利益而妨碍公共利益，以及强制许可的授予。❶ 在《德国专利法》中，传统上对禁令的主张不受一般的相称性要求或对当事人利益平衡的制约。《德国专利法》禁令中不存在一般的、有效的比例性门槛。这一特点使得德国成为对于专利权人相当有吸引力的管辖地。即使到今天，法院仍然过于关注产品的单个特性是否侵犯了一项专利，而对整个产品和案件的相关情况关注太少。复杂产品部分专利的所有者可以利用他们的能力来阻止整个产品的生产和销售，导致过度补偿——这是不合理的，因为专利制度的根本目标是适当地奖励并因此激励创新。而在欧洲的其他地区例如英国，法院认为，根据衡平法的传统，他们有权在发生不当行为时不下达禁令。

《德国专利法》2010 年修正案明确了根据比例原则对专利侵权案件中禁令适用的限制，即明确了禁令救济的例外。在特殊案情下，如违反比例性原则，则获得专利侵权禁令救济的权利可能会受到限制。该修正案在第 139 条中增加："如果基于案件的特殊情况，行使停止侵权请求权会导致侵权人或第三人遭受不合理的困难，且这种困难与专利权人享有的专有权不符合比例的要求，则可以排除这种请求权。在此情况下，被侵权人可以要求适当的金钱补偿。这不影响第 2 款规定的有关侵权损害的赔偿权利。"❷ 相关修改的措辞受到 2016 年热交换器案判决❸的影响。该案中，原告是一家专利运营公司，拥有一项敞篷车座椅加热系统专利，被告一生产汽车座椅加热系统，被告二为被告一的母公司，被告三生产的特定型号汽车中使用了被告一的产品作为附加装置。原告向曼海姆州法院提起诉讼，要求被告作出损害赔偿和停止侵权，该州法院则认定不

---

❶ PICHT P. German Law on Patent Injunctions：Legal Framework And Recent Developments［EB/OL］.（2020-01-28）［2022-12-18］. https：//scholarship. kentlaw. iit. edu/cgi/viewcontent. cgi? article＝1265&context＝ckjip.

❷ Bundesministerium der Justiz. Diskussionsentwurf des Bundesministeriums Justiz und für Verbraucherschutz，Entwurf eines Zweiten Gesetzes zur Vereinfachung und Modernisierung des Patentrechts［EB/OL］.（2020-10-28）［2022-12-18］. https：//www. bmj. de/SharedDocs/Gesetzgebungsverfahren/Dokumente/RegE_PatMog2. pdf；jsessionid＝70DAE0136C494B41875E7FF 3FF5B2B91. 1_cid334? _blob＝publicationFile&v＝2.

❸ Case：X ZR 114/13（2016-05-10）.

存在专利侵权。原告上诉，卡尔斯鲁尔州高等法院亦认定不存在侵权。原告向德国联邦最高法院提出上诉，被告则以不存在侵权为由申请驳回上诉并附带请求法院在认定存在侵权时宽限一段时间以让其完成已经签订的订单。德国联邦最高法院明确了专利被侵权人基于《德国专利法》第139条第1款享有的停止侵害请求权会受到诚实信用原则的限制，然而为这一限制确定了相当严格的前提条件，即考虑到侵权人的特殊利益，立即强制执行停止侵权的请求对侵权人来说仍然过于严厉，而且不成比例。最终，法院以加热系统并不影响座椅和汽车的基本功能、被告可以以合理条件获得专利许可、部分型号汽车延迟交货不属于严重经济后果、被告对一审和二审的不侵权判决没有信赖利益为由，支持原告请求责令被告立即停止侵权行为。在该判决中，尽管原告的禁令救济请求最终没有受到限制，但是德国联邦最高法院明确：在个别特殊情形下可以考虑限制颁发禁令。

长期以来，德国法院在专利侵权案件中常常签发禁令，甚至将其作为一种自动救济措施。虽然少数法院在个别案件中会衡平考虑各方利益来决定是否限制禁令的颁发，但这种纠正措施很少被应用。德国法院在过去只是保守地考虑了比例性因素，德国汽车工业与包括德国电信在内的网络运营商则一直在游说变革。实施方的公司主要担心非专利实施主体（NPE）的诉讼。特别令人担忧的是，如果法院因侵犯单个产品细节而下令发布禁令，则对网联汽车或移动网络等复杂产品的生产产生严重后果。

此次修正案第139条第1款明确了专利权人的停止侵害请求权受到比例原则的限制。德国各界基本上都认为专利法中的停止侵权请求权可以根据现行法进行比例性审查。

德国立法理由中明确侵权人负有提出和证明停止侵害救济不合比例的责任，尽到这些责任才能促使法院发动比例原则审查，还特别提示了法院进行比例原则审查时需要考虑的几个要点：①被侵权人通过停止侵权救济所追求的利益，具体而言，被侵权人是否生产侵权产品的同类产品并因此与侵权人处于竞争关系中，是否采用许可他人实施专利或者实用新型的商业模式等；②停止侵权救济的经济后果；③侵权产品的复杂程度；④侵权人和被侵权人的主观态度。包括侵权人是否以及何种程度上有过错，如是否进行了自由实施（freedom to operate）调查，以及被侵权人是否特意等待侵权人作出大量研发和生产投入后才要求其停止侵害等；⑤第三人的利益，即停止侵权救济对第三人基本权利的影响。根据比例原则审查的结果，法院可以对停止侵害请求权作出不同程度的限制，较轻的如设立宽限期，较重的如长期不给予停止侵权救济。无论作出何种限制，被侵权人都可获得补偿请求权，补偿金额由法院根据比例原则权衡个案情形来确定，原则上不得少于应支付的专利许可费。对侵权进行规范的刑事处罚的《德国专利法》第 142 条和《德国实用新型法》第 25 条也进行了相应的修改，因违反比例原则而排除停止侵害请求权成为侵权人的个人刑罚排除事由。

德国立法者称，新法旨在澄清对停止侵害请求权已有的限制，而非创设新的限制。即使修正前的《德国专利法》和《德国实用新型法》未对停止侵害请求权规定比例原则的例外，这种限制也存在，且为热交换器案判决所证实，新法只是对此进行明确，目的是便利法官工作。然而学者和律师对此提出了强烈反对，认为此次修法对停止侵害救济作出了远超热交换器案判决的限制，如基于第三人利益限制停止侵害请求权，今后的司法实践中给予停止侵害救济可能就从原则变成了例外，而动摇停止侵害请求权的刚性就是动摇作为独占权的专利以及专利制度激励创新的功能。❶

（三）美国判例法中对专利禁令的限制

美国在其 1819 年专利法中确立了联邦法院可以对专利侵权判决实施禁令救济。根据《美国专利法》第 283 条，有管辖权的法院可以根据衡平原则，在认为合理的条件下达禁令。衡平原则是判定发布永久禁令的关键。❷

美国专利制度的改革不仅仅表现在美国专利法的修改上，更多的变化体现在案例中。2006 年的"eBay 案"中，美国联邦巡回上诉法院的意见被美国联邦最高法院推翻。该案中，美国联邦最高法院进一步强调，专利侵权成立与否不直接导致永久性禁令的发布，需要依据四要素的衡平原则来判断，包括：①原告已遭受不可挽回的损害；②法律上的救济方式无法适当补偿此损害；③比较原告、被告双方的利益得失，此项衡

---

❶ 于宁. 德国专利法修正案：简化和现代化专利法第二部法案草案的介绍和讨论［EB/OL］.（2020-11-13）［2023-10-08］. https：//www. worldip. cn/index. php？m＝content&c＝index&a＝show&catid＝64&id＝1529.

❷ 国家知识产权战略网. 专利停止侵害请求权的限制及其司法适用［EB/OL］.（2017-08-11）［2022-12-17］. http：//www. nipso. cn/onews. asp？id＝37405.

平法的救济方式有正当理由；④公共利益不会因禁令的发布而遭受损害。在不满足上述四要素的情况下，法院可不予发布禁令。因此，美国联邦最高法院驳回了原告的禁令请求。美国联邦最高法院认为：即使禁令给予专利权人在许可方面额外的杠杆力，那也应该是排他权的自然结果，而不应该是对不打算在市场上与潜在侵权人竞争的不适当奖励。❶ 知识产权不应授予杠杆性权利。美国联邦巡回上诉法院的观点与美国联邦最高法院采用的观点之间的关键区别是：前者暗示由适当合法授予的产权产生的任何杠杆都是合法的，而后者认为情况并不总是如此。美国联邦最高法院的立场是：其有权审视特定案件中知识产权产生的杠杆是否超越合理范围。

该判决意味着，在实际的市场交易中，要权衡产权所有者的贡献与权利提供的经济杠杆。当这种关系失去平衡时，例如当"小权利"提供"非常大的杠杆"时，法院就会介入，重新设定平衡。❷ 从近年来美国联邦法院的裁判来看，法院在搜索和移除成本较高的情形下，已经逐渐放弃了一般性地给予停止侵害救济。❸

值得注意的是，因禁令救济不符合公共利益而拒绝授予禁令时，表面上看是法院对专利权人利益与公共利益的权衡，但是实际上是在两种不同的公共利益之间的权衡：一种是通过保护专利权给社会带来的长远的、直接的公共利益；另一种是与专利权人利益相对的即时的、间接的社会公共利益。专利法制度的宗旨本质上就是为了保护专利权人最终实

---

❶ *eBay，Inc. v. MercExchange，L. L. C.*，126 S. Ct. 1837 (2006)。eBay 的主要产品为网上拍卖、电子商务、购物商场。MercExchange 公司拥有数件专利，其中包括"eBay案"涉及的"在线拍卖"商业方法专利。2001 年，MercExchange 起诉；2003 年，地区法院认定 eBay 构成侵权，判决 3500 万美元的损害赔偿，并拒绝发布永久禁令。美国联邦巡回上诉法院审理该案，一方面维持了地方法院对损害赔偿的判决，另一方面推翻了地方法院拒绝发布永久禁令的判决，签发了永久禁令。eBay 不服美国联邦巡回上诉法院签发永久禁令的判决，向美国联邦最高法院提起诉状，并指出美国联邦巡回上诉法院一旦认定侵权即签发禁令的做法是错误的。美国联邦最高法院于 2006 年 5 月作出了最终判决，推翻了美国联邦巡回上诉法院的二审判决，将案件发回地区法院重审，要求地区法院依据传统衡平法原则中禁令的"四要件检验标准"，而不是所谓的"一般规则"来决定申请人是否能够获得永久禁令救济。具体参见：郭羽佼，闫文军. eBay 案与美国专利救济制度的变化 [J]. 中国高新技术企业，2012 (3)：19-21.

❷ MERGES R P. Justifying Intellectual Property [M]. Cambridge：Harvard University Press，2011：167.

❸ 鲁甜. 知识产权停止侵害请求权限制研究 [D]. 武汉：中南财经政法大学，2018：61.

现整体的社会公共利益，因此当即时的公共利益涉及公众的生命、健康时，会比长远的社会公共利益更重要，法院可以基于此而拒绝授予禁令。❶ 美国法院永久禁令的颁发对当事人之间的利益予以衡量，选择损害最小的方式进行侵权救济，防止永久禁令救济不符合比例原则，有助于间接增加社会公共利益，这种考量方式值得我国予以借鉴。

三、我国专利法中比例原则的适用及完善

（一）我国专利立法与司法中对比例原则的吸纳

囿于知识产权的类物化处理，在我国早期司法实践中，只要存在侵权行为，法院就会判决停止侵害。刘春田教授曾经从解析"《武松打虎》案"入手，认为停止侵害责任绝对化不利于权利的协调。❷ 伴随着专利案件审判量的增加以及经验的积累，我国当前无论是专利法本身还是配套的司法解释中都有比例原则的身影。相较于专利法的其他方面，比例原则在专利侵权救济中具有更广阔的适用空间和更高的适用价值。

我国专利领域的司法解释吸纳了比例原则，2018 年公布的《最高人民法院关于审查知识产权纠纷行为保全案件适用法律若干问题的规定》中，当事人之间的利益平衡被明确列为人民法院审查行为保全申请时的考量因素。❸ 2020 年修正的《专利案件解释（二）》第 26 条明确规定了："被告构成对专利权的侵犯，权利人请求判令其停止侵权行为的，人民法院应予支持，但基于国家利益、公共利益的考量，人民法院可以不判令被告停止被诉行为，而判令其支付相应的合理费用。"上述司法解释均体现了司法机关对比例原则精神的适用，是对侵权当然停止论的突破。

但遵循侵权一旦认定必须停止的简单理念，我国司法实践中停止侵

---

❶ 和育东. 专利法上的停止侵权救济探析 [J]. 知识产权，2008（6）：72-77.

❷ 刘春田. "在先权利"与工业产权：《武松打虎》案引起的法律思考 [J]. 中华商标，1997（4）：11-13.

❸ 《最高人民法院关于审查知识产权纠纷行为保全案件适用法律若干问题的规定》第 7 条："人民法院审查行为保全申请，应当综合考量下列因素：（一）申请人的请求是否具有事实基础和法律依据，包括请求保护的知识产权效力是否稳定；（二）不采取行为保全措施是否会使申请人的合法权益受到难以弥补的损害或者造成案件裁决难以执行等损害；（三）不采取行为保全措施对申请人造成的损害是否超过采取行为保全措施对被申请人造成的损害；（四）采取行为保全措施是否损害社会公共利益；（五）其他应当考量的因素。"

权使用率仍然较高。最高人民法院在 2009 年的知识产权司法保护报告中称"在认定侵权成立的情况下,一般都会判令侵权人立即停止侵害"。❶ 2013～2018 年,全国法院分别受理知识产权诉前停止侵权和诉中停止侵权案件 157 件和 75 件,裁定支持率分别为 98.5％和 64.8％。❷ 出现此种情形的主要原因如下。第一,惯性思维的影响。侵权行为无一例外地会对被侵权人的利益造成重大损害,只要认定构成侵权,法院必须判决被诉人停止侵权。第二,在大陆法系国家的知识产权救济中,停止侵害并不是损害赔偿的替代性措施,两者属于平行的请求权类型,适用时并不存在先后顺序,法官支持停止侵害请求权主张时面临的障碍更少,因此法官在认定构成侵权后的理性选择就是判令侵权人立即停止侵害。

本文在研究过程中,通过中国裁判文书网输入"专利""停止侵权"关键词检索,搜索到最高人民法院二审的 2019～2021 年的案例 513 件。排除检索结果中的重复案件和不构成侵权的案件,剩余有效案件数量为 140 件,在法院认定其构成侵权的情况下,判令不停止侵权的案件数为 20 件,如表 1 所示。

表 1　司法实践判令侵权不停止的情况

情况	案件数量/件	比例
判令停止侵权	120	85.7％
判令不停止侵权	20	14.3％
总数	140	100％

如表 1 所示,在 140 份裁判文书中判令无须停止侵权行为的比例为 14.3％。上述 20 份判令不停止侵权的裁判文书中,其中 11 件对专利权人判令停止侵权的请求不予支持的原因是基于公共利益的考量;5 件不判令停止侵权是由于专利使用人是善意使用人;3 件因涉案专利处于临时保护期而不判令停止侵害;1 件因当事人和解而判令不停止侵害。通过对上述裁判文书的梳理,在专利侵权案件中适用侵权不停止主要考虑:①是否

❶ 最高人民法院. 中国法院知识产权司法保护状况(2009 年)[EB/OL]. (2010-04-21) [2022-12-18]. https://www.chinacourt.org/article/detail/2010/04/id/405054.shtml.

❷ 最高人民法院.《最高人民法院关于审查知识产权纠纷行为保全案件适用法律若干问题的规定》新闻发布会[EB/OL]. (2018-12-13)[2022-12-18]. http://www.chinacourt.org/article/subjectdetail/id/MzAwNMiyNIABAA.shtml.

是善意使用人；②停止侵权行为是否会比不停止侵权行为对国家利益、公共利益的不利影响更大。对于善意使用人善意的认定，通常是司法实践中被诉侵权行为人的合法来源抗辩事由，并非司法裁判颁发禁令适用比例原则的考虑因素。

在吉林市昌邑区吉康绿谷种植专业合作社与吉林市东北生态农业发展有限责任公司侵害发明专利权纠纷案❶中，最高人民法院认为："若判令停止使用被诉侵权大棚，可能造成大棚甚至农业用地等生产资料的浪费，影响众多土地承包者的正常生产生活，对当地经济和民生产生不良影响，造成社会资源的巨大浪费和公共利益受损。"个别案件中法院直接在判决书中提及了比例原则。在蓝翔诉鑫通案中，最高人民法院认为："采取证据保全措施应注意比例原则，在符合证据保全目的的情况下，应当选择对证据持有人利益影响最小的保全措施，充分考虑证据保全措施对当事人或利害关系人的影响，必要时可要求申请人提供担保。"❷ 在珍视明诉源盛药业案中，法院认为一种侵权产品同时侵犯多项知识产权时，可以根据知识产权的权利类型对产品整体价值的贡献度，通过比例原则分别确定侵权的赔偿数额。❸

在部分个案中，虽然法院并未支持原告的停止侵权请求权，但判决的论证思路亦体现了比例原则。深圳市中级人民法院在晶艺玻璃与深圳机场实用新型专利权纠纷案中认为：被告深圳机场被要求停止使用幕墙连接装置，而拆除正在使用的装置显然会对机场运营造成严重影响，对我国航空业发展造成负面效应，损害社会公共利益。❹ 在该案中，被告深圳机场的行为无疑是一种侵权行为，但机场本身、机场乘客、航空公司等在侵权行为发生后的很长一段时间内都从中受益，单纯责令停止侵权显然会损害公众利益，而且这种处理方式也不会给申请人带来任何好处。福建省高级人民法院在"武汉晶源案"中认为脱硫设施有利于建设环境友好型社会，具有良好社会效益。停止使用烟气脱硫设备将对当地经济和人民生活产生负面影响。为了平衡权利持有人的利益和社会的公众利益，申请人要求终止侵权行为的要求是不获支持的。该判决在二审中亦

---

❶ 最高人民法院（2019）最高法知民终 724 号民事判决书。
❷ 最高人民法院（2020）最高法知民终 624 号民事判决书。
❸ 福建省高级人民法院（2015）闽民终字第 562 号民事判决书。
❹ 广东省高级人民法院（2005）粤高法民三终字第 129 号民事判决书。

获得最高人民法院的支持。❶

（二）我国专利侵权禁令救济中比例原则的完善

虽然当前我国司法案例中并未对专利侵权绝对化地赋予禁令，但受传统侵权绝对停止论的影响，禁令的颁发仍然为绝大多数情形，专利法中也并未就比例原则在专利停止侵权禁令颁发的限制性使用方面作出清晰规定。知识产权类物化处理下，停止侵害责任绝对化产生了诸多不公正判决，引发了学者对知识产权停止侵害请求权限制的讨论，知识产权停止侵害请求权限制制度构建迫在眉睫。如果说知识产权取得、限制等制度规则体现了分配正义，那么停止侵害请求权的适用与限制更多地体现了矫正正义。矫正正义要求利益回到最初的状态，要求判决结果能够实现多方利益需求。在这一理论背景下，"停止侵害当然论"显然是站不住脚的，因为它忽视了社会公众和使用者的利益。❷

专利侵权禁令颁发的绝对化不符合制度设计时的社会福利最大化目标。在法律经济学看来，对权利的救济实质上是对资源的配置。为了实现资源配置效率的最大化，美国制度经济学家科斯在分析了诸多案件后，提出了后来成为法律经济学界基石的交易成本理论。交易成本理论体现了制度在经济分析中的重要性，它告诉我们政策或制度的产生源于交易成本的降低，能够协调组织行为走向公正、秩序和安全。司法其实是一种公权，民事诉讼的审理和判决是通过公权运作实现对私权的保障，因此司法的运作需要借鉴和吸收公法运作中的基本原则，才能够使权力的运行以及权利的保护达到一个平衡。

具体到专利侵权禁令，制度的设计不应激励社会群体不劳而获。对此，罗伯特·P. 莫杰思认为，假设 A 在 T0 时间获得了一个知识产权，在收购时，该权利所涵盖的资产具有一定的"基线"价值，但没有特殊价值；到了 T1 这个时间点，资产变得更有价值——这是产权更加清晰，市场力量变化，A 之外其他人的努力或者其他不能归因于 A 的努力、技能甚至远见的一系列事件的结果；如果 A 能够获得进一步的回报，有人会说这是一笔意外之财。❸ 尽管从个体行为看，投机是有效且无可指责

---

❶ 福建省高级人民法院（2001）闽知初字第 4 号民事判决书。

❷ 鲁甜. 知识产权停止侵害请求权限制研究［D］. 武汉：中南财经政法大学，2018：68.

❸ MERGES R P. Justifying Intellectual Property［M］. Cambridge：Harvard University Press，2011：167.

的，但当投机依赖于直接的政府行为——立法、司法和执法时，就会遭受谴责。经济学家经常把超额投资回报称为"租金"。租金可能是中性的，但也可能负面的。政府行为产生高额租金的前景可能导致低效行为，因为企业家会以这样或那样的形式投资于政府系统的运作。在经济学文献中，这通常被称为"寻租"——一个带有明显负面含义的术语。

考虑到不断发展的数字化和产品日益增长的技术复杂性，毫无例外地停止侵权救济可能在某些个案中导致难以接受的后果，如一个小零件的专利权人可以叫停一整部手机、一辆汽车的生产、销售。❶ 知识产权的不确定性要求借鉴责任规则。与人们通常认为的"知识产权边界是清晰的"不同，知识产权法上没有哪项权利的边界是清晰的，因而某人确定自己是否侵害了某项知识产权是困难的，甚至在许多案件中也具有不可能性。近十年来，立法和技术的发展使得知识财产的潜在使用者在决定其使用行为是否构成侵权以及到底侵犯了谁的权利等问题上更为困难，同时因为涉案专利和非涉案专利常常出现在一套装置中，移除涉案专利的成本越来越高。

随着第四次工业革命汹涌而来，一系列颠覆性技术如物联网 IoT、云计算、大数据、5G 通信和人工智能等正在为新的数据驱动的新经济开辟道路。❷ 第四次工业革命中各类科技的融合，尤其是网络化、电子化过程中电子、信息、计算机科技等对其他科技领域的渗透，导致作为整体的科技不再是线性发展而是指数式发展，而科技的极速进步反过来促进了这种交融和复合。❸ 要促进这种正向循环，必须为工业产权的有效、均衡保护注入新的内涵。在有效保护方面，应追求时间上的高效和覆盖上的全面。一方面，指数式发展的科技需要匹配跟得上这一发展速度的专利保护，姗姗来迟的判决和执行不构成合格的保护；另一方面，以人工智能为代表的交融和复合的科技需要多种类、全过程的保障。在均衡保护方面，科技融合催生高度复杂并将更为复杂的产品和系统，比如信息和通信技术领域一款产品上存在上千项权利也属寻常，此时哪怕一个微小部件的权利人都

---

❶❸ 刘昶. 工业 4.0 时代的第一次工业产权法大修：《德国专利法律之二次简化和现代化法》评述 [J]. 电子知识产权，2021 (10)：36-45.

❷ 单晓光，李文红. 数字时代德国专利法的修订新动态述评 [J]. 知识产权，2021 (6)：80-96.

有可能影响整个产品和系统，于是充分保障每一项权利以回报与激励发明者与促进知识的有效运用、后续创新和竞争之间出现了新的紧张关系，需要新的平衡。从禁止权利滥用延伸出的"不移除原则"（Nonremoval Principle）意味着信息和思想在公共领域绝不能被剥夺或私有化。❶

四、结　语

近年来，物联网等技术取得了显著发展，技术变得更加先进，产品变得越来越多功能和复杂。与过去相比，在消费电子电器、汽车等领域，用于单一产品的专利发明数量有所增加。例如，许多专利发明被用于我们的生活必需品，如智能手机、汽车等。❷ 作为保护知识产权以激励创新的利器，不加限制的知识产权请求权无疑是一把双刃剑，在促进创新的同时，也有可能被权利人用于控制市场、限制竞争和谋求不当利益，从而对创新活动产生阻碍作用。❸

专利权源权与专利权救济权并非同一，决定了停止侵权并非专利侵权司法救济中的必然结果。专利权保护的强弱选择需要、专利权异化导致的停止侵权责任功能的"失灵"、法官适用法律过程中的伦理道德偏好，为法官享有自由裁量权提供了正当性依据。在停止专利侵权责任中审慎行使自由裁量权，不仅关乎专利侵权救济法律制度的权威性和司法的公正性，而且深刻地影响着技术创新和经济发展。中国法官在停止专利侵权责任中适用自由裁量权时，应确立法律精神、伦理道德、专利政策的指向性标准。❹

❶　MERGES R P. Justifying Intellectual Property ［M］. Cambridge：Harvard University Press，2011：7.

❷　BUTCHER S. German Patent Reform Targets "Automatic" Injunctions in Patent Litigation ［EB/OL］. （2020-01-04）［2022-12-18］. https：//www. lexology. com/pro/insideview/ german-patent-reform-targets-automatic-injunctions-in-patent-litigation.

❸　梁志文. 反思知识产权请求权理论：知识产权要挟策略与知识产权请求权的限制 ［J］. 清华法学，2008（4）：124-136.

❹　李晓秋. 论自由裁量权在停止专利侵权责任适用中的法度边界 ［J］. 重庆大学学报（社会科学版），2014（4）：114-120.

标准必要专利纠纷中的善意谈判义务

王　骁[1]

摘　要

对于标准必要专利纠纷中的善意谈判义务，我国现有规定比较简单，需要进一步明确其规范依据、判断标准及法律后果。在规范依据上，建议一方面将合同法作为规制善意谈判义务的法律依据，另一方面由国家知识产权局在政策文件中规定促进善意谈判的实施细则。在判断标准上，为了提高谈判效率、维护谈判双方的利益平衡，有必要设置谈判行为框架，将其作为原则上应当遵守的规范，但同时允许例外情形的存在。谈判行为框架的设置应当遵循行为步骤模式，对每个行为步骤下的争议问题给出指导性意见。在法律后果上，违反善意谈判义务将影响法院对于是否支持权利人永久禁令请求的判断，但不应当在此基础上对违反义务的一方施加额外惩罚。

关键词

标准必要专利　善意谈判义务　谈判行为框架　永久禁令　额外惩罚

---

[1]　作者单位：清华大学法学院。

引　言

在 2015 年的华为诉中兴案中，欧盟法院首次确立了标准必要专利纠纷中的善意谈判义务，❶ 希望以此促进权利人与实施者之间有效率地达成公平合理非歧视许可协议，更好地推动相关技术标准的普及。随后，这一义务受到了美国、日本等国家的认可。现如今，善意谈判义务已经成为各国司法实践在判断是否支持标准必要专利权人禁令请求时的重要考量要素。

在我国，关于善意谈判义务的规定，出现在《最高人民法院关于审理侵犯专利权纠纷案件应用法律若干问题的解释（二）》[以下简称《专利案件解释（二）》] 第 24 条第 2 款中。❷ 但是，这一规定的内容比较简单，存在以下三个问题。其一，善意谈判义务的规范依据并不清楚。虽然我国下级法院以民法上的诚实信用原则作为该义务的规范依据❸，但如果放眼全球，就会发现：各国对于该义务的规范定位并不完全相同，所以有必要从应然层面对此进行分析。其二，善意谈判义务的内涵与判断标准存在分歧。虽然欧盟法院在华为诉中兴案中提出了判断权利人和实施者是否违反善意谈判义务的行为框架，但是域外实践和学界观点随后对于应当如何理解该行为框架的性质和具体内容的设置提出了不同观点，❹ 有必要进一步研究。其三，违反善意谈判义务的法律后果存在疑问。虽然现如今的善意谈判义务主要是作为法院是否支持禁令救济的考

---

❶　C-170/13 *Huawei Technologies v ZTE* [2015] ECLI：EU：C：2015：477，para. 61-71。

❷　《最高人民法院关于审理侵犯专利权纠纷案件应用法律若干问题的解释（二）》第 24 条第 2 款："推荐性国家、行业或者地方标准明示所涉必要专利的信息，专利权人、被诉侵权人协商该专利的实施许可条件时，专利权人故意违反其在标准制定中承诺的公平、合理、无歧视的许可义务，导致无法达成专利实施许可合同，且被诉侵权人在协商中无明显过错的，对于权利人请求停止标准实施行为的主张，人民法院一般不予支持。"

❸　参见北京市高级人民法院《专利侵权判定指南（2017）》第 150 条、广东省高级人民法院《关于审理标准必要专利纠纷案件的工作指引（试行）》第 2 条。

❹　*Unwired Planet v. Huawei* [2020] UKSC 37，para. 146-152；European Commission, Setting out the EU approach to Standard Essential Patents（Brussels，29. 11. 2017）；SEPs Expert Group，Contribution to the Debate on SEPs（E03600，January 2021）；UK Intellectual Property Office，Standard Essential Patents and Innovation：Summary of Responses to the Call for Views（5 August 2022）。

察要素存在的，但有观点认为应当对违反该义务的一方施加更严厉的惩罚，例如调整许可费或者处以罚款，这样可以威慑谈判双方，促进高效谈判。❶ 本文将依次对上述三个问题作出回应，并为完善我国现有实践提供建议。

一、善意谈判义务的规范依据

由于标准必要专利纠纷中的善意谈判义务最初来自域外实践，本部分将首先介绍该义务在域外实践中的规范依据，然后分析我国现有选择存在的问题，并提供改进建议。

（一）域外实践中的规范依据

在域外实践中，善意谈判义务的规范依据可以分为两类：第一类是法律层面的规范依据，具体包括反垄断法、合同法以及民法基本原则；第二类是行政部门的政策文件。现分述如下。

1. 法律层面的规范依据

（1）反垄断法

将反垄断法作为善意谈判义务规范依据的做法，主要出现在德国和欧盟的司法实践中。具体来说，德国法院在"橘皮书标准案"中正式引入了反垄断抗辩，以德国反限制竞争法和《欧盟运行条约》作为法律依据，将滥用市场支配地位作为永久禁令请求的抗辩事由。❷ 虽然"橘皮书标准案"使得滥用市场支配地位成为限制禁令的有效抗辩，但禁令构成滥用市场支配地位的判断标准并不清楚。于是，德国法院在华为诉中兴案中就此问题咨询了欧盟法院。欧盟法院创设了被称为"善意谈判义务"的判断标准：权利人应当在寻求禁令救济前，通知实施者或与其进行磋商（notice or prior consultation），并在侵权人表明了其接受公平合理非歧视（FRAND）许可的意愿后，提供符合 FRAND 许可条件的书面要约；与此同时，侵权人应当按照公认的商业实践和善意的要求，对权利人的要约作出积极回应，不得采取拖延策略。❸ 在 2020 年的西斯威尔系

---

❶　SEPs Expert Group, Contribution to the Debate on SEPs（E03600，January 2021）。

❷　魏立舟. 标准必要专利情形下禁令救济的反垄断法规制：从"橘皮书标准"到"华为诉中兴"[J]. 环球法律评论，2015（6）：93；赵启杉. 竞争法与专利法的交错：德国涉及标准必要专利侵权案件禁令救济规则演变研究 [J]. 竞争政策研究，2015（2）：87-90.

❸　C-170/13 *Huawei Technologies v ZTE* [2015] ECLI：EU：C：2015：477，para.61-71.

列案（Sisvel v. Haier）中，德国最高法院在遵循欧盟法院创设的上述判断标准的基础上，进一步明确了权利人与侵权人在协商过程中以及协商不成功时应当采取的行为。从上文的介绍可以看出，为了判断权利人的禁令请求是否构成滥用市场支配地位，欧盟法院在反垄断法的框架下，创设了善意谈判义务这一新的判断要件。

（2）合同法

与德国和欧盟的实践不同，英国和美国这两个普通法系国家都选择了将合同法作为善意谈判义务的规范依据。普通法理论认为：在每一个合同中，合同关系下的各方都负有诚信义务（a duty of good faith）。❶ 根据美国统一商法典的解释，诚信义务意味着事实上的诚实以及遵守公平交易的合理商业标准。❷ 具体到标准必要专利的场景下，英国和美国的法院都认为：专利权人向标准组织作出的 FRAND 承诺在两者之间构成了第三人利益合同，任何接受 FRAND 许可条件的实施者，都属于该合同关系下的利益第三人。❸ 据此可以推出：由于合同关系的存在，作为合同方的权利人和作为利益第三人的实施者均需要遵守诚信义务，而这种诚信义务就是学界和实务界通常所说的善意谈判义务。对权利人而言，善意谈判义务要求其提出的许可条件应当符合 FRAND 承诺的要求；对实施者而言，善意谈判义务则要求其不得无理由地拒绝权利人提出的条件，不得不合理地拖延谈判。❹

（3）民法基本原则

将民法基本原则作为善意谈判义务规范依据的做法，最初出现在日本。由于《日本专利法》并未对禁令救济施加一般性限制，日本最高法院在 1998 年审理的"半导体装置案"中，认可了以权利滥用为由对权利人的禁令请求进行限制的做法。❺ 自此之后，权利滥用便成为日本法院限

---

❶　MARKOVITS D. Good Faith as Contract's Core Value［M］//KLASS G，LETSAS G，SAPRAI P. Philosophical Foundations of Contract Law. Oxford：Oxford University Press，2014：272.

❷　Uniform Commercial Code，§§ 1-201，2-103。

❸　英国的代表性判例，参见：*Unwired Planet v. Huawei*［2020］UKSC 37，para. 8；美国的代表性判例，参见：*Microsoft Corp. v. Motorola，Inc.*，696 F. 3d 872，884-885（9th Cir. 2012）。

❹　*Apple Inc. v. Motorola，Inc.*，757 F. 3d 1286，1332（Fed. Cir. 2014）。

❺　最高裁判所，平成 10（才）364。

制禁令请求的一般理由。具体到标准必要专利案件中，日本法院将善意谈判义务作为判断是否存在权利滥用的考察要素。例如，在苹果诉三星案中，日本知识产权高等法院就认为：只要侵权人属于接受 FRAND 许可的善意被许可人（willing licensee），那么权利人的禁令请求就构成权利滥用。❶

2. 行政部门的政策文件

除了法律层面的规范依据，美国和日本的相关行政部门还会通过发布政策文件的方式，对权利人和实施者应当如何进行善意谈判给出建议和指引——这也构成了善意谈判义务的重要规范依据。

在 2013 年、2019 年、2021 年和 2022 年，美国专利商标局和美国司法部反垄断司就标准必要专利纠纷中是否适用禁令救济的问题，提供了三份政策声明和一份政策草案（2019 年和 2022 年的政策声明及 2021 年的政策声明草案的发布主体还包含美国国家标准与技术研究所）。就具体内容而言，2013 年和 2019 年的政策声明里都强调了善意（good faith）在有效率的谈判中的重要性，并要求权利人和实施者不得故意拒绝或者拖延谈判，或者无正当理由拒绝谈判。❷ 在 2021 年的政策声明草案中，美国的行政部门更是对权利人与实施者之间应当如何进行善意谈判给出了非常具体的说明。❸ 然而，在 2022 年颁布的上述草案的最终版本中，相关部门彻底删除了之前关于善意谈判及其具体说明的全部内容，只强调了有效率的许可（efficient licensing）将有助于科技发展、消费者福利和促进竞争。❹ 从上述政策文件来看，尽管在具体表述和详略程度上存在变化，但是美国相关行政部门一直都希望促进权利人和实施者之间的谈判，并希望提高许可谈判的效率——这使得政策文件已经事实上成为善意谈判义务的重要规范依据。

---

❶ 知的财产高等裁判所，平成 25（ラ）10007，27ページ目。

❷ USPTO & DOJ, Policy Statement on Remedies for Standards-Essential-Patents Subject to Voluntary F/RAND Commitments（January 8, 2013），p. 7；USPTO, DOJ & NIST, Policy Statement on Remedies for Standards-Essential Patents Subject to Voluntary F/RAND Commitments（December 19, 2019），p. 5。

❸ USPTO, DOJ & NIST, Draft Policy Statement on Licensing Negotiations and Remedies for Standards-Essential Patents Subject to Voluntary F/RAND Commitments，p. 5。

❹ USPTO, DOJ & NIST, Withdrawal of 2019 Policy Statement on Remedies for Standards-Essential Patents Subject to Voluntary F/RAND Commitments（June 8, 2022），p. 2。

与美国一样，日本的行政部门也在积极发布政策文件，引导权利人和实施者之间的善意谈判。这具体体现为以下两个方面。一方面，日本经济产业省在 2022 年发布了《标准必要专利许可的善意谈判指南》。❶ 该指南就权利人和实施者关于标准必要专利的协商行为，给出了四个原则性的步骤，并进一步指出了权利人和实施者在遵循这些步骤时，应当提供的相关信息和注意事项。另一方面，作为日本经济产业省的下级部门，日本特许厅从 2018 年起就开始发布《涉标准必要专利的许可谈判指南》❷（以下简称《许可谈判指南》），在 2022 年 5 月份推出了该指南第二版的草案❸，并在 2022 年 7 月份正式推出了该指南的第二版❹。该指南在原则性的步骤上与日本产业经济省发布的指南并无区别，其主要特色在于：在这些原则性的步骤之下，进一步细化了权利人和实施者在谈判中需要注意的问题，并且对具体的谈判行为提供了很多场景化的描述。不仅如此，该指南还介绍了欧盟、德国和美国的做法，表明了日本特许厅在很多具体问题上的观点以及未来需要进一步讨论的方向。这些都为真正落实和促进善意谈判提供了非常重要的方向指引和规范依据。

（二）我国对于规范依据的选择需要改进

在上文介绍的四种规范依据中，我国选择了仅仅以民法基本原则作为善意谈判义务的规范依据。具体来说，《专利案件解释（二）》第 24 条第 2 款以权利人和实施者在谈判中是否存在过错，作为了法院是否支持权利人停止侵害请求的标准。虽然这一条款本身并未指明善意谈判义务的规范依据，但地方法院的审判指导均认为该义务的规范依据来源于民法的诚实信用原则。❺ 笔者认为：我国以诚实信用原则作为规范依据的做法具有较大局限性，应当作出以下两方面的改进。

---

❶ Japan Ministry of Economy，Trade and Industry，Good Faith Negotiation Guidelines for Standard Essential Patent Licenses（March 31，2022）。

❷ Japan Patent Office，Guide to Licensing Negotiations Involving Standard Essential Patents（2018）。

❸ Japan Patent Office，Guide to Licensing Negotiations Involving Standard Essential Patents（Draft Revision，May 2022）。

❹ Japan Patent Office，Guide to Licensing Negotiations Involving Standard Essential Patents（2nd Edition，July 2022）。

❺ 参见北京市高级人民法院《专利侵权判定指南（2017）》第 150 条、广东省高级人民法院《关于审理标准必要专利纠纷案件的工作指引（试行）》第 2 条。

1. 法律层面的规范依据：从民法基本原则转向合同法

从法律层面来看，合同法最适合作为善意谈判义务的规范依据，理由如下。其一，欧盟和德国以反垄断法作为规范依据的做法并不值得我国学习。这是因为，一方面，反垄断法所保护的法益局限于市场竞争和消费者福利，而标准必要专利的很多纠纷可能并不涉及限制或者妨碍竞争的问题，所以反垄断法作为规范依据的意义十分有限。另一方面，由于传统上关于滥用市场支配地位的分析不涉及对于善意谈判义务的判断，将善意谈判义务作为判断要件的做法在我国并不具有可行性与必要性。就可行性而言，我国现有实践已经将善意谈判义务纳入民法基本原则的规制进路下。路径依赖决定了，即使未来作出改变，也只能在民事法律的框架下（如合同法）进行。就必要性而言，我国反垄断法领域的学界讨论中也并未出现亟须学习欧盟和德国做法的声音，亦未出现改变现有判断或者创设新的判断要件的分析和讨论。所以，反垄断法并不适合作为我国规制善意谈判义务的规范依据。

其二，以诚实信用原则作为善意谈判义务的规范依据虽然是我国当下的选择，但这一选择存在难以克服的问题。具体来说，诚实信用原则无法为《解释二》第 24 条第 2 款中所说的"权利人违反 FRAND 承诺"以及"实施者并无过错"提供具体的判断标准和指引。虽然北京市高级人民法院和广东省高级人民法院在其审判指南中给出了一些判断标准❶，但这也只是下级法院对以往审判经验的总结，尚未通过最高人民法院的检视，其合理性还有待进一步讨论。更为严重的是，诚实信用原则在适用过程中需要具体化和要件化，很有可能导致下级法院享有过大的自由裁量权，使得权利人和实施者均面临较大的不确定性。这种不确定性，对于标准必要专利这一全球关注的领域而言，其实是不能被容忍的，因为这可能对我国司法系统在世界范围内的公正形象带来负面影响。

其三，将合同法作为善意谈判义务的规范依据，不仅不存在学理和实践层面的障碍，而且能够解决当下将诚实信用原则作为规范依据而可能导致的一系列问题。就学理层面而言，对于是否应当像英、美那样将

---

❶ 参见北京市高级人民法院《专利侵权判定指南（2017）》第 150 条、第 152 条、第 153 条，广东省高级人民法院《关于审理标准必要专利纠纷案件的工作指引（试行）》第 11~14 条。

FRAND承诺解读成为第三人利益合同的问题，学界存在要约邀请说❶和单方法律行为说❷这两种反对意见。但更多学者还是持支持意见，认为上述两种反对意见并不合理：首先，要约邀请说并不能产生约束权利人行为的后续效果，这将使得现有实践通过FRAND承诺来限制权利人后续行为的做法失去依据；其次，FRAND承诺是权利人被动接受而非主动作出的声明，并不能被解释为单方法律行为，且我国关于合同法适用的司法解释❸也已经表明，价格条款的缺失并不能当然否认合同的成立❹。这表明：将FRAND承诺解读成为第三人利益合同并在合同关系下规制善意谈判义务，是我国学界的主流观点。就实践层面而言，我国可以像学者建议的那样，一方面从法律层面明确FRAND承诺的合同性质，另一方面要求标准组织进一步细化FRAND承诺的制定标准❺。这样不仅能够使法院在解释合同时受到约束，解决法院自由裁量权过大、缺乏清晰指引的问题，而且能够使我国的司法实践更容易获得英、美等专利领域重要国家的理解，提升我国司法系统在世界范围的评价和认可度。

2. 行政部门的政策文件：建议国家知识产权局制定指导善意谈判的实施细则

在法律层面的规范依据之外，我国行政部门并未像美国和日本那样，通过发布政策文件，对该义务给出原则性或者具体化的指引——这不得不说是一项重大缺失。因为相较于通过司法实践中的个案裁判或司法解释来阐明善意谈判义务的内涵和判断标准，行政部门通过制定政策文件给出建议和指引的做法，具有以下两个方面的明显优势。

一方面，由于个案裁判中通常无法涉及善意谈判义务的所有可能情形和重要问题，因此需要通过较长时间的判例积累，才有可能从司法层面获得对于善意谈判义务的完整认识。这一过程不仅效率很低，而且无法保证规则的普适性。与此不同，行政机关可以通过在短时间内搜集行业实践和权威的专家意见，迅速对善意谈判义务的重要问题形成较为全

---

❶ 张广良. 标准必要专利FRAND规则在我国的适用研究［J］. 中国人民大学学报，2019（1）：116.

❷ 李扬. FRAND承诺的法律性质及其法律效果［J］. 知识产权，2018（11）：6.

❸ 参见原《最高人民法院关于适用〈中华人民共和国合同法〉若干问题的解释（二）》第1条。

❹ 宁立志. 专利的竞争法规制研究［M］. 北京：中国人民大学出版社，2021：352-353.

❺ 刘孔中. 论标准必要专利公平合理无歧视许可的亚洲标准［J］. 知识产权，2019（11）：11.

面的认识，其制定的指引规则也会更加具有普适性。

另一方面，如果让最高人民法院通过司法解释的方式来规定善意谈判义务中的具体步骤和行为框架，考虑到司法解释具有的效力位阶较行政部门颁布的实施细则更高，通过司法解释来规制善意谈判义务可能面临更大的风险和法律层面的争议，因而在规制的表述和措辞上需要更加谨慎，同时还要兼顾法律规则的一般性和稳定性。这可能会使得司法解释达不到提供高效规制和具体指引的效果。行政部门制定的实施细则却能够避免这些问题，而且能够根据实践中遇到的具体问题迅速调整，对于善意谈判的规制效率更高，更有利于在实践层面推动善意谈判迅速成为实践中权利人和实施者均自觉遵循的习惯。并且，当国家知识产权局制定的实施细则在实践中引发明显问题的时候，权利人或者实施者还能够在诉讼过程中要求法院就善意谈判义务的相关问题给出进一步的解释和判断。这样不仅能够使权利人或者实施者获得司法层面的救济，而且能够监督实施细则的进一步完善。

综上，对于善意谈判义务的规范依据，笔者建议我国作出以下两点改进。第一点，应当改变现有通过诚实信用这一民法基本原则作为规范依据的做法，将合同法作为善意谈判义务的规范依据，通过合同解释的方式，进一步明确权利人和实施者在谈判过程中应当作出的行为。第二点，建议由国家知识产权局来着手制定促进善意谈判的实施细则——这样能够更高效地规制权利人和实施者之间的谈判行为，为谈判行为提供较个案裁判和司法解释而言更加具体的指引，迅速在社会层面树立起积极参加许可谈判的风气和习惯，更好地促进标准的实施和推广。

二、善意谈判义务的判断标准：谈判行为框架的设置

不论是以合同法作为规范依据，还是要求行政部门制定实施细则，都需要明确善意谈判义务的判断标准。对此，域外实践中的主流做法是：设置权利人和实施者在谈判过程中应当遵守的行为框架，以此作为判断标准。下文将从设置谈判行为框架的必要性、谈判行为框架的性质、谈判行为框架的内容设置这三个方面，对现有做法进行检视，并在此基础上对我国给出详细建议。

（一）设置谈判行为框架的必要性：提高谈判效率＋维护利益平衡

一方面，谈判行为框架的存在能够提高谈判的透明度，切实提高谈判效率。谈判行为框架的缺失，意味着谈判过程将大概率缺乏透明度，而透明度的缺失将使得权利人和实施者在谈判过程中更容易诉诸投机行为，更有可能出现学者所说的专利劫持或者反劫持问题。❶ 这些问题出现的频率越高，就越容易破坏谈判所需要的互信，使得谈判非常容易失败或者根本无法进行。与此相反，行为框架的存在将在很大程度上避免上述问题，使得整个谈判过程变得更加透明，在更大程度上遏制权利人和实施者的投机行为，客观上提高谈判的整体效率和成功率。

另一方面，谈判行为框架的存在有助于更好地平衡权利人和实施者双方的利益。这是行为框架提升谈判透明度之后的必然结果。因为一个好的行为框架不仅会明确规定双方在谈判过程中需要作出的行为，而且会进一步规定双方在谈判受阻甚至破裂之后，应当如何继续推进争议的解决。在此背景下，双方将更容易根据既有商业道德和惯例，达成双赢的许可条件，避免明显不公平结果的出现。不仅如此，即使行政部门推出的实施细则，在某些方面存在责任和利益分配不平衡的问题，具有透明度的谈判，本身也能够通过孕育良性商业实践的方式倒逼这些问题的解决，更好地维护谈判双方的利益平衡。

（二）谈判行为框架的性质：原则性规范，但允许例外

谈判行为框架的性质问题是指：权利人和实施者是否应当严格遵守行为框架中所指出的步骤或者具体要求？如果未严格遵守，是否应当被视为违反了善意谈判义务？这一问题出现在英国最高法院 2020 年审理的无线星球诉华为案中。该案被告认为：欧盟法院在华为诉中兴案中提出的谈判行为框架属于强制性要求，权利人只有在满足行为框架中确立的一系列步骤之后，才能作出禁令请求。但英国最高法院对此持不同观点，认为欧盟法院提出的行为框架是为了维护权利人与实施者之间的利益平

---

❶ 专利劫持的代表性文章，参见：LEMLEY M A, SHAPIRO C. Patent Holdup and Royalty Stacking [J]. Texas Law Review, 2007, 85: 1991. 反劫持的代表性文章，参见：GALETOVIC A, HABER S. The Fallacies of Patent-Holdup Theory [J]. Journal of Competition Law & Economics, 2017, 13 (1): 22-43.

衡，并非确立了一个适用于所有情形的标准，更不是一个必须适用于所有案件的具有规范性质（prescriptive）的强制要求。❶

面对上述分歧，笔者认为：应当将谈判行为框架作为原则上应当遵守的规范，但同时允许例外的存在。权利人和实施者原则上应当遵守谈判行为框架中的规定，是因为这些规定主要来源于被普遍认可的商业道德和习惯，具有提高谈判效率、优化磋商环境的正当性。但与此同时，当存在权利人和实施者事实上无法或者没有依据行为框架来进行谈判的例外情形时，应当允许权利人或者实施者就其为什么没有按照行为框架进行谈判作出解释；如果该解释并非明显不合理，那么不应认为其违反了善意谈判义务。允许例外存在以下两个好处：第一，由于行为框架本身必然无法涵盖谈判过程中发生的所有情形，且我国幅员辽阔，各地之间的经济发展水平和商业习惯存在较大区别，允许例外的存在能够避免过分僵化和一刀切的问题，有助于因地制宜地提高谈判效率；第二，允许例外的存在能够尽可能地体现对于已有商业实践和谈判双方意思自治的尊重，有助于充分发挥谈判双方的能动性，更好地促成协议的达成。

（三）谈判行为框架的内容设置

1. 谈判行为框架的建构模式：行为步骤模式

在设置谈判行为框架的具体内容之前，有必要首先确定该框架的整体建构模式。从现有实践和学界观点来看，主要存在两种建构模式。第一种模式来自日本特许厅的《许可谈判指南》。该指南以权利人和实施者在谈判中的行为为核心，根据这些行为的先后顺序确立了一系列步骤，然后在每个步骤下对可能构成恶意的情形或者行为给出了指导性意见。笔者称此第一种模式为"行为步骤模式"。第二种模式来自我国学者的建议。该模式在形式上以谈判所处的不同阶段——谈判开始阶段、谈判进行阶段和谈判僵局阶段——作为重要节点，对每个阶段中权利人和实施者应当如何进行善意谈判，给出了流程性的说明和介绍。❷ 本文称此第二种模式为"谈判阶段模式"。

对于上述两种建构模式，笔者认为"行为步骤模式"更合理，理由

---

❶ *Unwired Planet v. Huawei* ［2020］UKSC 37，para. 146-152.

❷ 黄武双，谭宇航. 标准必要专利许可谈判中的"劫持""反劫持"消解机制研究［J］. 知识产权，2023（2）：86-89.

有二。第一，"行为步骤模式"比"谈判阶段模式"更加清晰。具体来说，相较于以谈判阶段作为重要节点，将谈判中的重要行为作为判断步骤能够有效降低信息理解和传递的成本。例如，"谈判开始阶段"所传递的信息显然不如"要求权利人首先向实施者提出许可谈判请求"那样清楚，而"谈判进行阶段"和"谈判僵局阶段"的说法也显然不如"要约"、"反要约"与"谈判破裂之后的纠纷解决行为"那样简洁明了。第二，"行为步骤模式"比"谈判阶段模式"更加灵活。正如前文所述，善意谈判义务脱胎于商业道德和习惯，本身就存在一定的灵活性甚至是复杂性。在这一前提下，"谈判阶段模式"对每个谈判阶段作了非常详细的流程化说明。这不仅可能因为规范制定者本身对于商业道德和习惯的有限认知而出错，更重要的是，其将会扼杀谈判行为本身应当具有的灵活性，不利于市场主体充分发挥意思自治，反而会导致效率低下的谈判。"行为步骤模式"则能够避免上述问题，因为该模式仅仅针对现有实践中已经或者可能出现的问题给出指导性意见，在规制的同时，给市场主体的自治行为保留了较大的空间，也体现了对于现有商业道德和习惯的尊重。

2. 谈判行为框架的具体内容

在确定了"行为步骤模式"的整体建构模式之后，还需要确定该模式下的具体内容。具体内容的确定包含两个方面的考量：一方面是哪些行为应当被纳入行为框架，另一方面是这些行为应当包含分为几个步骤。对于行为的选择，域外实践并无争议，大致都会包括以下五种：权利人提出许可谈判请求、实施者对于谈判请求的回应、权利人提出要约、实施者回应要约，以及谈判破裂后，双方为解决纠纷所采取的进一步行为。

但是，对于应当将上述行为分为几个步骤的问题，存在两种方案。一种方案来自日本特许厅 2022 年发布的《许可谈判指南》，其以上述五种行为为蓝本，设置了五个步骤。❶ 另一种方案则来自美国专利商标局、美国国家标准与技术研究所和美国司法部反垄断司在 2021 年发布的《关于自愿 FRAND/RAND 承诺下标准必要专利许可谈判和救济的政策声明草案》，其与日本方案的区别在于：将权利人提出许可谈判请求和提出要

---

❶ Japan Patent Office，Guide to Licensing Negotiations Involving Standard Essential Patents (2nd Edition，July 2022)，p. 8-23。

约的行为进行了合并，要求权利人在开始谈判时就提出要约。❶ 笔者认为：虽然从提高谈判效率的角度来看，两种方案可能差别不大，但日本方案在维护双方利益平衡上比美国方案做得更好。具体来说，美国方案其实是更加偏向于实施者的，因为它要求权利人在谈判的一开始就提出包含具体许可条件的要约，而这将给权利人带来两点不利影响：第一点，由于许可条件的确定也需要耗费时间，因此在美国方案下，权利人能够正式开启许可谈判的时间将会明显晚于日本方案，而这对于维权来说是十分不利的；第二点，相较于日本方案要求实施者在权利人提出正式要约前就给出愿意接受 FRAND 许可的承诺，美国方案将实施者作出承诺的时间延后了，而这不仅使权利人相较于实施者而言面临更大的不确定性风险，而且事实上推迟了权利人能够寻求禁令救济的时间，可能会扩大权利人所遭受的难以弥补的损失。据此，笔者认为：在谈判行为框架的整体结构上，日本方案将谈判请求和提出要约分为两个独立步骤的做法，更有助于维护权利人和实施者之间的利益平衡。

根据上述分析，笔者为谈判行为框架设置了五个行为步骤（见图 1），并且对每一步骤之下的争议问题给出了指导性意见。

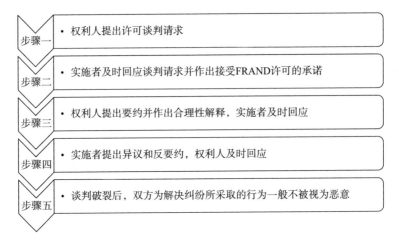

图 1　谈判行为框架下的五个行为步骤

---

❶　USPTO, DOJ & NIST, Draft Policy Statement on Licensing Negotiations and Remedies for Standards-Essential Patents Subject to Voluntary F/RAND Commitments, p. 5。

（1）步骤一：权利人提出许可谈判请求

在发现疑似侵权行为后，权利人应当首先向实施者提出许可谈判请求；请求中应当表明权利人的标准必要专利受到了侵害，并提供识别该专利的文件（包括专利数量表、标准名称和专利的地域范围等）和表明权利要求与标准或产品之间映射关系的资料（包括权利要求对照表等）。根据上述要求，在下列情形中，权利人可能会被视为恶意：第一，在提出谈判请求前，或者在实施者有机会在合理时间内作出回复之前，就向法院寻求禁令救济；第二，请求中的信息披露并不足够，例如并未清楚表明权利受到侵害，或者并未提供专利权属、专利必要性以及专利组合等信息；第三，在可以不提供保密信息的情形下，要求实施者首先签订保密协议，否则不提供谈判请求中本应包含的信息；第四，对于实施者的回复时间设置了不合理的要求。

有观点建议：在权利人发出许可谈判请求之前，实施者就应当主动对其是否侵权作出调查，并在发现侵权后主动向权利人寻求许可。❶ 这一建议并不合理。根据法经济学的基本原理，应当由最佳的成本避免者承担预防或者调查侵权的责任或者成本。❷ 在标准必要专利纠纷中，权利人无疑是最佳的成本避免者。这是因为，一方面，权利人通过花费更少的搜寻成本，即可了解实施者产品中的哪些部件涉嫌侵权；另一方面，对于包含众多专利的产品，如果要求实施者去主动调查哪些零部件涉嫌侵权，那么对于实施者来说将是一种沉重的负担，还会迟滞标准必要专利的使用和推广，从长远来看不利于社会公众享受标准带来的技术进步和便利。在华为诉中兴案中，欧盟法院就表达了类似的观点：由于构成某一标准的必要专利数量众多，因此并不能确定经营者在侵犯这些专利时必然意识到自己使用了某项既有效又为实施标准所必需的某个专利的教导。❸ 所以，从最佳成本避免者的角度来看，应当由权利人主动对是否存在侵权行为进行调查，并要求其明确告知实施者其产品中哪些部件涉嫌侵权。

---

❶ SEPs Expert Group，Contribution to the Debate on SEPs（E03600，January 2021），p. 14-15。

❷ CALABRESI G，MELAMED A D. Property Rules，Liability Rules，and Inalienability：One View of the Cathedral [J]. Harvard Law Review，1972，85（6）：1119.

❸ C-170/13 *Huawei Technologies v ZTE* [2015] ECLI：EU：C：2015：477，para. 62。

　　还有观点建议：应当设立一个负责保障透明度的办公室，用来建构和维护一个严格保密的标准必要专利许可协议存储库，并对权利人和实施者之间交换信息的行为设置具体要求。❶ 笔者认为这一建议并不合理，理由有三。首先，由于专利许可协议往往涉及谈判双方的核心商业机密，出于信息安全方面的顾虑，许可协议存储库将很难获得相关企业的自愿支持和响应。其次，除了信息安全方面的问题，许可协议存储库还面临信息数据有效性的问题。具体来说，即使相关企业愿意将其过往的许可协议上传到存储库中，由于商业环境和商业模式的不断变化，过往的协议随时可能失去参考价值。在这种情况下，建立许可协议存储库的实际作用将大打折扣，可能毫无用处甚至带来误导，而这无疑是对社会资源的重大浪费。最后，专利池的存在，已经能够覆盖许可协议存储库的大部分功能和目标，其不仅能够在很大程度上解决信息不透明的问题，而且在信息安全方面已经获得了很多企业的信赖。这使建构存储库的必要性进一步被削弱。也就是说，如果权利人已经加入了某些专利池，那么实施者可以通过向专利池询价的方式，判断权利人在要约中提出的许可价格是否明显不合理。并且，在磋商阶段，实施者可以要求权利人告知涉嫌侵权专利在专利池中的许可价格，并在两者价格存在区别时，要求权利人提供进一步的解释和说明。这里需要特别指出的是：信息不透明本来就是商业市场上的正常现象，不可能被彻底消除。对信息透明度的过高要求或者过分强调，不仅会带来过高的执行和管理成本，还会因为对于商业行为的过度规制，而变相抬高谈判双方的交易成本，最终削弱商业行为对于社会福利最大化的增进。综合上述一系列理由，本文并不支持"构建许可协议数据库并对权利人和实施者之间交换信息的行为设置具体要求"的建议。

　　（2）步骤二：实施者及时回应谈判请求并作出接受 FRAND 许可的承诺

　　在收到了权利人的谈判请求之后，实施者应当及时作出回应，不得拖延。对于何为"及时"和"不得拖延"，可以通过考察"争议涉及的专利数量""技术的复杂程度""实施者对技术的了解程度""在先的各种关

---

　　❶ SEPs Expert Group，Contribution to the Debate on SEPs（E03600，January 2021），p. 10。

系""业务交易""双方在必要性、有效性和侵权问题上的争议状态"等一系列因素作出判断；并且，如果首次进行实质性回复的时间较长，实施者还可以向权利人解释为什么花了这么长时间才回复，以免被误认为是在故意拖延。❶

除了不得拖延的要求，德国和英国的司法实践中还要求：不论实施者是否对当下权利人提出的要约存在异议，都应当向权利人作出承诺，表示其愿意接受任何符合 FRAND 要求的许可条件；如果实施者在回复权利人时，仅仅宣称其正在考虑是否接受许可，或者要求权利人提供更为合理的报价再决定是否接受许可，那么将会被认定为恶意。❷ 笔者认为上述要求具有合理性。事实上，要求实施者作出接受任何符合 FRAND 许可条件的承诺，都不会对实施者应当享有的议价权造成不合理的限制。这是因为，当权利人与实施者无法就 FRAND 许可条件达成一致时，会通过仲裁或者诉讼的方式，得到一个双方都认可的结果。相反，如果不要求实施者作出上述承诺，那么将导致冗长且无效率的谈判，显著增加许可谈判的成本，而且很有可能会导致实施者对于权利人的反劫持。所以，即使实施者对权利人的侵权通知存在异议，也应当向权利人作出"接受任何符合 FRAND 许可条件"的承诺，然后再向权利人表达其异议并提供相应的支撑材料和解释说明。

（3）步骤三：权利人提出要约并作出合理性解释，实施者及时回应

在实施者作出了接受 FRAND 许可的承诺后，权利人应当及时提出要约，并对许可条件特别是许可费的计算问题给出合理解释。

这里的关键问题在于：如何判断权利人的解释是否合理？德国最高法院提出了"足够努力"标准，即权利人应当尽到其举证责任，就许可费及其他许可条件的合理性，向实施者提供足够的信息，且这里所说的"足够的信息"并不意味着在技术或者法律层面提供非常详细的解释，只要实施者在专家或者法律咨询的帮助下能够了解传达的信息即可。❸ 也就是说，只要权利人提供了足够的信息，且其解释在专业人士看来并非明

---

❶ Japan Patent Office，Guide to Licensing Negotiations Involving Standard Essential Patents (2nd Edition，July 2022)，p. 17。

❷ *Optis v. Apple*［2022］EWCA Civ 1411，para. 68；Bundesgerichtshof，24. 11. 2020，KZR 35/17，para. 57。

❸ Bundesgerichtshof，05. 05. 2020，KZR 36/17，para. 75-76。

显不合理，那么就应当认可其解释的合理性。笔者认可这一判断，因为许可条件的合理性本身就是一个非常复杂的法律问题，应当交由司法机关作出裁判，所以对权利人的要求不应过于严苛，避免让谈判行为框架系统性地偏袒实施者，违背利益平衡的要求。

（4）步骤四：实施者提出异议和反要约，权利人及时回应

对于权利人提出的要约，实施者可以提出异议和反要约。具体来说，当实施者认为不存在侵权行为时，应当要求其提供支持其观点的证据；当实施者不接受权利人提出的要约时，应当要求其对权利人提出反要约，并对反要约中提出的许可条件作合理性解释。在判断实施者提出的异议以及反要约的合理性时，应当与判断权利人要约是否合理时的标准相同，即只要证据以及合理性解释并非明显不成立或者明显不合理，那么就应当承认异议的有效性和解释的合理性。

当实施者就侵权行为提出了异议或者提出了反要约时，不论权利人是否认可，都应当及时回应、不得拖延。根据利益平衡的要求，这里所说的"及时"和"不得拖延"，与实施者在回应权利人谈判请求时的要求是相同的。

（5）步骤五：谈判破裂后，双方为解决纠纷所采取的行为一般不被视为恶意

谈判破裂后，权利人和实施者往往会为解决纠纷采取进一步行为。这里的行为主要包括两种：一种是提起诉讼，另一种是诉诸非诉讼争端解决机制（例如仲裁）。

提起诉讼的行为本身不应被视为恶意，这一点并无疑问。但在诉讼过程中，实施者如果没有提供保证金，那么是否应当被视为恶意？这一疑问来源于欧盟法院在华为诉中兴案中提出的行为框架。在该行为框架中，法院要求实施者在反要约被拒绝后，提供符合商业惯例的保证金。❶但保证金是否属于强制性要求，存在争议。例如，英国最高法院在无线星球诉华为案中就认为欧盟法院的行为框架本身都是非规范性的，❷ 所以可以推出以下结论：保证金在英国法院看来也并非认定恶意的标准。笔者认为：是否提供保证金，不应作为判断善意与否的决定性标准。这是

---

❶ C-170/13 *Huawei Technologies v ZTE* ［2015］ECLI：EU：C：2015：477，para. 67。

❷ *Unwired Planet v. Huawei* ［2020］UKSC 37，para. 146-152。

因为，在我国的实践中，如果权利人与实施者之间经过几轮谈判，仍然无法达成协议，那么权利人通常会直接向法院提起专利侵权诉讼，要求法院裁定符合 FRAND 条件的许可协议。此时要求实施者提供保证金的实际作用不大。不仅如此，引入保证金的要求反而会引发以下三个方面的负面影响。首先，当实施者有表观上的合理理由对权利人的侵权通知或者要约提出异议时，要求实施者提供保证金的做法过于严苛，不利于维护利益平衡。其次，强制要求实施者提供保证金，可能会影响实施者为其他合法业务所储备的现金流，给实施者的正常业务带来负面影响，客观上起到纵容权利人劫持行为的效果。最后，为了确定保证金的数额，不仅需要争议双方投入更多的证明成本，而且还会提高审判的复杂程度、增加裁判成本。考虑到上述三方面的负面影响，笔者认为不应将实施者是否提供保证金作为判断善意与否的决定性因素。不过，如果实施者自愿提供一定的保证金，那么将增加法院认定其具有善意的可能性。

如果争议双方并未诉诸法院裁判，而是寻求通过非诉讼争端解决机制（例如仲裁）来处理纠纷，那么此种举动是否应当被视为恶意？笔者对此持否定态度，因为诉诸非诉讼争端解决机制的行为，与诉诸法院裁判的行为之间并无优劣之别，本质上都是在继续推进争议的解决和许可协议的达成，所以不能被一般性地视为恶意。但同时也应当承认，这一举动的确存在被视为恶意的可能性，例如：另一方有合理理由或者直接证据，表明寻求非诉讼争端解决机制的一方具有拖延的故意或者提出了明显不合理的条件，那么可以径直认定存在恶意。

综上，在谈判破裂后，除非有直接证据证明恶意存在，双方为解决纠纷所采取的诉讼或者非讼行为本身，一般不应被视为恶意。

三、违反善意谈判义务的法律后果

（一）影响法院对于是否支持永久禁令请求的判断

尽管域外实践在善意谈判义务的法律依据上存在不同选择，但其对于违反该义务将导致何种法律后果的结论是一致的，即影响法院对于是否支持权利人永久禁令请求的判断。具体来说，当权利人违反善意谈判义务时，法院会直接拒绝权利人的禁令请求，并要求权利人以符合 FRAND 要求的条件对实施者授予许可；当实施者违反善意谈判义务时，法院则会支持权利人的禁令请求。

我国的现有实践也是如此。在诚实信用原则的解释框架下，我国法院会将违反善意谈判义务的行为视为"过错"，然后以此认定行为方违反了诚实信用原则，进而决定是否支持权利人的禁令请求。但是，由于前文已经论证了我国应当将善意谈判义务在法律层面上的规范依据从诚实信用原则转变为合同法，因此，虽然规范依据的转变不会改变违反善意谈判义务需要承担的法律后果，但这意味着我国法院在说理逻辑上需要作出相应改变。具体改变如下。

在合同法的解释框架之下，权利人向标准组织作出的 FRAND 承诺使为第三人利益合同成立。在这一合同中，权利人需要向标准组织履行合同义务，而利益第三人是所有愿意接受或者寻求 FRAND 许可的实施者。如果权利人违反了善意谈判义务，那么其将因为阻挠价格条款的达成而被视为违反了合同义务——这时，为了实现推广技术标准的公共利益目标，法院应当强制要求权利人履行合同义务，向实施者提供符合 FRAND 条件的许可。由于合同义务的强制履行与禁令请求之间存在天然的冲突，因此法院对于前者的支持将会自动阻却后者的发生。如果实施者违反了善意谈判义务，那么可以认为其不愿意接受或者寻求 FRAND 许可，进而无法成为合同关系下适格的利益第三人。由于实施者不在合同关系之中，因此权利人的禁令请求将不会受到合同义务的阻却。

（二）不应对违反义务的一方施加额外惩罚

有观点认为，应当对违反善意谈判义务的一方施加额外惩罚，以此来敦促争议双方更加积极地达成许可协议。❶ 该观点建议的额外惩罚主要有两种形式：一种是调整许可费，即在 FRAND 许可费的基础上另行增加或者削减；另一种是直接对违反义务的一方处以罚款。❷ 笔者认为：引入额外惩罚的建议在必要性和可行性上均存在较大缺陷，不应被采纳。具体解释如下。

1. 额外惩罚不具有必要性

引入额外惩罚作为违反善意谈判义务的法律后果，在必要性上存在以下三个问题。

---

❶❷ SEPs Expert Group, Contribution to the Debate on SEPs（E03600，January 2021），p. 14-15。

第一，引入额外惩罚的成本远大于其预期收益。额外惩罚要求违反善意谈判义务的一方，在权利对价之外，向未违反义务的一方支付一定数目的金额，或者向争议外的中立第三方支付一定数额的罚款。这样做的预期收益是对谈判中的潜在投机行为形成威慑。但由于国内外实践已经将善意谈判义务与禁令救济挂钩，且禁令本身就具有非常强的威慑作用，因此额外惩罚能发挥出的威慑作用其实非常有限。不仅如此，惩罚金额的确定将增加争议双方的举证成本并提高法院的审理成本，而这些成本将很难弥补引入额外惩罚带来的预期收益，是得不偿失的。

第二，额外惩罚会带来寻租成本，造成社会层面的无谓损失。由于额外惩罚创造了权利对价之外的利益，这种利益将成为权利人和实施者争相获取的"租"（rent）；而且寻租行为的不断升级将最终使得寻租成本无限逼近于租的价值，使得寻租行为变得无利可图，从而成为一种纯粹的无谓损失。不仅如此，由于额外惩罚本身与权利保护或者激励创新之间并没有显而易见的联系，甚至可能不存在任何联系，这使得额外惩罚难以带来社会层面的正外部性，而正外部性的缺乏进一步凸显了额外惩罚只能带来无谓损失的事实。

第三，额外惩罚还会同时加剧专利劫持和反劫持的问题。这实际上是寻租行为的必然结果。额外惩罚为更有可能证明对方恶意的一方创造了寻租空间。如果权利人在证明对方恶意的问题上具有优势，那么其将更有动力以此来要挟实施者接受一个低于租的价值但高于 FRAND 条件的许可费用，进而导致专利劫持。反之，如果实施者是更有优势的一方，那么其同样可以以权利人需要支付的租的价值为依据，进行反劫持。所以，额外惩罚凭空创造的寻租空间，将同时为专利的劫持和反劫持提供激励。长此以往，额外惩罚将使得标准必要专利许可谈判的整体环境趋于恶化，严重违背设置善意谈判义务的初衷。

2. 额外惩罚不具有可行性

除了在必要性上存在问题，引入额外惩罚的做法在操作层面还存在以下两个问题。

第一，不论是采取调整许可费还是直接处以罚款的形式，额外惩罚均难以找到合适的规范依据。如果采取调整许可费的惩罚形式，那么在笔者建议的合同法的解释框架下，由于权利人与实施者之间是合同义务方与利益第三人的关系，因此除非权利人与标准组织之间约定了以调整许可费的方式来惩罚权利人和实施者中违反善意谈判义务的一方，否则不论是权利人还是实施者，都无权要求额外惩罚。如果采取直接处以罚款的惩罚形式，虽然从理论上来说似乎可以找到两种规范依据（一种是反垄断执法部门对违反反垄断法的行为所处以的罚款，另一种则是行政部门对违法行为作出的行政处罚），但这两种规范依据在我国均缺乏真正落地的可能性。对于反垄断部门的罚款来说，由于我国并未选择将善意谈判义务作为违反反垄断法的判断要件，因此违反该义务并不会必然导致反垄断责任，罚款也就无从谈起。对于行政处罚来说，只有法律、法规和规章才能对罚款作出规定，其他规范性文件均不得设定行政处罚。❶由于笔者建议国家知识产权局制定的实施细则属于其他规范性文件，因此并不具备规定罚款的权力。这意味着，关于罚款的规定，如果要获得更高位阶的法律文件的认可，还需要经受住合理性论证和制定程序上的艰难考验。由于上文已经指出了引入额外惩罚在必要性上的重大缺陷，因此看不到罚款通过考验的可能性。

第二，额外惩罚难以确定合适的具体金额。不论是采取调整许可费还是直接处以罚款的形式，都需要首先确定符合 FRAND 条件的许可费，然后以该许可费为基础，将许可费的一定比例作为惩罚金额。但 FRAND 许可费的确定本身就存在较大困难：即使是法院裁判，也经常会在全球许可费的裁定是否合理、采用何种方法计算许可费以及可比协议的选择等一系列重要问题上受到质疑。不仅如此，即使法院确定了双方都能够接受的 FRAND 许可费，确定惩罚金额应当占 FRAND 许可费的比例将更加困难并面临巨大的合理性危机。如果说 FRAND 许可费的确定至少还可能存在包括可比协议在内的参照系，那么惩罚金额的比例问题则完全依赖法院的判断。这会让法院享有过大的自由裁量权，给标准必要专利的许可行为以及许可市场的整体环境带来较大不确定性，而且还有可能因为不合理的比例选择，给违反善意谈判义务的一方带来巨大的不公平和不正义。

四、结　论

我国关于善意谈判义务的现有规定比较简单，需要进一步明确该义

---

❶　参见《行政处罚法》第 16 条。

务的规范依据、判断标准以及违反该义务的法律后果。

就善意谈判义务的规范依据而言，域外实践中，不仅存在反垄断法、合同法以及民法基本原则这三种法律依据，而且存在由行政部门颁布的政策文件。我国现有实践仅仅以民法中的诚实信用原则作为规范依据，不仅无法为善意谈判义务的判断提供任何具体的指引，反而会导致法院享有不受约束的自由裁量权，使得权利人和实施者均面临较大的不确定性。这种不确定性还会对我国司法系统在世界范围内的公正形象带来负面影响。为解决上述问题，笔者建议将合同法作为善意谈判义务在法律层面的规范依据，通过合同解释的方式，进一步明确权利人和实施者在谈判过程中应当作出的行为。除了法律依据，由于行政部门的政策文件能够更高效地规制谈判行为，并为谈判行为提供较个案裁判和司法解释而言更加具体的指引，笔者建议由国家知识产权局在政策文件中规定促进善意谈判的实施细则。

就善意谈判义务的判断标准而言，为了提高谈判效率、维护利益平衡，有必要设置谈判行为框架，以该框架下的规定作为判断标准。但不应当将这些规定视为强制性规范，而应当原则上要求权利人与实施者遵守这些规定；同时应当允许例外的存在，即谈判双方在提供了并非明显不合理的理由时，可以允许其不按照相关规定行事。这样可以在提供规制的同时，避免过分僵化和一刀切的问题，在尊重已有商业实践和谈判双方意思自治的基础上，激发谈判双方的能动性。笔者建议的谈判行为框架由五个行为步骤组成：①权利人提出许可谈判请求；②实施者及时回应谈判请求并作出接受 FRAND 许可的承诺；③权利人提出要约并作出合理性解释，实施者及时回应；④实施者提出异议和反要约，权利人及时回应；⑤谈判破裂后，双方为解决纠纷所采取的行为一般不被视为恶意。对于每个步骤之下存在的争议问题，笔者也给出了指导性意见。

就违反善意谈判义务的法律后果而言，国内外实践的观点是一致的，即违反该义务将影响法院对于是否支持权利人永久禁令请求的判断。但由于合同法能够为规制善意谈判义务提供更好的法律依据，笔者建议：在对于上述法律后果的论证中，我国法院应当遵循合同法的说理逻辑。除此之外，虽然有观点建议应当在禁令请求之外引入额外惩罚作为违反善意谈判义务的法律后果，但笔者认为该建议在必要性和可行性上均存在较大缺陷，不应当被采纳。

撤销不正当使用注册
商标制度的建构

杜　颖❶　李钰婷❷

摘　要

　　虽然我国现行商标法律制度通过不规范使用注册商标规定对不正当使用注册商标行为进行规制，但规制力度明显不足。因此，我国《商标法》第五次修改中有意建立撤销不正当使用注册商标制度。然而，建立撤销不正当使用注册商标制度存在过度干预私权和淡化司法保护的潜在风险。为回应质疑，该项制度的构建可结合域外经验，以利益平衡理论为指导，通过依申请撤销的制度设计使制度风险最小化。应在《商标法》中设置依申请撤销不正当使用注册商标条款，对于注册商标的使用导致相关公众对商品或者服务的质量、产地、来源或其他特点产生误认的，可依申请撤销；在《商标法实施条例》《商标审查审理指南》中，明确不正当使用注册商标的行为判定标准，以及撤销不正当使用注册商标与撤销不规范使用注册商标、商标侵权的程序协调。

关键词

商标使用　不正当使用　撤销制度　利益平衡

---

　❶❷　作者单位：中央财经大学。

一、建立撤销不正当使用注册商标制度的意义

（一）问题缘起

我国早期经济发展主要以制造业为主，商标侵权活动中，传统形式的假冒和仿冒注册商标的情形较为普遍。随着对传统假冒仿冒商标行为打击力度的不断增强，不法分子开始转变思路，以不正当使用商标的形式达到"傍名牌"、"搭便车"、攀附他人商誉的目的。不正当使用注册商标主要是指商标注册人为达到攀附具有一定知名度的注册商标的目的，不正当使用自己的注册商标，导致相关公众对自己的商品或服务与他人具有一定知名度的商标所标识的商品或服务产生误认。我国《商标审查审理指南》在商标近似的审查部分提及的"六必居"商标案例就是不正当使用注册商标行为的典型。该案例中，同一商标注册申请人申请了"六风""必味""居酱"三件商标，当三件商标竖写横向排列时可组合为"六必居风味酱"，与高知名度商标"六必居"近似。在商标核准注册和异议阶段，若申请人有意分开注册，商标审查员和"六必居"商标权利人难以发现端倪，上述商标便能顺利注册；在商标使用阶段，由于该注册商标使用行为是将三件商标同时竖写、横向排列使用，并未改变任何一件注册商标，不属于自行改变注册商标的范畴，因此撤销不规范使用注册商标制度也无法规制此类情形。

上述案例暴露了我国现有法律制度对不正当使用注册商标行为的规制明显不足的问题。首先，在商标授权确权中，我国对于商标相同或近似的判定主要集中在商标核准注册的审查、异议阶段，而非注册商标的使用阶段。不正当使用的注册商标在核准注册阶段并未与他人在先注册商标相同或近似，而是其在使用阶段通过更改组合、图形等方式来攀附他人商标。由此可见，不正当使用注册商标的前提是此类商标符合商标法律制度规定而被核准注册，商标审查员以及在先注册商标的权利人均无法预知商标注册人的实际使用方式，在核准注册阶段难以预防不正当使用注册商标的行为。其次，《商标法》第49条第1款将不规范使用注册商标规定为撤销注册商标的理由之一，包括自行改变注册商标、注册人名义、地址或者其他注册事项的。自行改变注册商标包括两种情况，第一种是改变商标标识并继续使用商标注册号，第二种是改变商标标识但

不使用原商标注册号。❶ 该规定的不规范使用方式主要是改变注册商标相关信息的行为，无法涵盖不改变注册商标但造成混淆或者误导后果的不正当使用注册商标行为。并且，对于自行改变注册商标图形、组合等类型的不规范使用行为，商标法设置了"责令限期改正"的前置程序，对期满不改正的才予以撤销，而不规范使用者仍可采取短期停止使用的措施避免其注册商标被撤销。责令限期改正的程序设置在于要求注册商标权人履行第一性法律义务，目的在于恢复被破坏的行政管理秩序❷，使注册商标及相关信息恢复到与商标注册登记簿一致的秩序状态。不规范使用注册商标制度的设立本意是加强商标行政管理❸，而撤销不正当使用注册商标制度的设立本意是规制侵害商标权或者市场竞争秩序的行为，两者规制目的并不相同。由此可见，不规范使用注册商标撤销制度在规制改变注册商标这一类型的不正当使用行为时较为乏力且欠缺妥当性。最后，对于在商标行政授权确权程序中无法规制的不正当使用注册商标行为，司法实践一般会将其定性为不正当竞争行为。在晶华宝岛（北京）眼镜有限公司诉徐小仲侵害商标权及不正当竞争纠纷案中，被告刻意放大注册商标中的"康明宝岛"文字部分，从而改变了该注册商标的显著识别特征，并在店内外使用"源自宝岛台湾"的广告语，明显具有攀附驰名商标"宝岛"的故意，侵犯了晶华宝岛（北京）眼镜有限公司的商标专用权并构成不正当竞争。❹ 相关权利人起诉的前提往往是该行为已经产生了不正当竞争的后果，而在诉讼阶段进行个案打击无法及时、高效地应对实践中重复性的不正当使用注册商标行为，给权利人的维权带来相当的困扰和成本。

（二）制度意义

为强化对不正当使用注册商标行为的规制，我国需建立撤销不正当

---

❶ 李扬. 知识产权法基本原理 [M]. 北京：中国社会科学出版社，2010：781.

❷ 黄镕. 行政执法中责令改正的法理特质与行为结构 [J]. 浙江学刊，2019 (2)：162.

❸ 杜颖. 商标法 [M]. 3 版. 北京：北京大学出版社，2016：12.

❹ 参见北京市顺义区人民法院（2012）顺民初字第 9024 号民事判决书、北京市第二中级人民法院（2013）二中民终字第 02252 号民事判决书。该案件评介可见：刘蕊. 不规范使用注册商标构成侵害商标权行为的认定：评析晶华宝岛（北京）眼镜有限公司诉徐小仲侵害商标权及不正当竞争纠纷案 [G]. 中华全国专利代理人协会 .2014 年中华全国专利代理人协会年会第五届知识产权论坛论文（第二部分）. 北京：中华全国专利代理人协会，2014：7.

使用注册商标制度。撤销不正当使用注册商标制度是指将不正当使用注册商标设置为商标撤销的一项理由,当商标注册人不正当使用注册商标时,国务院知识产权行政部门依职权或依申请撤销该注册商标。撤销不正当使用注册商标制度能够在商标行政确权程序中对不正当使用注册商标的行为进行规制,将其设置为撤销理由能进一步规范商标使用,并将从根本上打击不正当使用注册商标行为,精准克服我国现有法律制度对不正当使用注册商标行为规制不足的问题。

建立撤销不正当使用注册商标制度的意义体现在三个方面。第一,有助于保护高知名度注册商标专用权人的合法权益。注册商标反复用于商品或服务交易后取得了市场的认可,获得了高知名度,其作为高质量产品或服务的代表承载着消费者的信任与肯定。撤销不正当使用注册商标制度能够更好地防止他人的不正当使用行为损害高知名度注册商标专用权人经久付出而建立起来的良好商誉,并且减轻不正当使用行为所导致的市场份额被挤占、客户资源流失、生产经营受影响、直接或者间接经济损失产生等不利后果。第二,有助于保护消费者的利益。保护消费者利益是商标法的重要立法宗旨之一。商标与商品建立特定联系后成为生产者与消费者之间的沟通桥梁,其能够标识商品一致质量从而节省消费者的搜寻成本。❶将不正当使用注册商标作为撤销理由可以确保商品来源和质量的一致性,降低消费者的识别成本,避免因混淆误认造成的消费者利益损失,保障交易安全。第二,有助于维护良好的市场竞争秩序。"健康的竞争机制就是以质优价低的方式从事竞争的机制"❷,但实践中总有投机者企图"不劳而获",通过攀附他人商誉等形式的不正当手段打压其他竞争者,破坏健康的市场竞争环境。撤销不正当使用的注册商标能够更加明确商标权人与其他商标注册人的权利边界,遏制利用注册商标进行的不正当竞争行为,确保公平竞争秩序得以维持。

根据 2023 年年初国家知识产权局起草的《中华人民共和国商标法修订草案(征求意见稿)》(以下简称《商标法修订草案》)第 49 条第 1 款第 3 项的规定,我国有意在立法中增设不正当使用注册商标这一撤销商标的理由。但我国建立撤销不正当使用注册商标制度的正当性引发了业界质

---

❶ 冯晓青. 商标法中的公共利益研究 [J]. 新疆社科论坛,2007 (2):65.

❷ 孔祥俊. 反不正当竞争法的创新性适用 [M]. 北京:中国法制出版社,2014:4.

疑。有学者从法经济学的角度指出："《商标法修订草案》增设了行政机关对于'不当'使用的认定、管理和执法措施，而解决社会净成本和负外部性的最佳措施是通过产权制度、自由协商和司法程序予以调整，行政保护只能发挥补充作用，不能成为主导力量，否则不仅不是高效率的，还可能滋生权力寻租与腐败。"❶ 甚至有学者认为，将该款设置为撤销注册商标的理由不仅没有价值，而且会与商标无效宣告制度产生冲突。❷ 因此，我们需要结合域外经验对我国建立撤销不正当使用注册商标制度的正当性及潜在风险进行分析，选择最符合我国实际的制度方式并提出切实可行的立法建议，推动《商标法》的第五次修改。

二、撤销不正当使用注册商标制度的域外经验

目前，许多国家的商标法中均已存在规制不正当使用注册商标行为的规定，且国外对不正当使用注册商标的情形均采用依申请撤销的方式，并未将其纳入依职权撤销或无效的范围。我国建立撤销不正当使用注册商标制度还需结合域外经验进行分析。

（一）日本

《日本商标法》第51条第1款规定："商标权人故意在指定商品或者指定服务上使用与注册商标近似的商标，或者在与指定商品或者指定服务类似的商品或者服务上使用与注册商标近似的商标，对该商品或者服务的质量产生误导，或者与他人业务相关的商品或者服务产生混淆的，任何人都可以提出撤销该注册商标的审理请求。"日本对不正当使用的注册商标采取了依申请撤销的方式，且规定了不正当使用人的主观故意要求。同时，该条第2款对原商标权人在商标被撤销后的再注册行为进行了限制："原商标权人，在依前项规定撤销注册商标的审理决定生效之日起未满五年时，不得在被撤销商标注册的指定商品或指定服务上获得相

---

❶ 熊文聪. 商标修法需要恪守原理、凝聚共识 [EB/OL]. （2023-03-07）[2023-03-30]. https：//mp. weixin. qq. com/s/DyLoy7-VK2qNljVsRi5vTA.

❷ 张伟君. 我国《商标法》应该走出"商标管理法"的误区：对2023年修改草案征求意见稿第七章等的修改建议 [EB/OL]. （2023-02-01）[2023-03-30]. https：//mp. weixin. qq. com/s/BREMiUKMhb7P2JkLwfj1hA.

同或近似商标的注册。"❶ 日本学者提出：《日本商标法》第 51 条体现了重视识别商品来源和保证商品质量功能的原则，不能为了私人经济利益而绕开这些功能，否则就违背了商标法保护公共利益的目的。❷

《日本商标法》第 52 条规定："前条第 1 款的审判，在商标权人事实上不使用该款所述的商标已满五年的情况下，不得再提出。"❸ 该条款与《日本商标法》第 51 条第 2 款规定衔接。《日本商标法》第 52 条之二第 1 款规定："在转让的结果使在相同的商品或服务上使用的近似的注册商标，或在类似的商品或服务上使用的相同或近似的注册商标的商标权属于不同商标权人的场合，当其中之一的注册商标的商标权人出于不正当目的在指定商品或指定服务上使用其注册商标致使与其他注册商标的商标权人、商标独占使用权人或非独占使用人业务相关的商品或服务产生混淆的，任何人都可以提出撤销该注册商标的审理请求。"❹ 该款规定考虑了商标转让后多个商标权人持有相同或近似商标时发生的不正当使用注册商标情形。

《日本商标法》第 53 条第 1 款规定："如果独占使用权或非独占使用权的持有人在指定商品或指定服务或与之类似的商品或服务上使用注册商标或与之近似的商标，在商品或服务的质量上产生误导，或与他人业务相关的商品或服务产生混淆的，任何人都可以提出撤销该注册商标的审理请求。但是，这不适用于商标权人对该事实不知情并采取了适当的谨慎措施的情况。"同时，该条第 2 款规定："任何按照前款规定使用商标的前商标权人、独占使用权人或非独占使用权人，在根据前款规定撤销注册商标的审理决定生效之日起未满五年时，不得在被撤销商标注册的指定商品或指定服务上获得相同或近似商标的注册。"❺ 该条规定的设

❶ WIPO. Trademark Act（Act NO. 127 of Apr 13，1959，as amended up to Oct 1，2020），Article 51 [EB/OL]. [2023-03-29]. https：//wipolex. wipo. int/zh/text/580224.

❷ MATSUO K. The new Japanese trademark law [J]. The Trademark Reporter, 1963 (2)：120.

❸ WIPO. Trademark Act（Act NO. 127 of Apr 13，1959，as amended up to Oct 1，2020），Article 52 [EB/OL]. [2023-03-29]. https：//wipolex. wipo. int/zh/text/580224.

❹ WIPO. Trademark Act（Act NO. 127 of Apr 13，1959，as amended up to Oct 1，2020），Article 52 Paragraph 2 [EB/OL]. [2023-03-29]. https：//wipolex. wipo. int/zh/text/580224.

❺ WIPO. Trademark Act（Act NO. 127 of Apr 13，1959，as amended up to Oct 1，2020），Article 53 [EB/OL]. [2023-03-29]. https：//wipolex. wipo. int/zh/text/580224.

置主要是为了防止许可制度的滥用及其对消费者的不利影响，旨在强调商标所有人有义务对被许可人的实际使用行为进行充分的控制和监督。❶因此，商标所有人应当谨慎地监督被许可人对其注册商标的实际使用行为，并且只有在尽到谨慎注意义务且不知情的情况下，才能排除该条规定对商标所有人的适用。

由上述规定可知，日本采取的是依申请撤销不正当使用注册商标制度，商标注册人、商标独占使用人、非独占使用人若不正当使用注册商标，任何人均可以申请撤销该注册商标，并且对撤销后商标的再注册规定了五年的时间限制。此外，日本还考虑到了商标转让和商标许可后的商标不正当使用行为以及商标许可人不知情且履行谨慎注意义务后仍然产生混淆误认效果的情形。可见，日本对于打击不正当使用注册商标的态度坚决且规定细致，已建立起较为完善的撤销不正当使用注册商标制度。

（二）欧盟

《欧盟商标法》第 58 条第 1 款（c）项规定："欧盟商标所有人的权利在向该局申请或在侵权诉讼中基于反诉而被宣布撤销。……（c）如果由于商标所有人或经其同意就该商标注册的商品或服务而使用该商标，该商标可能误导公众，特别是在这些商品或服务的性质、质量或地理来源方面。"❷ 适用该款的注册商标必须是在指定产品的特性和质量方面具有误导公众的能力，例如，在欧盟注册商标表明历史传统从而导致人们对指定产品的质量特点产生误解，此种情况下误导公众的能力完全是由商标使用本身所产生的。❸ 不同于日本对撤销不正当使用注册商标的行为后果采用"混淆"和"质量误导"的简单描述，欧盟着重强调了在商品或服务的性质、质量或地理来源方面的误导，对相关权利人的商标权保护

---

❶ MATSUO K. The new Japanese trademark law [J]. The Trademark Reporter, 1963 (2): 122.

❷ EUR-Lex. Regulation (EU) 2017/1001 of the European Parliament and of the Council of 14 June 2017 on the European Union Trademark, Article 58 [EB/OL]. (2017-06-16) [2023-03-29]. https://eur-lex. europa. eu/legal-content/EN/TXT/? qid=1506417891296&uri=CELEX: 32017R1001.

❸ "Pauscha" Decision of the Supreme Court of Austria (Oberster Gerichtshof) 15 March 2021-Case No. 4 Ob 221/20h [J]. International Review of Intellectual Property and Competition Law, 2022 (1): 139.

更具针对性且对司法审判的指导意义更强。

（三）德国

《德国商标法》对不正当使用注册商标的规制规定在第49条第2款第2项中，即"下列情形中依请求而撤销商标注册：……（2）如果由于商标所有人或经其同意就该商标注册所指定的商品或服务而使用该商标，该商标可能会误导公众，特别是在这些商品或服务的性质、质量或地理来源方面"。❶作为欧盟的创始国之一，德国规定与欧盟规定基本一致。相较于日本精细化的规定，《德国商标法》的规定十分简洁，在撤销方式上也采取了依申请撤销，且未规定注册商标权人的主观状态。

（四）英国

《英国商标法》在第46条第1款（d）项中将不正当使用注册商标作为撤销的理由之一，具体规定为："（1）撤销商标注册可以基于下列任何原因：……（d）注册商标所有人或经其同意在注册的有关商品或服务上的使用，可能会误导公众，尤其是在这些商品或服务的性质、质量或地理来源方面误导公众。"❷英国现行商标法在序言中表明其立法目的是配合欧盟统一商标制度，与其他欧盟国家商标法接轨。因此，英国规定也与欧盟规定基本一致。

比较上述日本、欧盟、德国、英国的相关规定可以发现，就对造成误认的情形予以撤销的构成条件来看，欧盟、德国、英国的条件相对宽松，没有规定注册商标权人的主观故意状态，只要该使用行为能够引起相关公众的误认，任何人均可申请撤销。但是，在行为后果方面，《日本商标法》的规定仅表述为"混淆"，并且在对商标或者服务特点的误导方面仅规制质量误导；欧盟、德国和英国商标法则在一般规定的基础上尤其强调了在商品或服务的性质、质量或地理来源方面产生的误导后果。

综上所述，不正当使用注册商标作为撤销注册商标的理由已被域外国家和地区所广泛接受，以注册主义为基础进行商标授权确权的德国、

---

❶ Bundesministerium der Justiz. Gesetz über den Schutz von Marken und sonstigen Kennzeichen（Markengesetz-MarkenG），Article 49［EB/OL］.［2023-03-29］. http：//www. gesetze-im-internet. de/markeng/BJNR308210994. html.

❷ Intellectual Property Office. Trade Marks Act 1994，Article 46［EB/OL］.［2023-03-29］. https：//www. gov. uk/government/publications/trade-marks-act-1994.

日本等国家对于撤销不正当使用注册商标的制度设计也都采取了依申请撤销的方式，而不是宣告无效的方式。就具体制度设计而言，依职权撤销和依申请撤销方式存在区别。依职权撤销的行政管理色彩浓厚，对私权的干预程度更高，规制力度和风险也更大；依申请撤销淡化了行政因素，将撤销程序的启动权主要归还于权利主体或者相关利害关系人，更能兼顾私权保护。

另外，商标撤销制度和商标无效制度对注册商标产生的效力后果也存在本质区别。注册商标的可撤销事由在商标权取得后产生，商标权自被撤销之日起失效；而无效事由在商标权取得时存在，被宣告无效的商标权自始无效。❶ 被不正当使用的注册商标在注册之时是合法有效的，并未与商标注册法律制度相冲突，所以不能否定其自注册到被撤销之前的这段时间的效力，采取商标撤销制度否定其效力更具有合理性。

在主观状态方面，欧洲国家基本未对注册商标权人的主观状态进行规定，不正当使用注册商标行为的构成只需满足足以使一般公众产生误认这一要件；日本则将注册商标权人的主观状态限定为故意，且在商标许可使用情形下的不知情并尽到谨慎注意义务的注册商标权人不适用该制度。

在行为后果方面，日本规定的是导致"商品或服务质量的误认"以及"商品或服务的混淆"，规制范围较为限缩和模糊；而欧洲国家普遍在"误导公众"的一般规定上强调"在商品或服务的性质、质量或地理来源方面误导公众"，相较于日本，其规定则更具有指向性，规制范围更广。

三、对撤销不正当使用注册商标制度正当性的质疑及回应

知识产权的私权属性已在国际上达成共识。《与贸易有关的知识产权协定》（TRIPS）在序言部分强调各成员需认识到知识产权的私权属性。我国《民法典》第 123 条第 1 款规定了"民事主体依法享有知识产权"，明确了知识产权的民事权利法律地位。在理论层面，尽管诉诸司法保护耗时长且程序烦琐，但应对不正当使用注册商标行为可以依据现有法律

---

❶ 汪泽. 商标权撤销和无效制度之区分及其意义 [J]. 中华商标，2007 (10)：52.

制度认定商标侵权或不正当竞争，赋予行政机关撤销职权容易造成对商标权人私权利的过度干预，违背私法自治原则。有学者指出，除非自行改变注册商标导致原注册商标连续三年不使用，否则不应当导致撤销的后果，并强调"随意通过公权力加以剥夺，极不利于私权利稳定"❶。在政策层面，国务院印发的《国家知识产权战略纲要》明确指出要"发挥司法保护知识产权的主导作用"，但如果司法保护在事实上不具有足够的主导能力，自然会给予行政执法更大的作为空间，甚至使司法保护在一定程度上边缘化❷。然而，建立撤销不正当使用注册商标制度意味着将司法保护的重心更多地向行政手段倾斜。对于以上质疑，我们可以从理论依据与制度设计两方面予以回应。

（一）利益平衡理论

利益平衡理论是指通过法律的权威来协调各方面冲突因素，使相关各方的利益在共存和相容的基础上达到合理的优化状态❸。利益平衡理论渗透在知识产权保护的各个方面，因为知识产权虽然在法律性质上属于私权，但不可否认其本身具有的公共属性。知识产权保护旨在促进文化进步与科技创新，也是一种产业政策工具。

"知识共有物不仅有利于促进创新，而且有利于促进经济发展和共同体的演进。"❹ 个人对其智力成果享有财产权，同时也离不开对前人思想成果的积累、吸收和转化。社会的持续发展决定了人类对公有领域知识产品需求的不断增加，在一定程度上扩大知识产品的公有范围才能满足社会发展演进的需要。就此意义而言，保护知识产权就是为了促进社会进步。TRIPS 在序言中强调要"认识各成员知识产权保护制度的基本公共政策目标，包括发展目标和技术目标"。知识产权作为实现公共政策的法律工具，其公共政策属性主要体现在为实现促进创新等公共政策目标而在制度设计上呈现的公共政策考量，并决定了知识产权保护制度必然

---

❶ 李扬. 知识产权法基本原理 [M]. 北京：中国社会科学出版社，2010：782.

❷ 孔祥俊. 当前我国知识产权司法保护几个问题的探讨：关于知识产权司法政策及其走向的再思考 [J]. 知识产权，2015（1）：7.

❸ 陶鑫良，袁真富. 知识产权法总论 [M]. 北京：知识产权出版社，2005：17-18.

❹ 冯晓青. 知识产权法哲学 [M]. 北京：中国人民公安大学出版社，2003：86.

要兼顾财产权与公共利益。❶ 若不对知识产权保护进行限制，则社会公众对知识交流互通的需求无法得到满足，阻碍人类文明的发展繁荣。当然，若对知识产权干预过度，则严重侵害权利主体的私人权利，抑制其创新动力，最终仍会阻碍社会进步。所以，知识产权保护是私权保护和公益保护相互成就的结果，于私权和公益中找到平衡点才能达成激励创新、保护竞争的公共政策目标最优解，使知识产权保护效益最大化。事实上，私权神圣与利益平衡分别强调权利保护和权利限制，两者是一体两面而非绝对对立。❷ 由上述域外经验可见，即使西方国家自古奉行私权神圣原则，但在知识产权保护中也不可避免地要考虑私权与公益的平衡。

商标法作为竞争激励机制，其所体现的公共政策目标主要是维护公平的市场竞争秩序。❸ 商标法在处理私人利益与公共利益的平衡时注重对消费者利益的保护，尤其要处理好商标权人、消费者与竞争者之间的权利义务关系。这是商标权与著作权、专利权层面的利益平衡的区别所在。❹ 重塑商标法律制度中的利益平衡，需要充分认识商标的公共产品属性，强调消费大众在品牌塑造中的客观作用，重申商标权保护对消费者的公共利益关怀等。❺ 通过司法程序规制不正当使用注册商标行为，重心在于个案保护高知名度注册商标专用权人的合法权益。而建立撤销不正当使用注册商标制度，将从根本上解决不正当使用注册商标问题，旨在通过最小的行政干预手段兼顾广大消费者的合法权益。

（二）撤销不正当使用注册商标的方式选择

我国现有的商标撤销制度存在依职权撤销和依申请撤销两种方式，在不规范使用注册商标情形下采取依职权撤销，在注册商标被核定为通用名称和无正当理由连续三年不使用的情形下采取依申请撤销。而对于不正当使用注册商标行为的撤销究竟是采用仅依职权撤销模式还是仅依

---

❶ 孔祥俊. 论知识产权的公共政策性 [J]. 上海交通大学学报（哲学社会科学版），2021（3）：21.

❷ 吴汉东. 知识产权的多元属性及研究范式 [J]. 中国社会科学，2011（5）：40.

❸ 罗晓霞. 商标权的双重属性及其对商标法律制度变迁的影响 [J]. 知识产权，2012（5）：30.

❹ 冯晓青. 知识产权法的利益平衡原则：法理学考察 [J]. 南都学坛（南阳师范学院人文社会科学学报），2008（2）：93.

❺ 杜颖. 商标法律制度的失衡及其理性回归 [J]. 中国法学，2015（3）：127.

申请撤销模式，抑或是采用依申请与依职权两种撤销模式，需要考量制度的潜在风险，即行政机关对私权的干预程度。

首先，不正当使用注册商标多为商标争议的内容。不正当使用注册商标主要涉及的是相关公众对商品质量、来源等的误导，行为具有侵权性质以及不正当竞争性质，而对于侵权以及不正当竞争行为的处理多属于商标争议范畴。虽然从保护市场公平竞争秩序和维护社会公共利益的角度出发对不正当使用注册商标行为进行行政管理具有一定合理性，但行政确权手段介入到侵权纠纷中难免引发过度干预私权的质疑。若采取依职权撤销方式，相当于排除了相关商标权利人提起撤销的权利，也变相限制了高知名度注册商标专用权人的权利。而若选择依申请撤销方式，则能够使提起撤销的主动权回归相关权利人手中，对私权的干预程度更小。

其次，从证明责任分配角度考量，若仅采取依职权撤销的方式，那么其举证责任当然分配给行政主管机关；若采用依申请撤销的方式，撤销申请人需提交证明争议商标的使用存在使相关公众对产品来源、质量等产生误认的情形，其证明责任由撤销申请人承担，之后则需要商标注册人对其使用情况进行回应，行政主管机关在依申请程序中保持中立审查即可。两种程序对比而言，依职权撤销程序由行政主管机关承担举证责任，加剧了干预私权的风险；依申请撤销程序中行政主管机关作为中立审查角色更能避免对商标注册权人权利的损害，且相关权利人加入举证环节更利于对商标使用情况的实质审查。需要说明的是，尽管《日本商标法》和我国《商标法修订草案》均规定对不正当使用注册商标行为提出撤销商标注册申请的主体可以是任何主体，但考虑现实情况，其实只有具有冲突利益的相关权利主体或者利害关系人才有启动撤销程序的动力。可以预见，在实际实施中，被混淆的商标权人或其利害关系人将成为申请撤销注册商标的主要力量。

综上所述，知识产权的私权自治与行政干预之间的冲突可以通过制度设计予以缓解。❶ 撤销不正当使用注册商标制度采用依职权撤销方式有行政权力过度扩张之嫌，干预私权的制度风险较大；而采用依申请撤销

---

❶ 冯晓青，刘淑华. 试论知识产权的私权属性及其公权化趋向 [J]. 中国法学，2004（1）：67.

方式将行政机关的介入限定在相关主体提起撤销的情形，干预私权的风险较小。因此，采取依申请撤销的方式更为适宜。《商标法修订草案》为回应行政机关干预私权的质疑，选择与目前商标权注册制国家立法保持一致，采纳了依申请撤销的方式，相关主体享有提起撤销的权利，而行政主管机关仅履行中立审查的职责。

四、我国增设撤销不正当使用
注册商标制度的立法建议

总体而言，撤销不正当使用注册商标制度可以弥补我国商标法对不正当使用注册商标行为规制不足的缺陷，并且利益平衡理论与依申请撤销的制度设计能够回应对该制度正当性的质疑。在我国建立撤销不正当使用注册商标制度并选择依申请的撤销方式制度风险最小且利大于弊。具体建议如下。

（一）完善《商标法修订草案》第 49 条

为建立撤销不正当使用注册商标制度，《商标法修订草案》第 49 条第 1 款第 3 项规定："存在下列情形之一的，任何自然人、法人或者非法人组织可以向国务院知识产权行政部门申请撤销该注册商标，但不得损害商标注册人的合法权益或者扰乱商标注册秩序：……（三）注册商标的使用导致相关公众对商品的质量等特点或者产地产生误认的。"从该规定的表述来看，首先，不正当使用注册商标的行为表现仅涉及对商品产生误认而未提及服务，增加"服务"的表述会更加严谨。其次，该规定没有明确"商品的质量等特点"中的"等"该如何解释，具体适用中恐存在争议，且在行为后果上仅规定了对商品特点与产地的误认，规制范围较窄。从域外经验来看，日本的规定只是笼统地表述为混淆或者质量误认，欧盟则采取"例示强调"加"一般表述"的方式。可以借鉴欧盟做法，明确将规制范围扩大到对商品或服务来源产生误认的情形。另外，在不正当使用的主体方面，应当明确不正当使用导致注册商标被撤销的情形不仅仅限于商标注册人自己使用的情形，也包括经其允许的被许可使用人使用的情形。据此，本文建议在《商标法修订草案》基础上，将第 49 条新增的依申请撤销不正当使用注册商标条款具体表述修改为："存在下列情形之一的，任何自然人、法人或者非法人组织可以向国务院知识产权行政部门申请撤销该注册商标，但不得损害商标注册人的合法权益或者扰乱商标注册秩序：……（三）注册商标的使用导致相关公众对商品或者服务的质量、产地、来源或其他特点产生误认的。商标被许可人使用的情形亦适用，但商标权人对该事实不知情并采取了适当的谨慎措施的情况除外。"

（二）明确行为判定标准和程序协调

不正当使用注册商标的行为判定标准和撤销不正当使用注册商标制度与其他制度的程序协调内容可详细规定于《商标法实施条例》《商标审查审理指南》中，指导注册商标撤销程序的法律适用与执行。

广义的不正当使用的具体情形是多种多样的，既包括改变注册商标的形式，也包括不改变注册商标的形式。例如，改变注册商标的图形、使用不同颜色、与他人装潢或包装相搭配、组合使用多个注册商标或者突出显示部分注册商标图样。不正当使用注册商标行为的情形多变，给国务院知识产权行政部门的商标审查判定工作增添了许多难度，因此建议对不正当使用注册商标的行为判定予以明确。判定注册商标使用行为是否构成不正当使用应当主要审查三个方面：该注册商标本身并不与他人注册商标相同或近似，商标权人存在故意攀附他人商誉的意图，实际使用的结果导致与知名度较高的注册商标的混淆。

具体而言，首先，不正当使用注册商标判定的前提因素是商标符合法律规定并已获准注册，因此注册商标本身并不会产生与他人注册商标相同或近似的效果，只有经过商标权人的实际使用后才可能产生不正当使用的后果。其次，不正当使用注册商标的商标权人需存在模仿、影射、接近他人注册商标的意图或动机，其具体表现形式即为"傍名牌""搭便车"的靠近行为。虽然不正当使用注册商标的商标权人一般不会主动承认其攀附他人商誉的意图，且目前欧盟、德国等域外法律制度中并未对故意意图作出强制性规定，但主观使用意图仍是判定不正当使用行为的重要考量因素。最后，不正当使用的核心判定标准应当为实际使用的结果能使消费者对商品或者服务的来源、质量等特点产生混淆误认。

在程序协调方面，《商标法修订草案》在第 64 条仍然保留了现行《商标法》第 49 条第 1 款撤销不规范使用注册商标的内容。若保留撤销不规范使用注册商标制度，则涉及撤销不规范使用注册商标制度与撤销不正当使用注册商标制度的程序协调问题。事实上，两个程序并不存在冲突，通过程序协调后反而能够相互补充。因此，本文建议在《商标审查审理指南》中明确两制度的程序协调问题。

具体而言，我国对于不规范使用行为采用依职权撤销方式，对于狭义的不正当使用行为采用依申请撤销方式。当依申请撤销程序被提起并进入实质审查审理环节后，若发现商标注册人存在不规范使用的情形，则先进行不正当使用注册商标行为的依申请撤销程序，若决定撤销注册商标，则不必再启动依职权撤销不规范使用注册商标相关程序；若决定维持注册商标有效性，国务院知识产权行政部门再启动依职权撤销不规范使用注册商标相关程序。而对于在不规范使用注册商标制度中发现不正当使用情形，但是没有相关主体提起依申请撤销不正当使用注册商标程序的，知识产权行政主管机关可以一并责令其改正，期满不改正不规范使用行为的，商标主管机关可以依职权对注册商标予以撤销。

在商标侵权纠纷中，法院若查明商标注册人或使用人对注册商标使用时进行了拆分、组合、变形或者其他不规范使用的行为，法院可能会认定其是在使用一个新的未注册商标，而非实际使用注册商标，所以此种情况下也可能构成侵权。在侵权诉讼审理过程中，若发现商标注册人使用商标的行为能够导致相关公众产生误认时，被侵权人有可能同时提起撤销申请，此时主要涉及诉讼中止的问题，可以由司法机关决定是否等待依申请撤销不正当使用注册商标案件审理完毕后再进行侵权案件审理，也可以认定被诉侵权商标的使用并非注册商标的使用而行使管辖权，并作出是否侵权的裁判结论。

商标法视角下地理标志的
注册审查与保护

——兼评商标法修订草案征求意见稿[*]

王莲峰[❶]　戚秋杰[❷]

摘　要

　　在商标法体系下，地理标志可以作为集体商标或证明商标申请注册。为了进一步完善地理标志集体商标和证明商标的注册审查与保护，需要区分其表现形式和组成要素与地理标志本身的区别，以及与普通集体商标、证明商标注册申请的不同之处。由于县级和以下行政区划的地名可以单独注册为商标，县级以上行政区划的地名可以作为集体商标、证明商标注册，也可以地理标志的形式作为集体商标、证明商标的组成部分获得注册，因此不可避免地会出现地名商标与地理标志之间的冲突。在利益平衡的视角下，允许地名商标与地理标志集体商标、地理标志证明商标在一定条件下的共存，明确两者在注册审查阶段的冲突解决路径，能够有效促进对地理标志的保护。

---

　　[*]　本文为王莲峰教授主持的国家社会科学基金重点项目"商标注册审查制度改革研究"（项目批准号：20AFX019）的阶段性成果。

　　[❶]　作者单位：华东政法大学知识产权学院、华东政法大学商标法研究所。
　　[❷]　作者单位：华东政法大学知识产权学院。

关键词

地理标志　集体商标　证明商标　注册审查

一、引　言

地理标志作为一项重要的知识产权类型，是促进区域特色经济发展的有效载体，也是推进乡村振兴的有力支撑。2021 年 9 月，中共中央、国务院印发了《知识产权强国建设纲要（2021—2035 年）》（以下简称《纲要》），指出要推动地理标志与特色产业发展、生态文明建设、历史文化传承以及乡村振兴有机融合，提升地理标志品牌影响力和产品附加值。2023 年 1 月 13 日，国家知识产权局发布《中华人民共和国商标法修订草案（征求意见稿）》（以下简称《征求意见稿》），其第 6 条第 3 款首次在商标法中明确了地理标志可以作为证明商标或集体商标申请注册，确定了其在法律层面的效力，对加强我国商标法意义上的地理标志保护具有重要的指导作用。

虽然商标法框架下给予了地理标志一定程度的保护，但还存在不足之处，主要体现在地理标志集体商标、地理标志证明商标与地理标志本身的区分有待明晰，与普通集体商标、证明商标注册申请的界限有待明确，以及地名商标与地理标志之间可能发生权利冲突等问题。鉴于此，笔者以地理标志集体商标、地理标志证明商标的注册申请审查为视角，结合《征求意见稿》中对地理标志条款修改的新动向，对当前地理标志集体商标、地理标志证明商标授权确权过程中的一些争议进行归纳和分析，为进一步完善商标法中的地理标志的注册审查与保护提出修改的建议。

二、地理标志集体商标和地理标志证明商标的注册审查与保护问题分析

地理标志集体商标、地理标志证明商标作为特殊的集体商标、证明商标类型，对其注册申请要求有必要进一步明晰，而由于地理标志集体

商标、地理标志证明商标的构成要素往往和地理名称具有较强的关联性，因此可能会陷入与地名商标之间的权利冲突困境。

（一）地理标志集体商标和地理标志证明商标注册申请要求有待明晰

在我国，对地理标志的保护主要以商标法为主；地理标志的商标保护，一般是指通过集体商标、证明商标制度保护地理标志。但是，地理标志所具有的推动产业发展、保障地方可持续发展、保护文化多样性等的多元价值体系，决定了以商标法向地理标志提供专有权保护之外，还应当在一个立体的、综合的规范体系之下，对地理标志进行保护。❶ 从这个角度而言，地理标志与商标总体上讲是两种权利。❷ 为了避免对地理标志与地理标志集体商标、地理标志证明商标的重叠保护，需要区分地理标志与地理标志集体商标、地理标志证明商标的不同之处——主要体现在地理标志集体商标、地理标志证明商标申请注册的表现形式与组成要素不同于地理标志。而除了标志本身存在区别，地理标志集体商标、地理标志证明商标与普通的集体商标、证明商标，在注册申请上还存在较大的差异。

关于地理标志集体商标、地理标志证明商标的注册申请条件，《集体商标、证明商标注册和管理办法》（以下简称《管理办法》）作出了较为详细的规定，其中第4条、第5条分别规定了普通集体商标、证明商标的注册要求，第6条、第7条进一步明确了地理标志集体商标、地理标志证明商标申请注册的条件；以地理标志作为集体商标、证明商标申请注册的，相比普通的集体商标、证明商标申请，需要提交更多的证明材料。这也就意味着，对地理标志集体商标、地理标志证明商标的注册要求更高，相应审查事项也更加复杂。

但正出于这一原因，商标中即使包含了地理标志，商标注册申请人也不会选择将其注册为地理标志集体商标或地理标志证明商标，而是选择申请注册为普通的集体商标或证明商标。一方面，商标注册申请人可以回避《管理办法》第6条规定的向管辖该地理标志所标示地区的人民政府或者行业主管部门申请批准文件的要求。另一方面，根据《管理办

---

❶ 李祖明. 传统知识视野下的地理标志保护研究 [J]. 知识产权，2009（1）：13，14.

❷ 刘亚军. 完善我国地理标志法律保护实证分析 [J]. 当代法学，2004（2）：47.

法》第 7 条，其提交地理标志所标示的商品的特定质量、信誉以及与该地理标志所标示的地区的自然因素和人文因素的关系等的证明材料的义务也被免除。这种行为不仅会扰乱正常的商标注册秩序，而且不利于地理标志集体商标、地理标志证明商标的注册与保护。因此，当商标中含有地理标志，但申请人仅提交了普通集体商标或证明商标的商标注册申请时，应当如何处理，是当下亟待解决的问题。

（二）地名被注册为普通商标与地理标志之间可能产生冲突

《商标法》第 10 条第 2 款规定："县级以上行政区划的地名或者公众知晓的外国地名，不得作为商标。但是，地名具有其他含义或者作为集体商标、证明商标组成部分的除外；已经注册的使用地名的商标继续有效。"根据这一条款，地名可以作为地理标志集体商标、地理标志证明商标的组成部分而获得注册，因此具有间接保护地理标志的作用。[1] 但是，由于这一条款并未禁止把县级和以下行政区划的地名作为商标来注册和使用，因此商标权人对该种地名拥有了垄断性使用权。这对包括该地区的其他生产者在内的所有生产者来说都不公平。[2] 在我国，县级和以下行政区划的地名作为地方特色产品名称的并不少见，如"白蒲黄酒案"中的"白蒲"即为镇名；又如"海城南果梨"中的"海城"是由镇名改为的市名；还有更小的地理名称，如"牛庄馅饼"中的"牛庄"等。这些地理名称大到市名，小到城市的胡同、街道的名称。[3] 而如果对这些乡、镇或者胡同、街道的名称的商标注册申请不作限制，任由他人将这些地名在与地方特色产品相同或类似的商品或服务上申请注册商标，将很难促进包含县级和以下行政区划地名的地理标志的保护与发展，也会加剧地名商标与地理标志之间的冲突。因此，《商标法》第 10 条第 2 款作为解决地名商标与含有地名的地理标志的冲突的规范之一，需要进一步作出调整。

[1] 王莲峰. 商标法学 [M]. 4 版. 北京：北京大学出版社，2023：273.

[2] 冯寿波，陆玲. 我国地理标志法律保护的完善研究：以地名商标可注册性及合理使用为中心 [J]. 湖北社会科学，2014 (9)：144.

[3] 王淼. 论地理标志与商标权的冲突及其法律协调 [J]. 长春师范学院学报（自然科学版），2005 (3)：113.

三、厘清地理标志集体商标和地理标志证明商标标志本身以及特有事项的审查

根据《商标法实施条例》第4条和《管理办法》的有关规定，地理标志集体商标和地理标志证明商标的注册申请，需要提供主体资格证明、地理标志所标示地区人民政府或行业主管部门的批准文件、申请人的检测能力证明材料等。因此，对地理标志集体商标和地理标志证明商标进行审查时，除对其标志进行审查外，还应当对其申请人的主体资格、使用管理规则、检验检测能力等特有事项进行审查。前者主要涉及地理标志集体商标、地理标志证明商标与地理标志表现形式与组成要素的区分，后者则关系到与普通集体商标、证明商标注册审查事项的不同。

（一）区分地理标志与地理标志集体商标和地理标志证明商标的表现形式与组成要素

《管理办法》第8条❶对可以申请注册的地理标志的表现形式作出了规定：可以是地区的名称，例如地理标志集体商标"香槟"（Champagne）、"BORDEAUX波尔多"分别代表原产地为法国香槟地区、波尔多地区的葡萄酒；也可以是任何能够标示商品来源于特定地区的其他标志，包括"库尔勒香梨""安溪铁观音""景德镇瓷器"这类地名和产品名称的结合；还包括"湘莲"这种地名简称和产品简称的结合等。那么，根据这一规定，地理标志集体商标、地理标志证明商标申请人，是否可以自行设计或选择其他可视性标志，进而提出商标注册申请呢？需要明确的一个前提是：地理标志与地理标志集体商标、地理标志证明商标是两个不同的概念。从表现形式来看，地理标志集体商标、地理标志证明商标主要包括纯文字形式以及图文组合形式两种不同类型的可视性标志。对于后者这种图文组合标志，其是由地理标志与地理标志以外的图形、文字组合而成的一种组合性标志；不应将地理标志以外的其他图文构成

---

❶ 《集体商标、证明商标注册和管理办法》第8条："作为集体商标、证明商标申请注册的地理标志，可以是该地理标志标示地区的名称，也可以是能够标示某商品来源于该地区的其他可视性标志。前款所称地区无需与该地区的现行行政区划名称、范围完全一致。"

153

要素混同为地理标志本身。❶ 地理标志作为一种单独的知识产权客体，其本身就可以受到商标法的保护，主要体现在《商标法》第 16 条第 1 款的规定中：地理标志可以阻却商标中含地理标志以误导公众的注册与使用行为。而在地理标志获得商标注册后，地理标志集体商标、地理标志证明商标作为一种商标法意义上的权利客体，可以直接依据商标法，对注册商标的规定获得保护。

有观点认为，尽管是以证明商标或集体商标的形式来保护地理标志，但地理标志与其他类型的证明商标或集体商标不同：后者的申请人可以任意创设或选择其商标标志，而前者的申请人只能申请注册客观既存的表现形式。这是因为，只有这种客观上的商誉承载标志，才能作为地理标志类型的集体商标或证明商标予以注册，因而属于真正的地理标志。❷ 从这个角度而言，地理标志集体商标、地理标志证明商标申请人，需要结合相关公众的认知，在客观既存的地理标志表现形式的基础上，申请商标注册，而不能任意创设或改变地理标志。例如，虽然"湘莲"表达的含义与"湖南莲子"相同，但是由于"湘莲"是基于湖南湘潭的自然条件和世代劳动者的集体智慧而形成，其上已经凝结了较高的商誉，而且经过长久的宣传使用，相关公众已经普遍将"湘莲"作为识别产品产地来源的标志以及产品质量的保证，因而不能被"湖南莲子"所替代。再比如，"烟台苹果"地理标志代表来源于山东特定地域的苹果，虽然"YANTAI APPLE"的表达与此同义，但是申请人并不能仅以"YANTAI APPLE"的形式，申请注册地理标志集体商标或地理标志证明商标，但如果申请人将"烟台苹果"与"YANTAI APPLE"组合起来，由于发挥产地识别作用的主要还是"烟台苹果"文字部分，因此这一组合可以获得地理标志集体商标、地理标志证明商标的注册。❸

这也就说明：除了"地名"和"商品名称"，在地理标志集体商标、

---

❶ 周波. 商标法框架下的地理标志保护：从"螺旋卡帕"商标异议复审案说起［J］. 法律适用，2018（8）：39.

❷ 冯术杰. 论地理标志的法律性质、功能与侵权认定［J］. 知识产权，2017（8）：6.

❸ 笔者通过国家知识产权局"以集体商标、证明商标注册的地理标志检索"查询服务，检索到"烟台苹果"地理标志证明商标注册形式之一即为"烟台苹果"与"YANTAI APPLE"图文组合商标。

地理标志证明商标构造中，还可以加入图形及其他文字。❶ 以获得注册的地理标志集体商标或地理标志证明商标的具体表现形式来看，国家知识产权局也并没有将其构造严格限定在与既存的表现形式完全相同的条件下。例如，波尔多葡萄酒行业联合委员会将 "BORDEAUX 波尔多"（BORDEAUX 波尔多）、"Bordeaux Clairet 波尔多淡红"（Bordeaux Clairet 波尔多淡红）、"Cremant de Bordeaux 波尔多气泡酒"（Cremant de Bordeaux 波尔多气泡酒）等多个文字标志申请注册为地理标志集体商标；"库尔勒香梨" 地理标志以 "库尔勒香梨"（"库尔勒香梨" 图文组合标志）作为证明商标申请注册，不仅将简体 "库" 变换成繁体 "庫"，还增加了 "孔雀开屏" 的图形设计要素；"潼关肉夹馍" 地理标志以 "潼关肉夹馍"（"潼关肉夹馍" 图文组合标志）作为集体商标申请注册，不仅在地理标志中增加 "TONG GUAN ROU JIA MO" 拼音字母，而且还增加了 "城楼" 的图形设计要素，并将 "城楼" 的背景颜色设计成红色。上述地理标志集体商标、地理标志证明商标获准注册的一个共同之处就在于：虽然其在构造上增加了字母、图形、颜色等要素，但是并没有改变或者去除地理标志中主要发挥识别产地来源作用的部分，而是以此为基础进一步设计。因此，在以地理标志申请注册地理标志集体商标、地理标志证明商标时，申请人可以在客观既存的地理标志的基础上，增加文字、图形、字母、颜色等其他具有显著性的要素。在明确这一前提后，可以对《管理办法》第 8 条中 "标示某商品来源于该地区的其他可视性标志" 的规定进一步完善，并在此基础上明确地理标志集体商标、地理标志证明商标的具体表现形式和组成要素。

在国家知识产权局 2022 年 6 月 7 日发布的《集体商标、证明商标注册和管理办法（征求意见稿）》中，已体现出对这一规定的修改：在第 6 条❷

---

❶ 亓蕾. 商标行政案件中地理标志司法保护的新动向：兼评《关于审理商标授权确权行政案件若干问题的规定》第 17 条［J］. 法律适用，2017（17）：10.

❷ 《集体商标、证明商标注册和管理办法（征求意见稿）》第 6 条第 1 款："作为证明商标、集体商标申请注册的地理标志，可以是该地理标志标示地区的名称，也可以是能够标示某商品来源于该地区的其他标志。"

中通过将"其他可视性标志"修改为"其他标志",扩大了可以获得注册的地理标志集体商标、地理标志证明商标的表现形式。但是,对这一规定还可以进一步细化。具体而言,可以在法条中明确"以地理标志申请注册集体商标、证明商标的,可以在客观既存的地理标志的基础上增加具有显著性的其他要素,但是任意改变地理标志本身显著部分的除外"。一方面,为了保证地理标志所具有的表明产品地理来源以及特定产品质量作用的发挥,地理标志集体商标、地理标志证明商标的申请注册,应当以客观既存的地理标志为基础,因而不能随意改变地理标志的显著部分。另一方面,为了使地理标志集体商标、地理标志证明商标具有更强的显著性,可以允许申请注册的商标,在客观既存的地理标志基础之上,增加具有显著性的其他要素。如此规定的原因在于:地理标志集体商标、地理标志证明商标的显著性越强,其与地理标志本身的区分也就越明显,从而能够减少作为商标权的私权属性与地理标志公共属性之间的冲突,进一步平衡双方的利益之争。

事实上,《集体商标、证明商标注册和管理办法(征求意见稿)》对此已有所考虑,其第 8 条❶指出:"申请注册的集体商标、证明商标由地名和商品名称组成的,可以增加具有显著性的要素"。虽然这一规定针对地理标志以外的普通集体商标、证明商标的注册申请,但是以此为参考,以地理标志申请注册集体商标、证明商标的,应当也同样可以增加其他要素,以增强商标的显著性。

(二) 区分普通集体商标和证明商标与地理标志集体商标和地理标志证明商标的注册申请

从表现形式上来看,普通集体商标、证明商标与地理标志集体商标、地理标志证明商标,都可以以"地名"加"商品名称"的形式申请注册,因而表现出一定程度的相似性。那么在这种情况下,就需要明确两者商标注册申请的不同之处,以及如果标志中存在地理标志,申请人是仅能提交地理标志集体商标、地理标志证明商标注册申请,还是可以选择提

---

❶ 《集体商标、证明商标注册和管理办法(征求意见稿)》第 8 条:"除地理标志外,地名作为组成部分申请注册集体商标、证明商标的,标志应当具有显著特征,便于识别。但是侵犯公共利益的标志,不得注册。申请注册的集体商标、证明商标由地名和商品名称组成的,可以增加具有显著性的要素,并且指定商品应当与商标中的商品名称一致或者密切相关,商品的声誉与地名密切关联。"

交普通集体商标或证明商标注册申请，以及国家知识产权局又该如何审查并作出决定。

根据《商标法》第16条第2款的规定，地理标志，是指标示某商品来源于某地区，该商品的特定质量、信誉或者其他特征，主要由该地区的自然因素或者人文因素所决定的标志。《商标审查审理指南》第9章第6.1.1节"地理标志集体商标和地理标志证明商标商品申报注意事项"部分指出：地理标志强调的是商品的特定品质及其与生产地域自然因素、人文因素之间的关联性，但单一的仅由自然因素或者仅由人文因素决定特定品质的，如与产地自然因素没有关联的手工艺品、地方小吃或与产地人文因素没有关系的纯工业产品、矿产、野生动植物等，不能作为地理标志集体商标和地理标志证明商标指定使用的商品。例如，"沙县小吃"作为一种地方小吃，由于其与当地自然因素并无关联，仅能作为普通集体商标或地理标志证明商标获得注册，而不能申请注册为地理标志集体商标或证明商标。❶ 因此，只有兼具地域内自然因素和人文因素的地理标志，才可以作为地理标志集体商标或地理标志证明商标获得注册。但是，这种主要由自然因素或人文因素决定的地理标志，是否可以以普通集体商标或证明商标申请注册呢？在"镜泊乡大豆 DADOU 及图"商标注册申请行政纠纷案中，被上诉人提出的一个抗辩理由就是：是否以地理标志作为集体商标注册，是镜泊湖大豆协会的权利，尽管镜泊湖大豆协会的产品与镜泊乡的自然因素、人文因素有着极其密切的联系，但镜泊湖大豆协会无意以地理标志集体商标的形式申请注册，仅愿意以一般集体商标的形式注册，国家知识产权局强行将不是"地理标志"的"镜泊乡大豆"以"地理标志集体商标"进行审查，于法无据。

北京市高级人民法院经审理指出：在具体案件中，如果商标注册申请人未明确其申请注册的商标为以地理标志申请注册的集体商标；或者商标注册申请人认为其申请注册的商标并非以地理标志申请注册的集体商标，但商标注册主管行政机关认为申请注册的该集体商标中包含了地理标志，应当按照以地理标志作为集体商标申请注册的审查标准予以审查的，商标注册主管行政机关均应有充分的证据证明该申请注册的集体

---

❶ 笔者对沙县小吃同业公会在第43类"餐饮服务"中申请注册的商标进行查询，显示"沙县小吃"获得注册的商标类型均为普通集体商标。

商标中包含地理标志，并据此作出行政行为；在因当事人不服该行政行为而提起的行政诉讼中，商标注册主管行政机关对申请注册的该集体商标中包含地理标志负有举证责任，应提交其认定该商标中包含地理标志的相关证据。❶

该案中，法院明确了在能够认定地理标志客观存在的情况下，国家知识产权局有权依照地理标志集体商标、地理标志证明商标的注册要求和程序，对普通集体商标、注册商标进行审查，进而作出准予注册或者驳回申请的决定。事实上，如果允许申请人自行选择地理标志的商标注册类型，会造成普通集体商标、证明商标与地理标志集体商标、地理标志证明商标之间的界限模糊不清。《管理办法》中，针对地理标志集体商标、地理标志证明商标注册申请所规定的特殊事项的审查，将无法适用。从地理标志集体商标、地理标志证明商标申请注册的主体来看，前者要求其应当具有监督使用该地理标志商品的特定品质的能力，并且仅能由来自该地理标志标示的地区范围内的成员组成，而后者也要求应当由具有监督该证明商标所证明的特定商品品质能力的主体提出申请。❷ 这一规定体现了以地理标志申请注册集体商标、证明商标主体的限制，目的就在于在地理标志集体商标、地理标志证明商标的私权属性与地理标志所标示地域范围内公共属性之间寻求一种平衡。因此，如果允许对地理标志以普通集体商标、证明商标的形式申请注册，将会不当扩大申请人的范围，损害特定地域范围内其他经营者的利益，从而打破这种利益平衡的状态。具体而言，允许申请人将地理标志作为普通集体商标、证明商标注册，不仅会对地理标志集体商标、地理标志证明商标授权确权体系带来较大影响，也不利于商标法体系下对地理标志的保护。

但是，如果由国家知识产权局承担地理标志客观存在的证明责任，则不利于地理标志集体商标或地理标志证明商标的注册与保护。首先，虽然国家知识产权局有权在授权确权程序中对地理标志进行认定，但这

---

❶ 参见北京市高级人民法院（2016）京行终 1872 号行政判决书。

❷ 《集体商标、证明商标注册和管理办法》第 4 条："申请集体商标注册的，应当附送主体资格证明文件并应当详细说明该集体组织成员的名称和地址；以地理标志作为集体商标申请注册的，应当附送主体资格证明文件并应当详细说明其所具有的或者其委托的机构具有的专业技术人员、专业检测设备等情况，以表明其具有监督使用该地理标志商品的特定品质的能力。申请以地理标志作为集体商标注册的团体、协会或者其他组织，应当由来自该地理标志标示的地区范围内的成员组成。"

一般发生在地理标志集体商标、地理标志证明商标注册审查中，根据申请人提交的证明材料进行认定，或者在商标异议程序中，针对异议主体提交的证据进行认定。其次，认定地理标志客观存在与否的材料，往往和当地记载、保存的历史文献资料等有关，国家知识产权局一般很难获取上述材料。而在上述申请人仅申请注册普通集体商标、证明商标，也没有其他地理标志在先权利人、利害关系人提起异议的情形下，国家知识产权局并没有直接的证据认定地理标志。因此，在《管理办法》已经对地理标志集体商标、地理标志证明商标的注册申请提出明确要求的前提下，可以进一步强调商标注册申请人诚信、完整地提供相关证明材料的义务以及相应的不利后果，防止注册申请人逃避以地理标志申请集体商标、证明商标注册相较于普通集体商标、证明商标注册申请所需要的额外提交其他证明材料的义务。

在地理标志集体商标、地理标志证明商标授权确权过程中，可以允许申请人在不改变地理标志本身显著部分的情况下，对地理标志进行细微变动，并在客观既存的地理标志基础上，增加具有显著性的其他要素；对特有事项的审查，要区分其与普通集体商标、证明商标的界限，并强调诚实信用原则在商标注册申请中的作用。

四、明确地名商标与地理标志的冲突解决路径

地名既可以作为普通商标注册，也可以以地理名称的形式作为地理标志集体商标、地理标志证明商标的组成部分获得注册，这就导致了地名商标可能与地理标志之间发生冲突。因此，需要明确地名在不同场合下获准注册的商标类型以及冲突发生时的具体解决路径。

（一）地名作为不同类型商标注册的利益衡量

1. 地名被注册为普通商标引发的对公共资源的垄断

在实践中已经出现了因将地名注册为普通商标而引发的社会公共利益与私权之间的冲突。2021 年逍遥镇胡辣汤维权案轰动一时。逍遥镇胡辣汤协会以其享有的"逍遥镇"[1]注册商标专用权，向多家逍遥镇胡辣汤

---

[1] 逍遥镇胡辣汤协会主张维权的"逍遥镇"注册商标共 3 件，分别核定使用在《商标注册用商品和服务国际分类》第 29 类"胡辣汤"商品以及第 43 类"餐饮服务"上，均为普通商标。

店提起诉讼，原因是它们的门牌上使用了"逍遥镇"。在由此次维权引发的纠纷中，关键问题就是"逍遥镇"注册商标的性质。作为县级以下的行政区划地名，"逍遥镇"并没有被禁止注册为普通商标；然而逍遥镇胡辣汤协会作为一个行业协会组织，一般而言应当是集体商标或者证明商标的权利人，以供组织内成员在商事活动中使用或者证明商品的原产地、特定质量或信誉。如果胡辣汤的特定质量或信誉主要由本地的自然因素或者人文因素所决定，那么逍遥镇胡辣汤还应当是一个地理标志，可以作为地理标志集体商标或地理标志证明商标获得注册。但是逍遥镇胡辣汤协会没有申请注册集体商标或证明商标，而是拥有一个普通商标。对此，国家知识产权局指出：逍遥镇胡辣汤协会作为"逍遥镇"普通商标的注册人，并不能依据注册商标专用权收取所谓的"会费"。❶ 最终，此次商标维权案以逍遥镇胡辣汤协会暂停工作终止。

"逍遥镇"商标是在逍遥镇地域内胡辣汤经营者的多年使用下，才获得了较高的知名度。换言之，"逍遥镇"商标中凝结的商誉离不开地域内商户的共同努力。而在"逍遥镇"被注册为普通商标的情况下，逍遥镇胡辣汤协会对这一地名商标享有了注册商标专用权，虽然他人仍然具有正当使用"逍遥镇"地名的权利，可将其用于指示所提供的胡辣汤的来源产地，但是这种对地名的使用仍具有诸多限制——这不仅会影响逍遥镇地域内相关主体的利益，而且不利于逍遥镇胡辣汤品牌的建设与发展。因此，出于平衡公共利益和私人权利的基本考量，对含有地名的商标注册申请需要严格审查。

2. 利益平衡视角下对地名商标注册的限制

地名作为一种公共资源，需要衡量在不同形式注册下对相关利益主体以及社会公共利益的影响，因此有必要在衡量各方利益的基础上，判断地名在何种情况下可以获准注册。此外，由于地名往往作为地理标志集体商标、地理标志证明商标的组成部分获得商标注册，还需要考虑注册为普通商标后，是否会阻碍地域内相关产业的发展。基于对利益平衡原则的考量，对于新的地名商标的申请和注册应作严格限制。因为在一个地方可能有很多人生产同一种商品或提供同一种服务，若允许一个人

---

❶ 国家知识产权局. 关于"逍遥镇""潼关肉夹馍"商标纠纷答记者问 [EB/OL]. (2021-11-26) [2023-08-30]. https://mp.weixin.qq.com/s/IArPB4gLOgatg5w9lQKWmg.

将该地名注册为商标，会造成对其他在同一地方生产同一种商品或提供同一种服务的人不公平的影响。❶ 对于具有独特含义，即某商品来源于该地，且该商品的特定质量、信誉或者其他特征，主要决定于该地区的自然或人文因素的地名，不应以地名商标来注册，而应以地理标志集体商标或地理标志证明商标进行注册。❷

在一般情况下，县级以上行政区划的地名或者公众知晓的外国地名不得作为商标，但是根据《商标法》第 10 条第 2 款的例外规定，上述地名可以作为集体商标、证明商标的组成部分。对于地理标志中含有的地名，如果地名属于县级以上行政区划的地名或者公众知晓的外国地名，那么也仅能以地理标志集体商标、地理标志证明商标的形式获得注册。而如果地名不属于上述范围，则无法纳入《商标法》第 10 条第 2 款的禁止注册情形。对此，《商标审查审理指南》第 3 章第 2.9 节"含地名标志的审查审理"部分指出：县级和以下的行政区划或我国公众不知晓的外国地名，虽然不属于《商标法》第 10 条第 2 款禁止注册的情形，但若相应地域本身以生产某种商品或提供某种服务闻名，则仍要结合申请使用的商品与服务，综合判断是否属于误认情形。因此，在对地名商标的注册审查中，判断其能否注册的一个重要因素，就是是否会引起相关公众对商品或服务产地等特点的误认；如果容易使消费者对其指定商品的产地或服务内容等特点发生误认的，可以适用《商标法》第 10 条第 1 款第7 项的规定予以驳回。

在本次《商标法》修订中，《征求意见稿》对《商标法》第 10 条第 2款进行了修改，主要体现在将县级以上行政区划的"地名"修改为"名称"，同时将公众知晓的"外国地名"修改为"国内和国外地名"。❸ 一方面，这一条款的修改扩大了不得作为商标注册的名称范围，包括县级以上行政区划的名称以及公众知晓的国内外地名，实际上加大了对地名注册为普通商标的限制。根据《征求意见稿》的这一意见，诸如"逍遥镇"之类的在国内知名的乡镇地名，可能将很难获得地名商标的注册。因此，

---

❶ 唐弦. 地名商标的正当使用 [J]. 人民司法，2022 (11)：93.

❷ 陈金涛. 析 TRIPS 协议与我国地理标志的法律保护 [J]. 当代法学，2003 (4)：132.

❸ 《中华人民共和国商标法修订草案（征求意见稿）》第 15 条第 2 款："县级以上行政区划名称或者公众知晓的国内和国外地名，不得作为商标。但是，地名具有其他含义或者作为集体商标、证明商标组成部分的除外；已经注册的使用地名的商标继续有效。"

如果县级以下行政区划的地名为相关公众所熟知，很可能构成公众知晓的国内地名而不予注册为普通商标，能够有效避免私权对公众知晓的国内地名的垄断。另一方面，这一修订为公众知晓的国内地名作为集体商标、证明商标的组成部分获得注册，提供了明确的法律依据，可以在一定程度上提高公众知晓的县级和以下行政区划地理标志的保护水平。对于以生产某种商品或提供某种服务闻名的特定县级以下行政区划的地域，地方政府或协会可以通过申请注册地理标志集体商标或地理标志证明商标的方式，加强区域内品牌的管理与建设，提升商标品牌的声誉和知名度，促进区域内特色产业的蓬勃发展。

对于没有达到公众知晓程度的县级以下行政区划的名称，依旧可以申请注册为普通地名商标——这是因为，如果禁止所有行政区划的名称申请注册，实际上忽略了部分地名具有固有显著性而获得普通商标注册的可能性。事实上，很多乡镇街道的地名并不知名，除了特定地域内的公众知晓，相关公众并不会一看到该地名就意识到其是一个指示商品或服务产地来源的标志。这种情况下地名仍然具有显著性。而对"县级以上行政区划名称"以及"公众知晓的国内地名"两个因素的考量，可以避免大多数地名被不当注册为地名商标，同时也兼顾了地域内相关公众和地名商标注册权人之间的利益。

（二）地理标志集体商标和证明商标注册审查基本原则的变通适用

地理标志不仅标示着商品的产地来源，而且代表着商品拥有的特定质量、信誉，其承载的商誉一般高于普通商标，而由于地理标志的权利主体具有集体性特征❶，如果允许普通商标获得注册，会造成私权对社会公共资源的不当垄断。在我国商标注册审查过程中，对于地理标志集体商标、地理标志证明商标与普通商标之间的冲突，一般按照《商标法》第 31 条的先申请原则处理。但是，在先地名商标与在后地理标志发生冲突时，一概采用在先权利优先原则，可能会损害某一方权利，而利益平衡原则作为在先权利优先原则的补充，可以协调各方冲突，平衡各方利益，通过约束相关主体的行为，使地名商标与地理标志各方利益在共存

---

❶ 严永和. 论传统知识的地理标志保护 [J]. 科技与法律，2005（2）：110.

和兼容的基础上达到合理的优化状态。❶ 此外，可以根据效益最大化的要求，妥善解决地名商标与地理标志之间的冲突。❷ 为了有效解决地理标志集体商标、地理标志证明商标与普通商标之间的注册申请冲突，有必要在商标审查中，结合具体案情，灵活适用各项基本原则。

在欧盟，对于地理标志与商标的关系，统一采用以下规则：在先申请注册的地理标志排斥在后商标注册申请，但在后地理标志可以与在先商标权并存，赋予了地理标志优先于商标的法律地位。❸《商标审查审理指南》第 9 章第 5.3 节"地理标志集体商标和地理标志证明商标相同、近似的审查"部分中的规定：地理标志集体商标、地理标志证明商标作为商标的一种类型，应遵循《商标法》第 30 条❹的规定。在地理标志集体商标、地理标志证明商标与普通商标进行近似性比对时，如果地理标志集体商标、地理标志证明商标申请在后，普通商标申请在前，应当结合地理标志集体商标、地理标志证明商标的知名度、显著性、相关公众的认知等因素，对不易构成相关公众混淆误认的，不判定为近似商标；如果地理标志集体商标、地理标志证明商标申请在前，普通商标申请在后，容易导致相关公众对商品或服务来源产生混淆误认，不当攀附地理标志集体商标、地理标志证明商标知名度的，则认定二者构成近似商标。根据这一审查标准，即使地理标志集体商标、地理标志证明商标申请在后，如果综合考量各种因素，认为不构成近似商标，也仍旧可以获得注册；而在普通商标申请在后的情况下，如果容易导致相关公众混淆，则认定为构成近似商标，不予注册。事实上，这在一定程度上允许了在先普通商标与在后地理标志集体商标、地理标志证明商标的共存。

保护商业标记的根本目的是区分商品或服务的来源，而地理标志与商标都是属于商业标记范围的标记，当然也不例外。❺ 但是，在后地理标

---

❶ 陶鑫良，袁真富. 知识产权法总论［M］. 北京：知识产权出版社，2005：17-18.

❷ 张伟君. 地名商标与地理标志冲突的法律调整［J］. 中华商标，2002（7）：43.

❸ 王笑冰，林秀芹. 中国与欧盟地理标志保护比较研究：以中欧地理标志合作协定谈判为视角［J］. 厦门大学学报（哲学社会科学版），2012（3）：128.

❹《商标法》第 30 条："申请注册的商标，凡不符合本法有关规定或者同他人在同一种商品或者类似商品上已经注册的或者初步审定的商标相同或者近似的，由商标局驳回申请，不予公告。"

❺ 李顺德. 地理标志与商标协调发展战略［J］. 贵州师范大学学报（社会科学版），2005（1）：26.

志与在先商标的共存，已在某种程度上突破了解决权利冲突中常用的保护在先权利原则，为维护在先商标权人以及消费者的合法权益，须以非混淆原则为准绳，精准地划定各知识产权之间的权利边界，达到利益平衡。❶ 在"泰山绿茶及图"商标申请驳回复审案中，法院确认在茶类商品上在先注册的"泰山绿"商标不构成"泰山绿茶及图"地理标志证明商标申请注册的在先权利障碍。这是因为："泰山绿"整体上区分"茶"商品来源的识别作用较弱，相关公众不易通过"泰山绿"在"茶"商品上区分商品来源。在"泰山绿"在"茶"商品上缺乏显著特征的情况下，亦不存在申请商标与其产生混淆误认之可能。❷ 在"螺旋卡帕"商标异议复审案中，被异议商标由中文"螺旋卡帕"和英文"SCREW KAP-PANAPA"组合而成，而"纳帕河谷（Napa Valley）"是在中国获得保护的使用在葡萄酒商品上的地理标志证明商标。法院认为：虽然被异议商标中仅包含了地理标志"纳帕河谷（Napa Valley）"中的一个英文单词，但"纳帕"和"Napa"分别是该地理标志中英文表达方式中最为显著的识别部分，相关公众容易将使用被异议商标的葡萄酒商品误认为来源于"纳帕河谷（Napa Valley）"地理标志标示地区的商品，从而产生混淆误认的后果。❸ 上述两个案件进一步明确了普通商标与地理标志集体商标、地理标志证明商标之间的冲突解决路径。对于普通商标申请注册在前，地理标志集体商标、地理标志证明商标申请在后的情形，如果在先商标显著性不强、知名度不高，不会导致相关公众混淆的，则可以准予在后地理标志集体商标、地理标志证明商标的注册；而对于地理标志集体商标、地理标志证明商标申请注册在前，普通商标申请在后的情形，如果在后商标使用了地理标志中的显著部分，容易导致相关公众混淆的，则不应当予以注册。

（三）《商标法》相关条款的不同适用情形

根据《商标法》第 10 条第 1 款第 7 项的规定，标志带有欺骗性，容易使公众对商品的质量等特点或者产地产生误认的，不得作为商标使用，并且任何人都可以向国家知识产权局提起异议。因此，地理标志在先权

---

❶　钟莲. 我国地理标志保护规则困境及体系协调路径研究［J］. 华中科技大学学报（社会科学版），2020（1）：90.

❷　参见北京市高级人民法院（2017）京行终 5225 号行政判决书。

❸　参见北京市高级人民法院（2016）京行终 2295 号行政判决书。

利人、利害关系人，可以根据这一规定，以商标与在先地理标志相同或相似、容易误导公众为由，提起异议。《最高人民法院关于审理商标授权确权行政案件若干问题的规定》第 4 条进一步细化了《商标法》第 10 条第 1 款第 7 项的规定情形。❶《商标法》第 10 条第 2 款主要是针对地名能否作为商标使用的规定，如果地名是"县级以上行政区划的地名"或者"公众知晓的国外地名"，那么在地名被申请注册为普通商标的情况下，包含该地名的地理标志在先权利人、利害关系人，可以以此条为依据提起异议。

根据《商标法》第 33 条的规定，在先权利人、利害关系人认为违反该法第 16 条第 1 款、第 30 条的，可以向国家知识产权局提出异议。《商标法》第 16 条第 1 款主要是对虚假地理标志的规定，其主要意图在于对虚假的、不是来源于地理标志产品产区的、误导公众消费行为的标志禁止注册为商标使用。❷ 有观点认为，《商标法》第 16 条对于地理标志的保护，必须以虚假描述和误导消费者两个要件为前提，其完全等同于《商标法》第 10 条第 1 款第 7 项对于普通商标的保护。❸ 但是，《商标法》第 16 条第 1 款作为保护地理标志的特殊规定，具有优先适用的地位，主要适用于商品并非来源于该地理标志所标示的地域，但是对地理标志的使用可能导致相关公众混淆的情形。需要注意的是，依据《商标法》第 16 条第 1 款主张权利，不必以地理标志获得商标注册为前提。在"杨柳青"商标驳回复审案中，法院指出天津杨柳青年画历史悠久，其年画制作有自身鲜明的特色、独特的风格，并为社会公众所熟知，因此构成《商标法》上所称的地理标志，故根据《商标法》第 16 条第 1 款的规定，驳回了"杨柳青"商标的申请注册。❹ 这也就意味着，即使地理标志尚未被注册为地理标志集体商标或地理标志证明商标，在先权利人、利害关系人仍旧能够以此为理由提起异议。《商标法》第 30 条的适用对象为已经注册的或者初步审定的商标，因此如果一个地理标志已经作为集体商标、

---

❶ 《最高人民法院关于审理商标授权确权行政案件若干问题的规定》第 4 条："商标标志或者其构成要素带有欺骗性，容易使公众对商品的质量等特点或者产地产生误认，商标评审委员会认定其属于 2001 年修正的商标法第十条第一款第（七）项规定情形的，人民法院予以支持。"

❷ 孟祥娟，李晓波. 地理标志保护制度存在的问题其解决 [J]. 知识产权，2014（7）：62.

❸ 孙靖洲.《德国商标法》的最新修订及其对我国的启示 [J]. 知识产权，2019（6）：93.

❹ 参见北京市高级人民法院（2009）高行终字第 1437 号行政判决书。

证明商标获得商标注册或者初步审定，也可以依据《商标法》第 30 条主张在先权利。而如果获得注册的地理标志集体商标、地理标志证明商标已经达到驰名商标的程度，还可以依据《商标法》第 13 条主张权利。❶

但是，上述条款在适用时的先后顺序还需要进一步明确。对此，最高人民法院法官表示：《商标法》第 10 条第 2 款是地名的特殊规定，而地理标志又是地名中的特定情形，故在适用法律时应考虑：地名构成地理标志的，适用《商标法》第 16 条；县级以上地名或者公众知晓的外国地名，适用《商标法》第 10 条第 2 款；其他并非县级以上地名或者公众知晓的外国地名的，适用《商标法》第 10 条第 1 款第 7 项或者第 11 条进行审查。❷ 首先，地理标志在先权利人、利害关系人可以依据《商标法》第 16 条，针对地理标志的特殊保护主张权利。其次，他人普通商标中含有的地名是"县级以上行政区划的地名"或者"公众知晓的外国地名"的，含有上述地名的地理标志在先权利人、利害关系人，可以依据《商标法》第 10 条第 2 款主张地名禁止作为商标使用。最后，《商标法》第 10 条第 1 款第 7 项作为兜底性条款，在地理标志中的地名既非"县级以上行政区划的地名"，也不是"公众知晓的国外地名"，但他人使用这一地名引发公众对商品产地的误认时，可以以此条为依据，主张权利。

此外，根据《商标审查审理指南》第 3 章第 3.7.2 节"容易使公众对商品或者服务的产地、来源产生误认的"部分中的规定，标志由地名构成或者包含地名，申请人并非来自该地，使用在指定商品上，容易使公众发生产地误认的，如果属于《商标法》第 10 条第 2 款规定的不得作为商标使用的情形的，应同时适用该条款。这也是说，在使用的地名属于"县级以上行政区划的地名"或者"公众知晓的国外地名"并引起公众误认时，地理标志在先权利人、利害关系人可以主张同时适用《商标法》第 10 条第 1 款第 7 项和第 10 条第 2 款的规定。这样，在明确不同条款适用情形及顺序的情况下，有利于快速处理地理标志与地名商标之间的纠纷。

---

❶ 《最高人民法院关于审理商标授权确权行政案件若干问题的规定》第 17 条第 2 款："如果该地理标志已经注册为集体商标或者证明商标，集体商标或者证明商标的权利人或者利害关系人可选择依据该条或者另行依据商标法第十三条、第三十条等主张权利。"该条款中"该条"指的是《商标法》第 16 条。

❷ 宋晓明，王闯，夏君丽，等. 《关于审理商标授权确权行政案件若干问题的规定》的理解与适用 [J]. 人民司法，2017（10）：37.

在包含地名的商标注册申请审查中，由于涉及多方利益，对地名商标的注册要持更加谨慎的态度。面对地名商标与地理标志之间的权利冲突，也要在平衡各方利益的基础上，灵活适用各项基本原则，并援引适当的条款，解决纠纷。

五、结　语

《征求意见稿》通过在法律层面明确地理标志可以作为证明商标或者集体商标申请注册，对于提高商标法体系下地理标志的注册申请与保护，具有重要意义。在地理标志集体商标和地理标志证明商标的注册审查过程中，应当明确地理标志集体商标、地理标志证明商标申请注册的具体表现形式和组成要素，以及普通集体商标和证明商标与地理标志集体商标和地理标志证明商标注册申请的区别，并强调商标注册申请人在诚实信用原则要求下如实提交证明材料的义务。为了促进区域内品牌建设以及特色产业发展，应当更进一步限制通过地名商标的注册而导致的对公共资源的垄断。在涉及地理标志集体商标、地理标志证明商标与普通商标注册申请之间的冲突时，可以对申请在先原则以及保护在先权利原则进行适当的变通，适当情形下允许在后地理标志集体商标、地理标志证明商标与在先普通商标的共存。

网络环境下商标侵权
认定条款立法修改研究

冯术杰❶ 黄 宇❷

摘 要

面对网络环境下不断涌现的各种新型标志类商标侵权案件,《商标法》第57条由于将侵权标志类型限定于商标,而无法得到妥善适用。有必要回归商标侵权的一般原理,整合碎片化的侵权认定规则,形成商标侵权一般条款。同时,在总括性质的一般条款之外,增加规定"非商标"标志的商标侵权类型,吸收整合行政法规、司法解释的不同规定,明确将注册商标用作"非商标"标志构成商标性使用,为网络新型标志类商标侵权案件提供规范依据。

关键词

商标侵权 商业标志 商标使用 混淆可能性

一、立法修改建议

本研究着眼于提升网络环境下《商标法》第57条的理论性、体系性和可适用性,建议增设商标侵权一般条款、完善商标侵权行为类型,形

---

❶❷ 作者单位：清华大学法学院。

成如下建议条文：

第 57 条　未经商标注册人同意，在同一种商品或者类似商品上使用与其注册商标相同或近似的标志，容易导致混淆的，应当承担侵权责任。

未经商标注册人同意，有下列行为之一的，均属侵犯注册商标专用权：

（一）在同一种商品上使用与其注册商标相同的商标的；

（二）在同一种商品上使用与其注册商标近似的商标，或者在类似商品上使用与其注册商标相同或者近似的商标，容易导致混淆的；

（三）在同一种商品或者类似商品上将与他人注册商标相同或者近似的标志作为商品名称、商品装潢、域名、网站名称、应用程序名称等使用，容易导致混淆的；

······

（六）更换其注册商标并将该更换商标的商品又投入市场的；

······

二、修改背景

（一）网络新型标志商标侵权案件多发

网络的发达深刻改变了传统商业营销方式。商品信息"无孔不入"地渗透到每一寸网络空间，为品牌直接面向终端消费者开展营销以迅速形成商誉提供了前所未有的便利。商业营销的网络扩张过程中，商标降低搜寻成本的优势在信息爆炸式涌现的网络空间中得到了进一步发挥，成为企业布局网络营销体系的核心符号表征；以商标符号作为各种网络新型标志进而开展网络营销活动这一新型商业实践蔚然成风。与此同时，作为"硬币的另一面"，发生在网络空间的商标侵权行为呈现多发态势（见图 1）。随着网络信息平台的不断开拓和网络新型标志的不断涌现，早期仅仅以域名形态表现出来的网络标志商标侵权问题开始向形态多样的新型标志扩张：APP 名称、游戏名称、搜索关键词、网店名称、微博账号名称等不一而足。例如，在"乐考网案"❶ 中，原告点趣公司享有"乐考网"注册商标专用权，被告乐考公司同时实施了下列疑似商标侵权行

---

❶ 北京知识产权法院（2019）京 73 民终 3842 号民事判决书。

为：运营名称为"乐考网"、域名为"5lekao"的官方网站且该网站可以链接到自身微博主页面和教育培训网站，在百度搜索结果的网页链接标题及描述中使用"乐考网"文字，注册"乐考论坛""乐考教育"新浪微博账号且微博头像显示有"乐考网 5lekao.com"，注册"乐考网络"微信公众号且头像为带有"乐考网络"字样的图标，在上述网站、微博、微信公众号上使用"乐考网"相关标志对其从事的教育类服务进行推广和宣传。该案中，被告乐考公司利用各种网络信息平台搭建起了一个"侵权阵地"，同时借助网络链接的便利，实现了侵权内容之间、侵权内容与其他内容间的相互链接、相互跳转，使不同侵权标志之间相互联系、相互强化，混淆性极强。由此可以看出，与传统的线下商标侵权相比，网络新型标志商标侵权问题具有侵权行为发生面广、欺骗性强、牵连性深的特点，应引起重视。

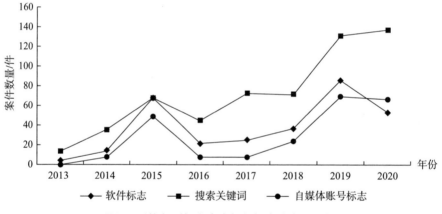

图 1　网络新型标志类商标侵权案件发展趋势

（二）商标侵权认定规则的碎片化

与案件数量不断攀升呈现对比的，是《商标法》规范的相对滞后。自1982年制定到2019年第四次修正，《商标法》处理商标侵权的核心条款始终将侵权标志类型限定于"商标"，在文义解释层面排斥对商标以外的其他商业标志（即"'非商标'标志"）的可适用性。当侵权标志是常见的某一类"非商标"标志（如商品名称、商品装潢、字号、域名）时，通过《商标法实施条例》和《最高人民法院关于审理商标民事纠纷案件适用法律若干问题的解释》（2020年修正，以下简称《商标纠纷解释》）

增设专门规定，加以处理（见表 1）。网络环境下，新型标志不断出现，不可能再根据侵权标志的不同类型分别设置规范。基于处理现实案件、打击网络商标侵权的现实需求，商标执法人员和法官不得不扩大解释《商标法》第 57 条所规定的"商标"，以涵盖类型各异的"非商标"标志，或者干脆放弃适用《商标法》而改为适用《反不正当竞争法》加以处理。这一方面会与既有的碎片化规则产生冲突，另一方面也提出了以下问题：侵权标志是商标还是"非商标"标志，对于侵权认定方式和认定结果究竟有无本质区别？

表 1　不同类型商标侵权案件的法律依据对照

侵权标志类型	法律依据
商标	《商标法》第 57 条第 1 项、第 2 项
商品名称、商品装潢	《商标法实施条例》第 76 条
字号	《商标纠纷解释》第 1 条第 1 项
	《反不正当竞争法》第 6 条第 4 项（禁止混淆）
域名	《商标纠纷解释》第 1 条第 3 项
新型标志	《商标法》第 57 条第 2 项
	《反不正当竞争法》第 2 条（一般条款）
	《反不正当竞争法》第 6 条第 4 项（禁止混淆）

（三）商标性使用认定规则的严格化

虽然尚存在一定反对意见，但目前理论研究、行政执法、司法实践均普遍认可：构成商标侵权行为的前提是被诉侵权人对商标权人的注册商标进行了商标性使用。在混淆理论的可适用性之外，困扰网络新型标志类商标侵权案件的另一个理论和实践难题便是商标性使用的认定。甚至可以说，商标性使用理论正是伴随着"非商标"标志的日益增多而得到发展并受到重视的。[1] 在侵权标志是商标的传统语境下，侵权标志被贴附于实际有形商品或被应用于服务提供过程，侵权使用形态与商标权人自身对商标的使用形态并无二致，商标性使用问题并不突出。在网络环

---

[1]　在美国，商标性使用理论就是伴随着关键词广告这一新型商业实践的兴起而被提出，进而引发学界的大量讨论。参见：DINWOODIE G B，JANIS M D. Trademarks and Unfair Competition：Law and Policy [M]. 5th ed. Alphen aan den Rijn：Wolters Kluwer，2018：543.

境下，商业标志的使用形态日趋多样和复杂，逐渐脱离有形商品或实际服务；分析认定这些新型商业标志的使用样态是否构成商标性使用的重要性随之凸显，难度也随之加大。

将商标用作网络新型标志是否构成商标性使用？就对这一问题的回答而言，商标维持性使用与侵权性使用的区分观点具有重要意义。前者是指商标所有人在取得（《商标法》第 4 条第 1 款第 2 句）和维持（《商标法》第 49 条第 2 款）商标权的过程中对自身商标的使用，后者是指侵权人在侵权活动中对商标权人商标的使用。如果否定二者的区分，商标维持性使用认定过程中的一些严格标准将被自然地带入商标侵权性使用的认定过程中。

随着 2013 年《商标法》修改形成统一的商标使用定义条款（第 48 条），商标的维持性使用与侵权性使用的分野日益淡化。二者的规范依据同系于《商标法》第 48 条，法律构成上似乎也应趋于一致。商标维持性使用中"识别商品来源"的严格化要求被带入侵权性使用的认定过程中。例如，有学者指出："识别商品来源"是指实际发挥识别功能，识别来源系使用行为的实际市场功能。❶ 归根到底，目前的商标性使用理论仍然是在"侵权标志只能是商标"这一前提性预设下加以运作，将商标类型的使用行为与"非商标"标志类型的使用行为等量齐观，要求"非商标"标志也必须"用于识别商品来源"。此等严格化认定标准下，将商标用作"非商标"标志，难以构成商标性使用。

（四）商标侵权案件的处理向适用《反不正当竞争法》逃逸

混淆条款的适用困难以及商标性使用的严格化认定门槛，降低了《商标法》对于网络新型标志类商标侵权案件的可适用性。与之相比，《反不正当竞争法》一般条款（第 2 条）与规制商业标志混淆行为的兜底条款（第 6 条第 4 项），对于追求审判与论证效率的法官而言，更具有吸引力。这方面的一个表现是，当被诉侵权标志上同时存在《商标法》上的注册商标权与《反不正当竞争法》上的商业标志权益时，法官只针对《反不正当竞争法》上的权益保护展开论述并加以保护，对注册商标权置

---

❶ 孔祥俊. 商标使用行为法律构造的实质主义：基于涉外贴牌加工商标侵权案的展开 [J]. 中外法学，2020（5）：1288.

之不理❶。即使被诉侵权标志上只存在注册商标权一项权利基础，法院也会在认为不成立或难以证成商标侵权行为时，选用《反不正当竞争法》对注册商标施以兜底保护。不少案件依据《反不正当竞争法》第 2 条裁判，然而一般条款的适用条件模糊导致个案结果出现侵权与非侵权的本质区别，裁判标准不统一。❷

三、修改理由

（一）混淆理论对"非商标"标志的可适用性

混淆理论认为：对于识别功能的破坏是商标侵权行为的主要认定依据，侵权标志与注册商标之间存在混淆可能性是商标侵权成立的基础性要件。《商标法》第 57 条第 1 项、第 2 项是规制商标侵权行为的核心条款，该条款与《与贸易有关的知识产权协定》（TRIPS）第 16.1 条、《欧盟商标条例》❸第 9 条的规定较为接近，都明确体现了作为其基础的混淆理论。但细观我国《商标法》，其法律规范仍与后两者存在明显差别：TRIPS 第 16.1 条和《欧盟商标条例》第 9 条对于可以构成商标侵权的对象都采用"标志"（signs）来描述，而《商标法》第 57 条第 1 项、第 2 项对于可能构成商标侵权的标志仅规定了"商标"一种。此外，我国相关行政法规、司法解释和司法实践对此处的"商标"均从狭义上进行理解，字号、域名等其他商业标志均未被纳入此处"商标"的范围。❹

受制于《商标法》的用语选择，混淆可能性标准仅得适用于侵权标志是"商标"的情形，但在事实层面，混淆理论的适用早已扩展到商标之外的其他商业标志。首先，2014 年《商标法实施条例》修订，已经将商品名称、商品装潢类商标侵权案件在商标法上的依据从《商标法》第 57 条的兜底条款（第 7 项）调整为混淆条款（第 2 项）。决策者已经认识

---

❶ "摩贝案"，参见上海知识产权法院（2020）沪 73 民终 260 号民事判决书。

❷ "罗浮宫案"，参见福建省高级人民法院（2015）闽民终字第 1266 号民事判决书；"慧鱼案"，参见北京市高级人民法院（2013）高民终字第 1620 号民事判决书。

❸ Regulation (EU) 2017/1001 of the European Parliament and of the Council of 14 June 2017 on the European Union trade mark.

❹ 孔祥俊. 商标的标识性与商标权保护的关系：兼及最高法院有关司法政策和判例的实证分析 [J]. 人民司法，2009（15）：47.

到将商标用作"非商标"标志的混淆行为本质。● 其次，就企业字号、域名类商标侵权案件而言，虽然其在商标法上的依据仍系兜底条款，但实际适用过程与混淆条款的适用并无二致（见表2）。最后，各类网络新型标志类商标侵权案件的处理，同样以混淆理论作为认定思路，以混淆条款作为法律依据。❷

表 2   不同类型商标侵权案件的构成要件对照

要件	商品名称、商品装潢	字号	域名	商标
商业标志	与注册商标相同或近似的标志	与注册商标相同或相近似的文字		商标相同或近似
商品或服务类别	同一种商品或者类似商品	相同或者类似商品	相关商品	商品或服务相同或类似
使用	作为商品名称或者商品装潢使用	突出使用	通过域名进行电子商务	商标性使用
混淆可能性	误导公众	容易使相关公众产生误认		容易导致混淆

在存在基础性的商标侵权认定规则的同时，根据商业标志的不同类型确立不同的侵权认定规则，体现出一种类型化思维，但实际上这一类型化既无必要也无助益，只会徒增困扰。商标侵权行为的认定有其自身的构成要件，只要对于商标的使用行为符合侵权行为的构成要件，在结果上损害了注册商标的识别功能（即存在混淆可能性），那么就落入商标专用权的控制范围，构成商标侵权。不当的类型化削弱了商标侵权认定的一般性，甚至直接取代了商标侵权的认定过程。脱离了具体使用环境的"将商标用作……"只能是真空中的思维游戏，忽视了现实生活、商业实践中纷繁复杂的使用样态，缺乏实益和可操作性。碎片化的侵权认定规则导致商标执法和司法实践中需要机械区分被告所使用的标志类型来选择应适用的法律规范，但在瞬息万变的商业实践中，对商业标志进行类型上的区分，在很多情况下是一项十分困难乃至几乎不可能完成的

● 袁曙宏. 商标法与商标法实施条例修改条文释义：2014 年最新修订［M］. 北京：中国法制出版社，2014：175.

❷ "快手精选案"，参见北京知识产权法院（2020）京 73 民终 1034 号民事判决书；"参考消息案"，参见福建省高级人民法院（2015）闽民终字第 1533 号民事调解书。

工作。❶

基于此，建议在《商标法》第 57 条的基础上，增设商标侵权的一般性条款，确立以商标性使用为前提要件、以混淆可能性为结果要件的商标侵权认定一般规则，适用于各种不同行为类型（如销售、反向假冒等）和不同标志类型（如商标、商品名称、域名等）的商标侵权。

（二）将商标用作"非商标"标志构成商标性使用

从商标法原理上来看，连续三年不使用撤销制度中的"使用"与商标法上的诸多"使用"（如在先使用的未注册商标等）在规范意旨上是一致或者接近的——立法者有意对这些能够产生或者维持权利的、积极的使用方式予以统一规范。但这并不意味着《商标法》第 48 条的概念外延可以当然地扩张至商标侵权人的侵权性使用。

商标的维持性使用旨在防止商标资源的浪费，实现《商标法》的制度效益。上述规范目的使得司法实践中对维持性使用的认定标准呈现出相对严格的态势❷，而这些相对严格的标准无法被侵权性使用所接纳，否则将使得大量侵权行为借此免于承担侵权责任。较之维持性使用而言，对侵权性使用的规制旨在防止商标在不同来源间产生混淆可能性，保障商标与商标权人之间建立稳定联系的可能，保障已经建立起的联系不被他人的使用所破坏。❸ 在这一意义上，任何能够影响商标与来源之间联系形成或者破坏已形成的联系的稳定性的使用，都将构成对商标的侵权性使用。简言之，维持性使用需要有产生联系的可能性，需要与实在商品或服务有形结合；侵权性使用则只需要能够影响到这种联系即可，而不要求能够与某一来源间产生实际联系。前者旨在形成，后者旨在破坏，二者在程度上存在着显著不同。

与商标维持性使用要求商标权人对其注册商标进行真实、有效、善意的使用以实际形成商誉不同，商标侵权人对商标权人注册商标进行的侵权性使用立足于对注册商标识别功能的妨碍。只要侵权人的使用行为是在商业活动中对商标符号的商标含义（而非日常语言含义）加以使用，

---

❶ "赤那思案"，参见江苏省高级人民法院（2015）苏知民终字第 00205 号民事判决书。

❷ "湾仔码头案"，参见最高人民法院（2015）知行字第 181 号行政裁定书；"青华案"，参见最高人民法院（2015）知行字第 255 号行政裁定书；"觉知案"，参见北京市高级人民法院（2018）京行终 3064 号行政判决书。

❸ "金戈铁马案"，参见最高人民法院（2017）最高法民再 273 号民事判决书。

使用的侵权标志具备一定识别性（识别功能）即可，并不要求侵权标志实际发挥识别商品来源的作用，更不要求侵权标志必须是"商标"。从解释论的角度出发，《商标法》第 48 条在商标侵权判断过程的适用应加以限缩解释，将"识别商品来源"解释为对侵权标志识别性的要求。因此，将商标用作各种具有一定识别性的"非商标"标志，构成对商标的侵权性使用。

综上，建议在《商标法》第 57 条列举的各类商标侵权行为中，增加"非商标"标志的商标侵权类型，明确将注册商标用作各种"非商标"标志同样是对注册商标的一种典型的、具有侵权性质的使用方式，同样有可能构成商标侵权；借此统合行政法规、司法解释中分散规定的商品名称、商品装潢、企业字号、域名类型的侵权认定规则，并将规范对象扩展至各类网络新型标志，为商标行政执法和司法实践中不断涌现的新型标志类商标侵权案件提供明确法律依据，使案件处理回归商标侵权的一般构成，消弭不必要的论证负担和处理差异，提升商标法制的可预期性。

（三）修改后的商标侵权认定条款与《反不正当竞争法》的关系

有论者可能会对修改建议引起的体系变动表示担心，认为此举会引起《商标法》与《反不正当竞争法》的体系混乱。实际上，无论是认为《商标法》与《反不正当竞争法》存在重叠保护，还是认为二者有着泾渭分明的界碑，其重叠保护部分或者区分依据都停留在保护对象层面，而与实施侵权/不正当竞争行为一方的标志类型无关。正如商标权人不当使用注册商标而引起的混淆行为可能会落入《反不正当竞争法》第 6 条的保护范畴，疑似侵权人不当使用《反不正当竞争法》第 6 条所保护的商品名称、包装、装潢等标志也同样有可能构成商标侵权行为。修改建议立足于注册商标在商标法层面的保护，将侵权标志类型从"商标"扩充到包括"非商标"标志的各类商业标志，始终未跳出《商标法》的保护对象范围，并未将"触手"伸展至其他法律部门，并不会引起法律体系上的混乱。

调整和保护注册商标自是《商标法》题中应有之义。那么，在《商标法》之外，《反不正当竞争法》能否为注册商标提供另一层保护？根据对这一问题的不同立场，可将纷纭的学说争议划分为《商标法》的独占适用论和非独占适用论。就独占适用论❶而言，注册商标的保护仅得于《商标法》中寻求依据，将商标侵权标志类型作前述扩张仅仅是《商标法》的内部调适，自然与《反不正当竞争法》无涉。非独占适用论下，依《商标法》的适用是否具有优先性，又可以进一步划分成补充适用论和竞合适用论。

补充适用论下，或者认为《商标法》与《反不正当竞争法》是特别法与一般法的关系，当商标法与反不正当竞争法存在重叠规定时，优先适用《商标法》❷；或者认为《反不正当竞争法》是《商标法》的"补充法"、"兜底法"或"附加保护法"，当《商标法》未作规定时，《反不正当竞争法》得以对注册商标提供补充保护❸。此等适用模式下，如果前述立法建议得以落实，"非商标"标志类型的疑似侵权行为将不再因《商标法》未作规定而适用《反不正当竞争法》，而是仅当该疑似侵权行为未满足商标侵权行为的构成要件时，才得以适用《反不正当竞争法》。此时同样不会引起体系上的冲突，反而会使此类行为在《商标法》的范畴下得到更好的处理。郑成思先生早已指出："一般讲来，有了商标法全面保护注册商标，就没有必要再于反不正当竞争法中出现注册商标保护条款了。问题是我国现有《商标法》很难说已对注册商标进行了'全面'的保护。"❹ 就其不"全面"之处，郑成思先生所举的例子正是将注册商标用作企业名称"在《商标法》中找不到任何告诉依据"而只能适用《反不正当竞争法》。❺ 将此类情形纳入《商标法》的适用范围，是对《商标法》的完善。

竞合适用论❻主张《商标法》与《反不正当竞争法》对于注册商标的保护既有其重叠交叉的部分，也有差别，可由当事人自主选择某一法律

---

❶ 王太平，袁振宗. 反不正当竞争法的商业标识保护制度之评析 [J]. 知识产权，2018 (5)：4-5. 另外，我国台湾地区"公平交易有关规定"第 22 条第 2 款规定：前项姓名、商号或公司名称、商标、商品容器、包装、外观或其他显示他人商品或服务之表征，依"法"注册取得商标权者，不适用之。

❷ 韦之. 论不正当竞争法与知识产权法的关系 [J]. 北京大学学报（哲学社会科学版），1999 (6)：29.

❸ 孔祥俊. 反不正当竞争法新原理：总论 [M]. 北京：法律出版社，2019：54.

❹❺ 郑成思. 浅议《反不正当竞争法》与《商标法》的交叉与重叠 [J]. 知识产权，1998 (4)：5.

❻ 钱玉文. 论商标法与反不正当竞争法的适用选择 [J]. 知识产权，2015 (9)：32-36；刘丽娟. 论知识产权法与反不正当竞争法的适用关系 [J]. 知识产权，2012 (1)：27-35.

规范加以适用。理由大致可归纳为以下几点：其一，《商标法》保护商标权利人单一主体的利益，《反不正当竞争法》则能够保护受权利人所影响的发散性竞争利益❶；其二，《商标法》保护基于注册商标权的排他效力，《反不正当竞争法》则需要考察注册商标的知名度及行为人的恶意，是从法益、行为方式、行为人的主观恶意和行为后果角度进行的综合衡量❷；其三，反不正当竞争法上的救济可以"回避商品或服务类别的认定难题"❸；其四，对注册商标的非"商标性使用"由《反不正当竞争法》予以规范❹。依以上观点，一则《商标法》与《反不正当竞争法》的区别并不在于实施侵权/不正当竞争行为的标志类型，二则权利人在《反不正当竞争法》上的请求权基础并不受《商标法》规则的影响。

综上，就对注册商标的保护而言，无论对于《商标法》与《反不正当竞争法》的关系采何种观点，均不会因为商标法内部侵权认定规则的完善，而引发体系上的混乱。

---

❶ 赵红梅. 论直接保护发散性正当竞争利益的集体维权机制：反不正当竞争法的社会法解读［J］. 政治与法律，2010（10）：119；张世明，孙瑜晨. 知识产权与竞争法贯通论［M］. 北京：中国政法大学出版社，2020：130.

❷❸ 刘维. 论混淆使用注册商标的反不正当竞争规制［J］. 知识产权，2020（7）：47.

❹ 刘维. 论商标使用在商标侵权判定中的独立地位［J］. 上海财经大学学报（哲学社会科学版），2018（1）：135.

俄罗斯联邦商标法的最新发展

马伟阳[❶]

摘 要

自 2008 年 1 月 1 日俄罗斯联邦新商标法生效以来,俄罗斯联邦议会已对其进行了 7 次修改,分别是在 2008 年、2010 年、2014 年、2017 年、2018 年、2019 年和 2020 年,修改涉及的条款有 70 条之多,尤其是 2018 年、2019 年和 2020 年 3 次修改更具重大意义。本文主要对俄罗斯联邦商标法的历次修改进行系统梳理和总结,以期为加强我国商标法律保护、推动我国商标法律制度的体系化和现代化提供有益借鉴,为推动国际贸易合作和促进中俄贸易发展提供有益参考。

关键词

俄罗斯联邦 商标法 利害关系人建议

《俄罗斯联邦民法典(第四部分)》(Гражданский кодекс Российской Федерации, часть четвертая)第七编"智力活动成果权和个性化手段权"[Раздел Ⅶ. Права на результаты интеллектуальной деятельности и средства

---

❶ 作者单位:河南理工大学。

индивидуализации；以下简称《俄罗斯联邦民法典（知识产权法部分）》〕于2006 年 11 月 24 日由俄罗斯联邦国家杜马通过，2006 年 12 月 8 日由俄罗斯联邦联邦委员会批准，并于 2008 年 1 月 1 日起施行。截至 2021 年底，《俄罗斯联邦民法典（知识产权法部分）》已经进行了 32 次修改与补充，❶其第 76 章 "法人、商品、劳动、服务与企业个性化手段的权利"〔Глава 76. Права на средства индивидуализации юридических лиц, товаров, работ, услуг и предприятий；以下简称《俄罗斯联邦民法典（商标法部分）》〕对俄罗斯联邦的商标制度进行了全面而系统的规定，这是对 1992年 9 月 23 日《俄罗斯联邦商标、服务标记和商品产地名称法》的升级和完善。❷截至 2021 年底，《俄罗斯联邦民法典（商标法部分）》也进行了 7次修改。这 7 次修改具体为：2008 年 11 月 8 日第 201-ФЗ 号联邦法律修改（以下简称 "2008 年修改"）；2010 年 10 月 4 日第 259-ФЗ 号联邦法律修改（以下简称 "2010 年修改"）；2014 年 3 月 12 日第 35-ФЗ 号联邦法律修改，2014 年 10 月 1 日生效（以下简称 "2014 年修改"）；2017 年 7月 1 日第 147-ФЗ 号联邦法律修改（以下简称 "2017 年修改"）；2018 年 5月 23 日第 116-ФЗ 号联邦法律修改，2018 年 6 月 3 日生效（以下简称 "2018 年修改"）；2019 年 7 月 26 日第 230-ФЗ 号联邦法律修改，2020 年 7月 27 日生效和 2025 年 7 月 28 日生效（第 1537 条第 3 款）（以下简称 "2019 年修改"）；2020 年 7 月 20 日第 217-ФЗ 号联邦法律修改，2021 年 1

---

❶　其具体修改情况为：2008 年 6 月 30 日（N 104-ФЗ）、2008 年 11 月 8 日（N 201-ФЗ）、2010 年 2 月 21 日（N 13-ФЗ）、2010 年 2 月 24 日（N 17-ФЗ）、2010 年 10 月 4 日（N 259-ФЗ）、2011 年 12 月 8 日（N 422-ФЗ）、2013 年 7 月 2 日（N 185-ФЗ）、2013 年 7 月 2 日（N 187-ФЗ）、2013 年 7 月 23 日（N 222-ФЗ）、2014 年 3 月 12 日（N 35-ФЗ）、2014 年 12 月 31 日（N 205-ФЗ）、2015 年 6 月 29 日（N 205-ФЗ）、2015 年 7 月 13 日（N 268-ФЗ）、2015 年 11 月 28 日（N 342-ФЗ）、2015 年 11 月 28 日（N 358-ФЗ）、2015 年 12 月 30 日（N 431-ФЗ）、2016 年 7 月 3 日（N 314-ФЗ）、2017 年 3 月 28 日（N 43-ФЗ）、2017 年 7 月 1 日（N 147-ФЗ）、2017 年 11 月 14 日（N 319-ФЗ）、2017 年 12 月 5 日（N 381-ФЗ）、2018 年 5 月 23 日（N 116-ФЗ）、2018 年 12 月 27 日（N 549-ФЗ）、2019 年 7 月 18 日（N 177-ФЗ）、2019 年 7 月 26 日（N 230-ФЗ）、2020 年 7 月 20 日（N 217-ФЗ）、2020 年 7 月 31 日（N 262-ФЗ）、2020 年 12 月 22 日（N 456-ФЗ）、2020 年 12 月 30 日（N 527-ФЗ）、2021 年 4 月 30 日（N 107-ФЗ）、2021 年 6 月 11 日（N 212-ФЗ）和 2021 年 6 月 11 日（N 213-ФЗ）。

❷　根据《关于施行〈俄罗斯联邦民法典〉第四部分的联邦法律》第 2 条第 33 项和第 34 项的规定，1992 年 9 月 23 日《俄罗斯联邦商标、服务标记和商品产地名称法》已于 2008 年 1 月 1 日失效。另见：马伟阳. 俄罗斯商标法评析：兼析《中国商标法》的修改〔J〕. 中华商标，2010（8）：65-69；马伟阳. 值得借鉴的俄罗斯商标法〔J〕. 中国专利与商标，2010（1）：58-60.

月 17 日生效（以下简称"2020 年修改"）。其中，2014 年修改（有 33 条）和 2019 年修改（有 28 条）属于大修，而 2008 年修改（有 1 条）、2010 年修改（有 2 条）、2017 年修改（有 1 条）、2018 年修改（有 1 条）和 2020 年修改（有 4 条）等 5 次修改属于小修。其主要修改内容如下。

一、商标权与服务标记权

关于商标权与服务标记权部分的修改主要体现在 2014 年修改、2017 年修改和 2020 年修改之中，其主要内容如下。

（一）优化了商标权或服务标记权保护客体的范围

（1）删除了"国徽、国旗或其他国家象征与标志""国际组织与政府间组织名称的简称或全称，以及其徽章、旗帜和其他象征与标志""官方的监督、保证或检验印记、印章、奖章以及其他区分标记"等不得作为商标或服务标记进行国家注册的情形［《俄罗斯联邦民法典（商标法部分）》第 1483 条第 2 款］。因为这些情形已经调整到了《俄罗斯联邦民法典（知识产权法部分）》第 1231.1 条中，作为不得作为个性化手段客体受法律保护的情形。当然，这些情形也有例外，即经过有关部门或组织同意，这些标志可以作为受法律保护标志中不受法律保护的元素进行使用。这是 2014 年修改调减的内容。

（2）增加了组合含义取得显著性的情形［《俄罗斯联邦民法典（商标法部分）》第 1483 条第 1.1 款］，即除通过使用可以取得显著性外，如果商品的通用名称、公认的象征与术语、表明商品特点的标识或属于商品形状的标识本身形成了具有区分性的组合含义，那么这些标识也可以作为商标或服务标记进行国家注册。这是 2014 年修改新增的内容。

（3）增加了对权利所有人个性化手段标识中"元素"保护的内容［《俄罗斯联邦民法典（商标法部分）》第 1483 条第 10 款］。也就是说，如果与权利所有人受保护的个性化手段标识中的元素近似，他人的标识也不得作为商标或服务标记在类似商品或类似服务上进行国家注册。这是 2014 年修改新增的内容。

（二）完善了商标或服务标记共存和许可使用的制度

（1）完善了共存协议的要件和要求［《俄罗斯联邦民法典（商标法部

181

分）》第 1483 条第 6 款第 2 自然段]。如果他人的标识和权利所有人的商标或服务标记相同或近似需要共存，不仅应当获得权利所有人的同意，还要求他人注册此相同或近似标识"不会导致消费者误认"，且仅适用于类似商品或类似服务上，不得适用于相同商品或相同服务上。此外，这种共存标识包括驰名商标，但不包括集体标记，亦即，他人标识与权利所有人集体标记相同或近似是不允许签订共存协议的。还有，权利所有人一经同意共存，该同意不得撤回。这是 2014 年修改新增的内容。

（2）完善了商标或服务标记使用权许可合同的内容［《俄罗斯联邦民法典（商标法部分）》第 1489 条]。根据修改，许可合同仅需要指明许可使用的商品或服务的清单或目录，不再有对被许可人经营范围的要求。这是 2014 年修改调减的内容。

（三）增加了异议程序

《俄罗斯联邦民法典（商标法部分）》第 1493 条第 1 款新增了商标异议制度。在商标或服务标记申请信息公布后，在作出商标或服务标记国家注册决定前，任何人有权向联邦知识产权行政管理机关提出异议（обращение）；而且异议应当以书面形式提出，并附有申请标识符合《俄罗斯联邦民法典（商标法部分）》第 1477 条与第 1483 条所规定的驳回国家注册的理由。《俄罗斯联邦民法典（商标法部分）》第 1499 条第 1 款还规定：对商标或服务标记申请进行实质审查即对申请标识的审查时，如果收到《俄罗斯联邦民法典（商标法部分）》第 1493 条第 1 款规定的异议，那么对该异议中所提的理由也应当予以考虑。这是 2014 年修改增加的内容。

（四）完善了无效救济制度

《俄罗斯联邦民法典（商标法部分）》第 1513 条对无效救济制度进行完善，对提供商标或服务标记法律保护申请无效仅保留了联邦知识产权行政管理机关的一种救济模式，取消了专利争议委员会的救济方式。也就是说，将对提供商标或服务标记法律保护的争议和确认其无效的申请统一为向联邦知识产权行政管理机关提出，而不再区分情形分为专利争议委员会救济方式和联邦知识产权行政管理机关救济方式。这是 2014 年修改调整的内容。

（五）完善了"撤三"制度

《俄罗斯联邦民法典（商标法部分）》第 1486 条第 1 款对"撤三"制

度进行了完善。第一，引入了利害关系人建议制度（предложение заинтересованного лица），即利害关系人在因注册商标或服务标记连续三年未使用提出撤销之前应当先向权利所有人发出建议。其规定：若认为权利所有人未在所有或部分商品（服务）上使用其注册商标或服务标记，则利害关系人可以向此权利所有人提出以下建议：其一，权利所有人向联邦知识产权行政管理机关提出在所有商品或部分商品（服务）上撤回注册商标权或服务标记权申请；其二，权利所有人与利害关系人签订在全部或部分商品（服务）上注册商标或服务标记专有权转让合同。对于这些建议，利害关系人应当依照俄罗斯联邦国家商标与服务标记登记簿或俄罗斯联邦参加的国际条约规定的相应登记簿上载明的地址向权利所有人寄出。利害关系人向权利所有人提出这些建议的时间要求是自此注册商标或服务标记国家注册之日起 3 年后。利害关系人的新建议可以自前建议提出之日起 3 个月后向注册商标或服务标记权利所有人再次提出。第二，明确了注册商标或服务标记"撤三"制度的救济模式。如果自利害关系人建议提出之日起 2 个月内权利所有人没有提出撤回注册商标权或服务标记权申请，也没有与利害关系人签订注册商标或服务标记专有权转让合同，那么利害关系人在前述规定的 2 个月期限届满后 30 日内可以向法院提起因注册商标或服务标记连续 3 年未使用申请提前终止注册商标或服务标记法律保护之诉。这是 2017 年修改新增的主要亮点内容。

（六）新增了电子标识和电子证书

申请人可以提交以电子形式呈现的申请标识的三维模型［《俄罗斯联邦民法典（商标法部分）》第 1492 条］。商标或服务标记证书（含驰名商标证书）由联邦知识产权行政管理机关以电子文件形式颁发，并依申请人意愿在俄罗斯联邦国家商标与服务标记登记簿或俄罗斯联邦驰名商标目录上进行商标或服务标记国家注册之日起 1 个月内颁发纸质证书［《俄罗斯联邦民法典（商标法部分）》第 1504 条和第 1509 条］。这是 2020 年修改增加的主要内容。

（七）改变了法定期限的起算方法

将法定期限的起算方法由"收到之日"变更为"发出之日"，并延长相应的法定期限。例如，对相同商标或服务标记由不同申请人提出的申请要求申请人告知其选择结果的起算点为联邦知识产权行政管理机关发出此通知之日，取代了原来的"申请人收到通知之日"的计算方法，告知期限也由原来的 6 个月延长至 7 个月，增加了 1 个月 [《俄罗斯联邦民法典（商标法部分）》第 1496 条第 3 款]。又如，对提交补充材料的起算日期为联邦知识产权行政管理机关发出此要求之日，提交补充材料的期限由原来的 2 个月延长至 3 个月 [《俄罗斯联邦民法典（商标法部分）》第 1497 条第 4 款]。再如，申请人对商标或服务标记申请决定提出复审的起算日期由"收到决定书之日"修改为"发出决定书之日"，申请复审期限由 3 个月更改为 4 个月，也增加了 1 个月 [《俄罗斯联邦民法典（商标法部分）》第 1500 条]。这是 2014 年修改调整的内容。

（八）完善了收取商标或服务标记申请费用方法

商标或服务标记申请收费方法由申请制改为注册制，亦即，申请商标或服务标记时不需要支付费用，仅在商标或服务标记获准注册后才支付费用 [《俄罗斯联邦民法典（商标法部分）》第 1503 条]。正是基于此，《俄罗斯联邦民法典（商标法部分）》中去掉了申请续展注册商标或服务标记需要支付费用的内容（第 1491 条第 2 款），删除了申请集体标记时需支付费用的内容（第 1492 条第 5 款），废止了申请商标或服务标记变更需要支付费用的内容（第 1505 条第 3 款）。这是 2014 年修改调整的内容。

二、地理标志权

为了对接国际商标法律制度、促进国际商贸合作，2019 年修改专门增加了地理标志的内容 [《俄罗斯联邦民法典（商标法部分）》第 1516 条至第 1537 条]，具体内容如下。

（一）定义了地理标志及其使用要求

（1）将地理标志（географическое указание）和商品产地名称合在一个部分，并定义了地理标志 [《俄罗斯联邦民法典（商标法部分）》第 1516 条第 1 款]，以区分商品产地名称。提供法律保护的地理标志是指反映商品来源于该地理区域且商品特性（包括商品的质量、声誉或其他特性）与该地理来源密切相关的标识，在此地理区域商品生产的至少一个阶段应当对商品特性的形成产生实质性影响。这与商品产地名称相区别。对后者而言，在某地理区域商品生产的所有阶段应当都对商品特有品质的形成产生了实质性影响。

（2）规定了地理标志的使用要求 [《俄罗斯联邦民法典（商标法部

分）》第 1516 条第 1 款］。使用地理标志作为标识的商品生产的阶段与范围以及商品特性，应当符合俄罗斯联邦的联邦法律和其他规范性法律文件规定的要求；对遵守这些要求的监督根据联邦法律实施。这与对商品产地名称的要求基本一样。

（二）规定了受保护或不受保护的客体

（1）规定了不得作为地理标志进行国家注册的六种情形［《俄罗斯联邦民法典（商标法部分）》第 1516 条第 2 款］。这六种情形具体为：①虽然属于地理区域名称且在此范围内商品进行初始生产或进入民事流通领域，但在俄罗斯联邦境内已成为某类商品通用标识且与该商品产地无关的标识；②在相同商品上作为地理标志已经注册的标识；③与享有在先优先权的商标相同或近似的标识，如果使用此地理标志能够导致消费者对商品或其生产者的误认；④属于植物品种或动物品种名称的标识，如果使用此地理标志能够导致消费者对商品的误认；⑤能够导致消费者对商品或其生产者误认的标识；⑥在不符合要求的商品上申请作为地理标志进行国家注册的标识。这些情形与不得作为商品产地名称进行国家注册的六种情形［《俄罗斯联邦民法典（商标法部分）》第 1516 条第 2 款］基本类似。

（2）允许反映商品源于外国地理区域的标识作为地理标志进行国家注册［《俄罗斯联邦民法典（商标法部分）》第 1517 条］，其条件为：此标识作为地理标志或其他商品个性化手段受商品来源国保护符合《俄罗斯联邦民法典（商标法部分）》的有关要求；此标识申请人是商品来源国受保护的地理标志或其他商品个性化手段的权利人。这与对商品产地名称的要求基本相同。

（三）规定了地理标志国家注册的申请主体与申请文件

（1）规定了地理标志国家注册申请与使用的主体［《俄罗斯联邦民法典（商标法部分）》第 1518 条与第 1519 条第 1 款］。申请地理标志国家注册的主体可以是公民，可以是法人，也可以是团体（包括协会或联盟）；可以是一个主体单独申请，也可以是几个主体联合申请。地理标志专有权授予在此地理区域内生产具有俄罗斯联邦国家地理标志与商品产地名称登记簿载明特性的商品的任何人；在地理标志专有权授予团体的情况下，此地理标志使用权授予给该团体的每个成员。

（2）规定了申请地理标志需要提交批准文件［《俄罗斯联邦民法典

（商标法部分）》第 1522 条与第 1523 条〕。批准文件应当载明：申请人生产具有与地理来源密切联系的相应特性的商品；属于团体的成员生产商品或使其进入民事流通领域（如果团体提出申请）；申请人生产具有俄罗斯联邦国家地理标志与商品产地名称登记簿载明特性的商品（如果商品来源于俄罗斯联邦的地理区域）；申请人在商品来源国对申请标识享有专有权（如果地理标志申请所指定的地理区域位于俄罗斯联邦境外）。

（四）规定了地理标志的使用范围和限制

（1）规定了地理标志的使用范围（第 1519 条第 2 款）。地理标志的使用包括：①在商品及其标签、包装上的使用；②在公文纸、发票、其他文件和与商品进入民事流通领域有关的印刷品上的使用；③在商品销售说明书以及公告、招牌和广告上的使用；④在互联网（包括域名和其他编址方法）上的使用。这种使用也适用于商品产地名称。这与对商标或服务标记的使用规定基本一致。

（2）规定了地理标志专有权的耗尽原则和使用限制〔《俄罗斯联邦民法典（商标法部分）》第 1519 条第 5 款与第 6 款〕。他人在权利所有人直接投入民事流通领域或经其同意的商品上使用地理标志不属于侵犯地理标志专有权的行为，亦即，地理标志专有权权利所有人在此时其地理标志专有权已经用尽或耗尽。向他人让与或授予地理标志使用权、无签订合同地移转地理标志专有权等处分地理标志专有权的行为是不允许的。

（五）规定了异议程序和审查意见书

（1）规定了对地理标志的异议程序〔《俄罗斯联邦民法典（商标法部分）》第 1524 条第 3 款、第 1525 条第 2 款和第 1526 条〕。在地理标志申请信息公布之后，任何人有权在 3 个月内向联邦知识产权行政管理机关对提供地理标志法律保护与（或）地理标志专有权提出异议（возражение）。联邦知识产权行政管理机关对提供地理标志法律保护与（或）地理标志专有权、在先注册地理标志专有权的异议进行审理。如果从事地理标志监督的机关就地理标志国家注册提出异议，那么联邦知识产权行政管理机关在根据申请标识审查的结果作出决定时应当考虑该异议。联邦知识产权行政管理机关的异议决定意味着撤销原来的予以地理标志国家注册与（或）地理标志专有权的决定。

（2）规定了地理标志审查意见书〔《俄罗斯联邦民法典（商标法部分）》第 1525 条第 2 款〕。若拟不予地理标志国家注册与（或）地理标志专有权，则联邦知识产权行政管理机关应当书面通知申请人申请标识是否符合法律要求的审查结果，并建议其对通知中所列明的理由提出自己的意见。如果这些意见在向申请人发出前述通知之日起 3 个月内提出，那么联邦知识产权行政管理机关在根据申请标识审查的结果作出决定时应当考虑申请人的这些意见。这与商品产地名称审查意见书基本相同，与商标或服务标记审查意见书的规定也保持一致。

（六）规定了对申请决定和权利无效的救济方式

（1）规定了对地理标志申请决定的复审程序［《俄罗斯联邦民法典（商标法部分）》第 1528 条］。对联邦知识产权行政管理机关作出的地理标志申请不予受理的决定、申请视为撤回的决定以及该机关根据申请标识审查的结果作出的决定，申请人可以自前述决定发出之日起 3 个月内向联邦知识产权行政管理机关提出复审（возражения）。

（2）规定了对提供地理标志法律保护与地理标志专有权申请无效的救济方式［《俄罗斯联邦民法典（商标法部分）》第 1535 条］。利害关系人，包括授权机关或实施监督的机关，可以对提供地理标志法律保护与（或）地理标志专有权的争议和认定其无效的问题向联邦知识产权行政管理机关提出申请。这与对提供商标或服务标记法律保护申请无效的救济机制类似。

（七）规定了侵权行为和责任承担方式

（1）规定了非法使用地理标志的性质与三种情形［《俄罗斯联邦民法典（商标法部分）》第 1519 条第 3 款与第 4 款］。在商品及其标签、包装上非法使用地理标志或与其导致混淆地近似的标识属于假冒行为。这三种情形具体为：①不享有注册地理标志使用权的人使用注册地理标志，即使在使用时表明商品原产地，或使用此地理标志的译名，或使用此地理标志时含有"类""类型""仿"等字样；②享有注册地理标志使用权的人在不具有俄罗斯联邦国家地理标志与商品产地名称登记簿载明特性的商品上或在俄罗斯联邦国家地理标志与商品产地名称登记簿载明地理区域外生产的商品上使用注册地理标志；③在任何商品上使用与注册地理标志近似并能够导致消费者对商品产地或商品特性产生误认的标识。

（2）规定了非法使用地理标志的责任承担方式［《俄罗斯联邦民法典（商标法部分）》第 1537 条］。权利所有人有权要求侵权者停止流通并销毁非法使用地理标志或与其混淆性近似的标识的假冒商品及其标签、包装。如果这些商品进入流通领域符合社会利益，那么权利所有人有权要求侵权者去掉在假冒商品及其标签、包装上非法使用的地理标志或与其混淆性近似的标识。权利所有人还有权根据自己的选择要求侵权者支付 1 万卢布以上、500 万卢布以下或者非法使用地理标志的假冒商品价值的 2 倍的赔偿金以替代赔偿损失。这与非法使用商品产地名称的责任承担方式一样。

三、商业名称权与商业标识权

商业名称权和商业标识权的修改主要体现在 2008 年修改、2014 年修改和 2018 年修改三次修改之中，其具体内容如下。

（一）完善了商业名称及其使用范围

（1）明确了商业名称的唯一性。法人仅可以拥有一个用俄语、俄罗斯联邦所有民族语言或外国语言表示的商业名称（*фирменное наименование*）[《俄罗斯联邦民法典（商标法部分）》第 1473 条第 3 款]。这是 2014 年修改新增的内容。

（2）增加了商业名称使用的范围。法人商业名称专有权的使用扩大至"在互联网上"（*в сети "Интернет"*）[《俄罗斯联邦民法典（商标法部分）》第 1474 条第 1 款]。相应地，将商业标识（*коммерческое обозначение*）使用的范围也扩展至"互联网"[《俄罗斯联邦民法典（商标法部分）》第 1539 条第 1 款]。也就是说，法人在互联网上使用商业名称或商业标识也属于对商业名称或商业标识的合法、有效的商业使用。这与商标和服务标记的使用范围保持了一致。这是 2014 年修改新增的内容。

（二）优化了特殊客体或名称的使用

（1）删除了不得作为法人商业名称使用的一种情形，即"国际组织和政府间组织的名称全称或简称"[《俄罗斯联邦民法典（商标法部分）》第 1473 条第 4 款第 3 项]。这与前述内容一样，因为这种情形已经整合到了《俄罗斯联邦民法典（知识产权法部分）》第 1231.1 条中，作为不得作为个性化手段客体受法律保护的情形。这是 2014 年修改删除的内容。

（2）简化了单一国有制企业的商业名称含有俄罗斯联邦或俄罗斯联邦主体官方名称的许可程序[《俄罗斯联邦民法典（商标法部分）》第 1473 条第 4 款]。其规定了"根据俄罗斯联邦政府规定的许可程序，法人商业名称可以含有俄罗斯联邦或俄罗斯的官方名称以及来源于此名称的词语",删除了"经俄罗斯联邦政府许可,股份公司的商业名称可以含有俄罗斯联邦的官方名称以及来源于此名称的词语,如果股份公司 75% 以上的股份属于俄罗斯联邦。授予此许可不指明其有效期限,并可以在授予此许可的情形消失时撤销此许可。授予或撤销许可的程序由法律规定"等具体性要求,将这些具体性要求留给了联邦政府加以规定或细化,以便保持民法典的权威性和稳定性。这是 2008 年修改调整的内容。

（三）完善了责任承担和救济制度

（1）增加了侵犯商业名称使用权的责任承担方式,即变更商业名称［《俄罗斯联邦民法典（商标法部分）》第 1474 条第 4 款］。也就是说,如果他人使用与商业名称专有权权利所有人相同或类似的商业名称,权利所有人除可以要求停止使用外,还可以选择要求他人变更自己的商业名称。这是 2014 年修改新增的内容。

（2）完善了提起强制民事诉讼制度,补充规定了提起强制变更商业名称民事诉讼的例外情形［《俄罗斯联邦民法典（商标法部分）》第 1473条第 5 款］,即强制变更商业名称民事诉讼的规定不适用于《俄罗斯联邦民法典》第 61 条第 3 款规定的国家机关或地方自治机关提出的法人消灭之诉的情形。这主要是为了保持民法典前后内容的一致性。这是 2018 年修改的内容。

四、结 论

自《俄罗斯联邦民法典（商标法部分）》于 2008 年 1 月 1 日生效以来,已经进行了 7 次修改,这些内容涉及商标保护客体、商标异议制度、商标"撤三"制度、商标无效制度、电子文件、法定期限与起算点计算、地理标志保护以及商业名称与商业标志保护等内容,以适应国内经济社会发展和国际商标法律制度发展的潮流。这些修改必将对加强商标法律保护、推动国际贸易合作和增进中俄贸易发展产生重要积极影响。

商标民事诉讼中适用市场调查报告的建构路径及机制

胡　刚❶

摘　要

在商标民事诉讼中引入市场调查报告，能够为法院提供一个观察真实市场的窗口。将市场调查报告在证据类型上确定为鉴定意见，法院居中主持、双方当事人共同参与的市场调查对查明商标侵权与否的事实是有利的。选择适宜的调查方式、采用合理的质量控制和数据解读方法可以提高市场调查报告结论的科学性及可靠性。同时，当事人也应当对在个案中适用市场调查的成本与收益进行合理评估，从而使可能获取的诉讼利益最大化。

关键词

商标民事诉讼　市场调查报告　查明事实　鉴定意见

一、商标民事诉讼中引入市场调查的必要性

在我国商标民事诉讼司法实践中，诉争商标和引证商标是否构成近

---

❶　作者单位：中国贸促会专利商标事务所诉讼事业部。

似并足以导致公众发生混淆、请求保护商标是否构成驰名、诉争商标的使用是否构成正当使用及是否构成先用权抗辩等往往是审理的重点和难点。尽管法官不遗余力增强说理分析，但诉讼参与者基于各自立场依然难以信服。一般认为，进行混淆性论证时需要秉持相关领域普通消费者（相关公众）的一般注意力进行裁判。法官在审判实践之外，同样是一个普通消费者，其当然可以是相关公众之一。然而，无论其作为相关公众所拥有的知识如何丰富，看法如何准确，个人不能代表全体是最基本的常识。法官也并不能代表相关公众总体。为解决这一困境，有必要考虑将社会研究的实证方法运用到法律诉讼中，通过市场调查报告的形式使审判事实以更真实的形式展示给诉讼参与者，从而增强审判结果的合理性、公平性、可信性和权威性。

商标之间是否构成近似并引起混淆、相关公众对某一商标的知晓程度的判断，理应得到相关证据的证明。❶《最高人民法院关于审理商标民事纠纷案件适用法律若干问题的解释》（2020 年修正）中明确规定，"人民法院依据商标法第五十七条第（一）（二）项的规定，认定商标相同或者近似"时，应当"以相关公众的一般注意力为标准"。法庭的观点能否代表"相关公众的一般注意力"，尚存有较大疑问。在此情形下，市场调查报告能有效帮助法官了解在法庭空间以外广阔市场上真实消费者对争议商标的认知情况。事实上，英美法系及大陆法系许多国家和地区的法院均在商标司法实践中将市场调查报告作为常规取证方式。

在我国，在商标行政诉讼案件中使用市场调查报告在规范层面亦能找到支持和依据。北京市高级人民法院 2019 年发布的《北京市高级人民法院商标授权确权行政案件审理指南》中即明确规定，就商标近似问题，"当事人可以提交市场调查报告用于证明诉争商标和引证商标不构成近似商标，但该报告结论缺乏真实性、科学性的，可以不予采纳"。而在商标民事诉讼案件中，《最高人民法院关于审理涉及驰名商标保护的民事纠纷案件应用法律若干问题的解释》（2020 年修正）中规定，"当事人主张商标驰名的"，对于"市场调查报告"等证据，"人民法院应当结合认定商

---

❶ 曹世海. 对商标侵权诉讼中市场调查报告的审查与认定 [J]. 人民司法·应用，2015（9）：76.

标驰名的其他证据，客观、全面地进行审查"。❶

在司法实践中，已有不同地区的法院在商标民事诉讼中参考市场调查报告帮助认定案件事实。总体来说，在商标侵权案件中采用了市场调查方式举证的占比很低，但凡适用市场调查的其调查结论被法院采信比例较高。❷ 尽管法院对市场调查展现出较高的接受度，诉讼当事人仍普遍未能在商标民事诉讼中积极选择该举证方式。分析其主要障碍在于以下三点：首先，市场调查报告在我国现有证据规则下尚无法准确定位，证据合法性存在瑕疵；其次，单方制作的市场调查报告作为证据的客观性可能受到对方当事人及法官的质疑；最后，市场调查操作和结果分析（包括实施方式、质量控制方法及数据解读等方面）的瑕疵将直接影响其证明力。本文以下将围绕市场调查报告的建构路径及适用机制展开论述。

二、市场调查的启动及其证据分类

目前对市场调查报告的证据分类，学者的主张一般采取了两种思路。一种是在民事诉讼法现行证据分类规则下，尝试为其找到一个适合的位置；另一种则是抛开现有规则的限制，建议新增一项社会科学证据类型。❸ 从必要性及可行性角度分析，前一种思路似乎更为可取。

市场调查报告不是证人证言。早期有学者主张可以将受调查的消费

---

❶ 由前述两个规定内容可以看出，最高人民法院的司法解释对于市场调查报告的适用采取较为谨慎的态度，仅将其适用于证明商标的知名度这一事实性问题，同时，也强调了法院采信市场调查报告应当结合其他证据，市场调查报告作为证据起到参考而非直接定性的作用。相关案例可参见如广东省高级人民法院（2011）粤高法民三终字第 163 号民事判决书，该判决书中指出："'相关公众'是一个抽象的概念，不是指某一个或几个具体的消费者或者生产者，两者是不等同的。就争议商标是否近似的问题向社会发放调查所取得的结果，不能就说是相关公众的一般认知水平。因此，该调查结果只能作为我们判断是否足以误导相关公众的参考。"

❷ 就此问题，近年来已经先后有许多统计数据可供参考，如：张爱国. 商标消费者调查的正当性研究：从 49 份商标侵权纠纷民事判决书谈起［J］. 知识产权，2011（2）：63-64；罗中兰. 商标纠纷中问卷调查的适用［J］. 学理论，2020（2）：73；陈贤凯. 商标问卷调查的司法应用：现状、问题及其完善路径［J］. 知识产权，2020（9）：62-64；张志远，栗东升. 商标侵权案件中市场调查报告的适用［J］. 开封文化艺术职业学院学报，2021，41（1）：211.

❸ 张爱国. 商标消费者调查的正当性研究：从 49 份商标侵权纠纷民事判决书谈起［J］. 知识产权，2011（2）：78；陈贤凯. 商标问卷调查的司法应用：现状、问题及其完善路径［J］. 知识产权，2020（9）：70.

者解释为因"其他无法到庭的特殊情况"而未到庭的证人，进而将调查问卷作为证人证言提交给法院。❶ 反对观点则认为，证人应当参与案件过程，具有人身不可替代性，并就其观察或感知到的事实向法庭进行陈述，且不得作出意见的表述或使用倾向性的语句。而市场调查报告并不满足这些要求，理由是：参与调查者并未实际参与所涉案件；合理限定范围内的公众均可参与调查，单个参与者不具有不可替代性。❷ 就此问题，反对观点较为合理。

市场调查报告也不是所谓专家证人证言。还有学者认为应当采用外国法域的主流观点，将市场调查报告认定为专家证人所作证言；在程序上，则认为有关专家出庭质证应当适用我国民事诉讼法律体系中"有专门知识的人"相关规定。❸ 这种观点也颇令人质疑。首先，依此种观点出庭质证的专家究竟是调查的设计和执行者，还是就质证目的另行聘请的其他专家，并不明晰（如是前者，其性质上更接近于我国法律规定的鉴定人；如是后者，那么其质证的对象——市场调查报告本身即应当认定为鉴定意见更为合理，详见下文分析）。其次，我国司法体系中并没有"专家证人"这一概念，只有"专家辅助人"。但专家辅助人与专家证人性质不同，两者不能混为一谈：专家辅助人在诉讼中的功能只是单一地协助当事人就有关专门性问题提出意见或者对鉴定意见进行质证，回答审判人员和当事人的询问、与对方当事人申请的专家辅助人对质等活动也是围绕着对鉴定意见或者专业问题的意见展开；而专家证人的主要功能是辅助法庭事实发现，与大陆法上鉴定人的功能非常接近。

我国现有民事诉讼法律体系中关于鉴定及鉴定意见的规定已经能够有效规范市场调查在案件中的应用。从启动程序来看，市场调查的具体启动方式可以参照《最高人民法院关于适用〈中华人民共和国民事诉讼法〉的解释》第 121 条关于在民事诉讼中进行鉴定之规定，即可以由当事人申请进行，由法院予以准许并组织双方当事人协商确定具备相应资格的第三方调查机构，当事人协商不成的由法院指定；也可以由法院依

---

❶ 杜颖. 商标纠纷中的消费者问卷调查证据 [J]. 环球法律评论，2008（1）：73-74.

❷ 张爱国. 商标消费者调查的正当性研究：从 49 份商标侵权纠纷民事判决书谈起 [J]. 知识产权，2011（2）：68.

❸ 张爱国. 商标消费者调查的正当性研究：从 49 份商标侵权纠纷民事判决书谈起 [J]. 知识产权，2011（2）：69.

职权委托进行，在询问当事人意见后指定具备相应资格的调查机构。与鉴定类似，无论是依当事人申请启动，还是法院依职权启动调查，都应当由法院委托调查机构进行调查活动，这也能够排除委托当事方即为支付报酬方的客观性瑕疵。

从证据分类来看，认定市场调查报告属于鉴定意见也并无理论上的障碍。鉴定是由具有专业知识或具备特定资格的主体，通过科学的操作方法，获得与待证事实及案件有关的信息。而市场调查的性质与此完全一致。民事诉讼中的鉴定可能涉及的类型多种多样，而通过科学的统计学、社会学乃至心理学方法，对相关公众是否对某两个商标产生混淆得出一个专业性结论，在本质上和笔迹鉴定、建筑工程质量鉴定等并无不同。这些活动都是在法官不能借助常识或生活经验作出合理判断时，借助专门的知识获取事实信息，帮助法官认定案件中的事实问题。至于一项鉴定活动帮助法官认定的具体问题内容为何，并不改变鉴定行为本身的性质。有学者主张市场调查报告是"调查者对调查对象的观点、意见或态度的总结、归纳和分析。在一定意义上说，调查报告只是总结他人的结论。"❶ 这种观点实际是对市场调查所关注问题的误解。市场调查并不关注某一个或某几个特定他人的意见或结论。在商标民事诉讼中，市场调查所试图探究的是相关公众对特定两个商标发生混淆的比例，并由此在事实层面上得出相关商标之间是否构成混淆性近似的结论。这一结论恰恰是调查人（即调查机构中负责设计、执行、分析调查的专家）依据专门的知识和方法统计、分析数据得出，其过程中涉及诸多科学性方法设计、质量控制等技术性操作，并非简单机械地转述"他人的结论"。

进一步参照适用《民事诉讼法》（第 78 条）有关鉴定的规定，调查人并不一定需要出庭，如当事人对市场调查报告有异议或者法院认为调查人有必要出庭的，调查人应当出庭作证。❷ 但同时，市场调查报告应当

---

❶ 曹世海. 对商标侵权诉讼中市场调查报告的审查与认定 [J]. 人民司法·应用，2015（9）：77.

❷ 例如，广东省高级人民法院（2015）粤高法民三终字第 444 号民事判决书中指出："证据 15—18 是新百伦公司单方委托调查公司所作的调查，因周某伦对该调查公司的资质、独立性、公允性以及调查方法的科学性、客观性等均提出异议，该调查公司的有关人员又没有出庭接受质证，因此本院对该三份证据不予认可。"

包括（但不限于）其设计、执行人的资质情况，调查设计的思路（例如，如何确定"相关公众"的范围、在哪些地区开展调查等）、调查的具体操作过程（如调查的次数、确切方式、给予调查者的指示等）、形成调查结论的数据分析方法和依据（如受调查人数、所有调查答案）等内容，以供法庭充分审查其科学性及证明力、提高证据得到法院采信的概率。❶

此外，案件当事人也有权对市场调查报告进行质证，这一环节同样可以参照《民事诉讼法》第79条及《最高人民法院关于适用〈中华人民共和国民事诉讼法〉的解释》第122条中关于"有专门知识的人"的规定，由当事人申请其他有关专家对调查机构作出的调查报告进行质证，或者对专业问题提出意见。此处引申出的一个次要问题是，如果当事人在诉讼程序正式启动前已经自行完成了市场调查（如作为是否提起诉讼的策略性前期调查，甚至可能是在诉前调解阶段），也应当允许其向法庭提交相关调查报告，并在报告内列明上述制作细节，供法庭审查、当事人质证。允许当事人自行完成市场调查是对其自行处分民事权利的尊重，有利于减少不必要的诉讼（如原告方经调查后发现胜诉机会较为渺茫），也和现行民事诉讼法体系下允许当事人"就专门性问题自行委托有关机构或者人员出具的意见"的规定相符。❷

由此可见，市场调查报告在现行的鉴定意见规则下可以找到足够的适用空间。一些学者提出的新增社会科学证据类型的必要性较低，且对现有证据制度的冲击过大，在立法、司法、执行层面都会面临许多派生问题，其可行性也受到更多的挑战和质疑。

---

❶ 例如，江苏省南京市中级人民法院（2012）宁知民终字第24号民事判决书中指出："当事人无异议的事实，本院予以确认……有异议的事实，其中《市场调查报告》的出具单位上海执天企业管理咨询有限公司具备相应的资质，并完整地记载了调查的目的、过程和结果，详细地列举了据以得出调查结果的各种数据，上诉人虽然对调查结果不予认可，但并未提供相反证据予以证明，一审法院将该调查报告作为证据采信并无不当；且一审判决并未直接依据该调查报告得出上诉人使用'紫峰'的企业名称造成市场混淆的结论，而是将该证据与案件的其他相关事实予以综合判断得出的结论，以该调查报告印证造成混淆的事实。"

❷ 曹世海. 对商标侵权诉讼中市场调查报告的审查与认定［J］. 人民司法·应用，2015（9）：78；《最高人民法院关于民事诉讼证据的若干规定》（2019年修正）第41条：对于一方当事人就专门性问题自行委托有关机构或者人员出具的意见，另一方当事人有证据或者理由足以反驳并申请鉴定的，人民法院应予准许。

三、市场调查在商标民事诉讼中的建构路径

在以往采用市场调查方式举证的案例中，法院不采纳市场调查报告的常见理由之一即为调查由单方当事人委托而不具有客观性。● 例如，在早期知名案件丰田与吉利商标权纠纷案中，法院对原告及被告各自提交的调查报告均不予采纳，首要理由即为双方提交的调查均系单方委托进行；另外，双方所进行调查中选择的"相关公众"的范围也未能得到法院认可。● 在其他案件中，也有法院针对调查报告的设计提出疑问并认为：单方委托进行的调查，在问题的设置、顺序安排等方面仅体现了该方意志，其客观性不能保证。● 由此可以看出，严格适用鉴定相关规范已经能够部分解决上述问题。同时，法院居中主持，双方当事人共同参与包括调查机构选择、问卷设计、确定调查方式和区域等准备工作也将会有助于进一步提高市场调查报告的采信率。

从调查的设计和执行层面来看，早期有学者提出法院介入问卷调查应注意的三个方面●，现今看来依然是保证市场调查客观性和科学性的核心问题：①选择中立的第三方调查机构；②帮助当事人确定"相关公众"范围；③庭前协调当事人确定问题设计。由法院主持，组织各方当事人在调查启动前对前述问题达成一致，能够提高法官对市场调查结果的采信率，有效减少对当事人投入的时间和经济成本的浪费，从而减小相关主体选择市场调查方式的阻碍。

具体而言，在选择第三方调查机构方面，如上文所述，参照鉴定的启动程序，案件当事人应当就选定第三方调查机构达成一致；无法达成一致的，由法院指定。法院还可以就经审查满足资质要求的调查机构形

● 张爱国. 商标消费者调查的正当性研究：从 49 份商标侵权纠纷民事判决书谈起 [J]. 知识产权，2011（2）：64；陈贤凯. 商标问卷调查的司法应用：现状、问题及其完善路径 [J]. 知识产权，2020（9）：64.

❷ 参见北京市第二中级人民法院（2003）二中民初字第 06286 号民事判决书。

❸ 参见北京市第一中级人民法院（2005）一中行初字第 958 号行政判决书。

❹ 参见杜颖. 商标纠纷中的消费者问卷调查证据 [J]. 环球法律评论，2008（1）：80.

成白名单❶，为当事人的选择提供支持和便利。并且，不论调查机构如何选定，法院都应当注意审查案件当事人与第三方调查机构之间是否存在利益冲突。

就确定"相关公众"的范围而言，应当视商标民事诉讼案件具体情况而定，具体可以依据销售商品或提供服务的具体价格区间、销售商品或提供服务的地区、销售的具体渠道、目标消费人群等多种因素确定。另外从商标近似性混淆的角度来说，通常在正向混淆案件中，调查对象应当包括在后商标使用商品项目的目标消费者；而在反向混淆案件中，调查对象应当包括在先商标使用商品项目的目标消费者。❷ 实际上，法院协助确定"相关公众"范围并不必然在科学性上更优于当事人自行启动的调查，各方当事人及调查机构都可以为此贡献有价值的设计思路。在这一过程中，法院的参与价值在于应能够避免其最终以此为理由对调查结果不予采纳。

在调查问题设计方面，国际较为主流的观点是，为保持调查的中立性，通常不能由案件当事人或其代理人直接执行市场调查，但案件当事人或其代理人可以参与问卷问题的设计。并且，案件双方共同参与问卷设计也更有利于体现双方意志，进一步厘清争议焦点，保证调查的合理性。❸ 司法实践中，仅由调查机构设计的调查问卷，其客观性也可能遭到法院质疑。❹

值得思考进一步的是，在深化司法改革不断走实走深的维度背景下，对于技术类案件中涉及技术事实问题的认定，最高人民法院已经建立施行专利技术调查官制度，取得了良好的效果。那么在商标民事诉讼案件中，应可以考虑在诉前调解阶段通过人民调解组织或行业协会组织建立

---

❶ 白名单的具体形成方式不是本文讨论的重点，笔者仅在此提供一个可能的思路：由最高人民法院知识产权法庭制定资质要求标准，由各地高级人民法院在各自辖区范围内向社会招标，建立候选名单，再呈报最高人民法院最终确定，并定期进行对资质的审查和对名单内的公司的必要增减等。

❷ SACOFF R G. People Power?：A Survey of Surveys ［EB/OL］.（2013-03-01）［2022-01-06］. https：//www. worldtrademarkreview. com/enforcement-and-litigation/people-power-survey-surveys.

❸ 刘孔中. 商标法上混淆之虞之研究 ［M］. 台北：五南图书出版公司，1997：113.

❹ 例如，四川省高级人民法院（2009）川民终字第 155 号民事判决书指出："证据材料 10 市场调查表系由调查中心自行设计调查内容，且被调查人员范围小，不能客观公正反映公众对两公司产品的了解情况，对其证明力不予采纳。"

商标侵权判断市场调查辅助支撑模式，即可由法官与双方当事人进行协商，由市场调查辅助人员协助确定调查报告的对象范围及问卷内容设计，调查报告的执行过程由市场调查辅助人员监督，并在庭审质证时就调查报告的形成进行阐释。如果在诉前调解阶段未启动市场调查，则在诉中可以通过庭前谈话的方式组织案件双方及第三方调查机构共同参与调查问卷的设计并最终达成一致观点，避免在调查完结后法官或当事人再以调查问题设计瑕疵为由质疑调查的科学性。

四、市场调查的具体实施路径

本质而言，市场调查不可能是市场普查，而只可能是一种随机的或非随机的抽样调查。调查者的目的是通过调查结果、依据概率原理反推相关市场及公众对被调查事项的普遍认知。传统的市场调查方式包括电话调查、街头拦截调查（包括购物中心拦截调查）。新兴的市场调查方式包括互联网调查、微信/微博调查等。客观来看，每一种调查方式自身都有其利弊，选择何种方式还应根据案件实际情况、成本预算等因素综合考量。

（一）电话调查

电话调查的最显著特点是具有相对快捷和低成本的优势。但其局限性也较为明显。从调查内容上来看，电话调查显然不适用于区分图形商标或需要书面描述才能表达清晰的商标。即使有电话黄页可供使用，其上登记的电话也可能并不真正具有随机性或参照性（如其上可能登记的大多是有稳定住址且还保有座机使用习惯的家庭，机主的年龄层、收入情况、消费习惯等可能过分集中，或与调查本应针对的群体不符）❶。更关键的是，在我国并不提供普通居民的电话黄页服务，采用电话调查的方式实施市场调查存在现实的困难。

（二）街头拦截调查

街头拦截调查被认为是数据搜集的优选方式，特别是当有视觉材料必须出示给调查者进行比较判断之时。调查员通过面对面的访谈（必要时由公证员对访谈过程同期公证），可以当场就受访者的疑问进行解答、

---

❶ 刘孔中. 商标法上混淆之虞之研究 ［M］. 台北：五南图书出版公司，1997：124.

解释较为复杂的题干、避免受访者跳过问题或未遵循答题指示而导致问卷无效，甚至可以通过实际观察来评估受访者答案的真实性。❶ 并且，在特定场合（如商场附近）进行访谈时，受访者的心理状态更接近其通常进行消费时的状态，有利于调查更真实地反映消费者的认知情况。相对地，面对面访谈对调查者本身的素质要求较高，在前期对调查者进行培训、访谈的执行阶段往往需要投入较高的成本。另外，受限于民众消费水平和习惯，这种在某些国家具有统计学优势（如美国，支持这一方法者认为由于所有美国人都至少会偶尔去购物中心，在购物中心消费的人群构成了普通消费群体的极大部分）❷ 的调查方式，在其他国家不一定成立。

（三）互联网调查

互联网调查现在也被作为一项常用的调查方式，特别是考虑到电子商务的迅猛发展，消费者通过互联网平台购物已经是重要的消费场景之一。互联网调查最大的优势是这种无接触式的调查方式能够大幅减少接近潜在被调查者的费用，并能通过在显示屏幕展示相关图片和选项实现见面访谈的某些优势。但这一方式经常面临的问题是如何保证实际参与调查者能够恰当地形成一个满足调查设计要求的被调查者范围。

互联网调查主要有两种常用方式，而这两种方式在控制被调查者范围方面都存在一定的缺陷。一种是将调查问卷的链接投放到特定网页上。这一方法的最大缺点是将潜在的被调查者范围限制在了可能访问某个（或至多某几个）网站的人群中，故而使得样本范围过窄，不能达到调查抽样所要求的随机性水平。另外，这种问卷链接如不提供任何奖励，可能无法吸引到足够的参与者；而一旦提供奖励，又可能吸引只顾奖励、忽视答案真实性的参与者，最终影响结果的可靠性。❸ 另一种方式则是由第三方公司事先组织并管理若干互联网调查志愿者小组，登记志愿者所处的地区信息和使用不同产品和服务的相关信息，并根据特定调查的要

---

❶ 刘孔中. 商标法上混淆之虞之研究［M］. 台北：五南图书出版公司，1997：120.

❷ RAPPEPORT M. Litigation Surveys：Social "Science" as Evidence［J］. The Trademark Reporter，2002，92（4）：969.

❸ MISHRAH, CORBIN R M. Internet Surveys in Intellectual Property Litigation：Doveryai，no Proveryai［J］. The Trademark Reporter，2017，107（5）：1109.

求从不同的小组中选取志愿者作答。❶ 这种方式在美国已经较为流行，一些法院对此也持较为开放的态度。❷ 但如果志愿者进入小组时未能提供真实信息（如虚报住址，导致地区条件实际并不符合要求）❸ 或者同一人报名进入了过多的小组（当调查选取多个小组时就会产生过多重复结果），❹ 则都将破坏调查结果的准确性。

（四）微信/微博调查

科技发展不断推动社会进步，采用以微信/微博为代表的新型即时社交软件进行市场调查是由科技革新而产生的一项调查方式。这种调查方式的优势在于可以在移动端通信设备，特别是在手机上进行，具有更多的便利性，解决了纸质问卷发放、填写、回收、统计太复杂，电子版问卷的不便填写等弊端，为无接触式市场调查提供了新的渠道和方法，提高了工作效率，使数据统计更加便捷。

早在 2014 年 4 月 30 日《人民法院报》第四版就刊登过一篇文章《绍兴商标侵权案引入微博请网友投票》，介绍绍兴市中级人民法院在庭审中首次采用微博直播方式：在庭审开始前，"@绍兴法院"新浪官方微博就贴出了"绍女红"和"女儿红"的商标图案，请网友就两者是否容易构成混淆发表意见，法官将此作为商标是否构成侵权的参考依据。严格意义而言，这种简单投票调查并非市场调查（market surveys）而是一种民意测验（opinion polls），但无论如何，法院与网民的互动不仅有利于促进司法公开透明，而且反映了法院对于商标侵权案件中混淆与否做的有益探索和尝试。

目前，市场上还有一些针对微信公众号开发的问卷调查 APP，可以利用多渠道推送市场调查问卷，通过微信好友、微信群、朋友圈发送问卷二维码，好友以扫一扫等方式通过手机填报上传使得问卷调查得以快速高效执行。此外，还可以利用 APP 的功能确定被邀请人是否打开、填

---

❶ MISHRA H，CORBIN R M. Internet surveys in intellectual property litigation：doveryai，no proveryai [J]. The Trademark Reporter，2017，107（5）：1105-1106.

❷ In re NJOY, Inc. Consumer Class Action Litigation, 120 F. Supp. 3d 1050, 1080-81 (C. D. Cal. 2015)。

❸ MISHRA H，CORBIN R M. Internet surveys in intellectual property litigation：doveryai，no proveryai [J]. The Trademark Reporter，2017，107（5）：1107.

❹ MISHRA H，CORBIN R M. Internet surveys in intellectual property litigation：doveryai，no proveryai [J]. The Trademark Reporter，2017，107（5）：1113.

写了问卷，从而更便捷准确地收集信息。特别是目前已出现的专业微信公众号调查平台，融合了社会化关系和社会化信息的特点，已具有数百万样本库成员，日均有超过 100 万的问卷填写者。通过这种平台能够精确地通过例如行业、月收入、学历、年龄等筛选条件锁定调查所需要针对的目标群体。尽管该种调查方式存在与互联网调查同样的缺陷，但更契合时代发展和网上消费场景普及化的趋势，确实值得进一步关注。

五、如何提高市场调查报告的证明力

明确调查方式之后，调查者能否在调查的各个环节进行有效的质量控制、是否对调查所得数据进行了合理的解读分析，是影响法庭对调查报告采信率的重要因素。

（一）质量控制方法之样本选择

被调查者的范围选择和样本抽取对于最终调查结果的科学性至关重要。如我国商标法领域即规定了"相关公众"是指"与商标所标识的某类商品或者服务有关的消费者和与前述商品或者服务的营销有密切关系的其他经营者"。❶ 在这一前提下，被调查者的具体范围可以依据具体的商品或服务、销售商品或提供服务的地区、目标消费人群等多种因素确定，核心原则在于不能使样本范围过大（如调查某类疾病特定医疗方法所需医疗用品时询问了并不使用该医疗方法的其他患者）❷、范围过小（如涉案商品的二手购买市场较大而调查未包括二手买家群体❸、调查"相关公众"时仅针对消费者而未包括其他经营者❹）或者范围错误（如调查对象并非诉争商品的购买群体❺）。

同时，为减小误差及提高可信度等目的，调查选取的样本总数不宜过小。调查应遵循合适的科学方法以确保公众样本数量足够且能代表整个相关公众。在我国司法实践中，有地方人民法院认为 600 余份有效问

---

❶ 《最高人民法院关于审理商标民事纠纷案件适用法律若干问题的解释》（2020 年修正）第 8 条。

❷ *Water Pik，Inc. v. Med-Systems，Inc.*，726 F. 3d 1136，1145（10th Cir. 2013）。

❸ *Scott Fetzer Co. v. House of Vacuums Inc.*，381 F. 3d 477，488（5th Cir. 2004）。

❹ 参见广东省高级人民法院（2011）粤高法民三终字第 163 号民事判决书。

❺ 刘孔中. 商标法上混淆之虞之研究［M］. 台北：五南图书出版公司，1997：124.

卷数量不足；❶ 同时，也有地方人民法院认为在 4 个城市中选取 1200 个消费者及 12 个经销商数量较多且分布比较合理。❷ 参考其他法域的观点和实践，有学者主张 600～800 个样本通常较为合理，而德国实务中的常见做法是选取 2500 份样本。❸ 无论如何，样本数量的确定还应当根据具体的案件、行业进行调整，并能够与所需成本达成相对平衡。

（二）质量控制方法之问卷设计

就如何对涉案商标进行对比这一问题，应当结合案件实际情况进行具体设计。例如，就两个进行对比的商标在调查问卷中采用并列观察还是所谓隔离观察，相关商标在问卷中展示的方式应当与相关商品在市场中的实际陈列出售方式一致，以便更准确地反映消费者在市场上面对相关商品时的真实感受。❹

就具体的商标对比方式而言，美国司法实践中目前较为主流的两种做法可供参考：一种是提供带有在后商标的产品图片，并要求被调查者回答出其所属公司，❺ 如答案是在先商标所有者则视为发生混淆；另一种方式是将涉案的两个商标并列进行对比，并询问被调查者此两个商标是源自同一公司还是不同公司❻（这一方法的一个缺点是其在某种程度上带有引导性，因为当两个商标十分近似时，消费者从逻辑上更不容易认为同一家公司会使用这样两个商标）❼。

---

❶ 例如，广东省高级人民法院（2011）粤高法民三终字第 163 号民事判决书中指出："该调查报告所被调查的对象为年满 18 周岁以上的具体个人，没有包括其他经营者，而且所收回来的有效问卷只有 628 份，因此，被调查对象缺乏普遍性，显然不能等同于商标法所规定的相关公众……"

❷ 例如，山东省青岛市中级人民法院（2004）青民三初字第 304 号民事判决书中指出："本院认为，上述两调查机构在北京、青岛、西安、西宁四个城市中选择了 1200 个普通消费者以及 12 个经销商，被调查对象数量较多且分布比较合理，因此调查结果能够相对客观地反映'壹枝笔'牌香烟在相关公众中的知晓程度。"

❸ 刘孔中. 商标法上混淆之虞之研究［M］. 台北：五南图书出版公司，1997：126.

❹ 刘孔中. 商标法上混淆之虞之研究［M］. 台北：五南图书出版公司，1997：129-130.

❺ 以 *Union Carbide Corp. v. Ever-Ready Inc.*，531 F. 2d 366（7th Cir. 1976）案为典型，建立了 "Eveready" 调查模式。

❻ 以 *Squirt Co. v. Seven-Up Co.*，628 F. 2d 1086，（8th Cir. 1980）案为典型，建立了 "Squirt" 调查模式。

❼ BROWN K，BRISON N T，BATISTA P J. An Empirical Examination of Consumer Survey Use in Trademark Litigation［J］. Loyola of Los Angeles Entertainment Law Review，39（3），2019：249.

就调查问题的设计而言，应当注意保证问题清晰明确，避免使用带有倾向性的陈述或问句、在同一题干中包含多个问题、使用否定式问题等。❶ 如果使用封闭式问题（即只能从所给选项中选择答案），则要保证提供足够的合理选项❷（例如在必要时设置"不知晓"选项，减少被调查者凭猜测作答带来的干扰）❸。毕竟，可采信的市场调查数据，应该是相关消费者凭借其消费经验和常识作出的直接的而非刻意的反映，与一般的根据直觉所作出的生活判断并无任何的不同。

（三）质量控制方法之调查的执行

就市场调查的执行而言，进行调查的工作人员及被调查者都不应得知案件事实或调查目的，即所谓"双盲"实验法，以避免主、被试双方因为主观期望而不当影响实验结果，❹ 从而提高市场调查报告的客观性和公信力。

就调查执行的时间而言，也应当考虑进行市场调查还能否真实反映争议发生时的消费者认知状况。如果市场调查实施的时间较晚、和争议是否发生混淆的时间相距太久（如数年之隔），❺ 而在这期间相关商标、品牌的知名度等可能变化较大，消费者对相关商标和商品的认知也随之发生较大变化，市场调查报告的参考性将大打折扣。❻

---

❶　刘孔中. 商标法上混淆之虞之研究［M］. 台北：五南图书出版公司，1997：126.

❷　SACOFF R G. People Power?：A Survey of surveys［EB/OL］. （2013-03-01）［2022-01-06］. https：//www. worldtrademarkreview. com/enforcement-and-litigation/people-power-survey-surveys；刘孔中. 商标法上混淆之虞之研究［M］. 台北：五南图书出版公司，1997：127.

❸　RAPPEPORT M. Litigation Surveys：Social "Science" as Evidence［J］. The Trademark Reporter，2002，92（4）：984.

❹　RAPPEPORT M. Litigation Surveys：Social "Science" as Evidence［J］. The Trademark Reporter，2002，92（4）：988.

❺　刘孔中. 商标法上混淆之虞之研究［M］. 台北：五南图书出版公司，1997：109.

❻　除质量控制层面的问题外，在我国行政诉讼实践中，也有法院单纯以当事人在诉讼阶段提交的调查报告不是其在行政程序中提交的证据，与法院审查的行政部门具体行政行为无关为由，对调查报告直接不予审查。参见最高人民法院（2009）行提字第 2 号行政判决书："本院再审认为，德士活公司在本院再审过程中提交的调查报告，不是商标复审行政程序中提交的证据，与本案审查的商评委具体行政行为无关，本院不予审查。"暂且不论法院此种论断的合理性（存疑极大），从实操角度，当事人在民事诉讼、行政诉讼程序中适用市场调查方式都应当关注调查执行时间对其证明力的影响。

（四）对调查数据进行合理解读

在商标民事诉讼中引入市场调查作为证据，在某种程度上是期望对于定性较为困难的问题采用定量方式予以帮助解决。数字是会"说话"的，其背后隐含着关于市场状况的复杂信息。市场调查报告在一些英美学者的著作中被称为商标诉讼案件中解决诉争的"黑匣子"。它很重要，但要让其发挥作用，还需要进行技术解读。举例而言，在商标侵权案件中，"混淆的可能性需要达到怎样的量化要求"才是我们通常所说的"足以产生市场混淆"的判断标准。

观察其他国家的司法实践，以美国为例，如果调查结果显示超过 50％ 的受调查者发生混淆，则法院最终认定存在混淆可能性无太大争议。❶ 但反之，如果调查结果显示混淆率不足 50％，也不足以直接认定不存在此种可能性。法院往往会综合考虑具体案情、接受调查的全部人数等情况。当调查结果显示混淆人数在 25％～50％ 时，法院也经常认为这一结果能够作为支持存在混淆可能性的证据。❷ 在我国司法实践中，也有法院认为即使调查结果混淆比例不足 50％，也不足以认定不存在混淆（包括实际混淆及混淆可能性）。❸ 同时，如果混淆可能涉及的消费者人数极多，则尽管调查显示产生混淆的比例不高、也足以代表相当众多消费者的意见，从而使得法院认定混淆情况严重。❹ 但如果调查结果显示消费者认知比例小于 10％，则在美国法下通常认为不足以证明商标第二含义

---

❶❷ MCCARTHY J T. McCarthy on Trademarks and Unfair Competition [M]. 5th ed. Eagan：Thomson West，2017：832；185.

❸ 例如，广东省高级人民法院（2011）粤高法民三终字第 163 号民事判决书中指出："根据调查报告，对于米其林公司与喻某经营的企业名称关联度，32％的被访者认为两家公司关系密切或者同属于一家集团公司；对于两者产品关联度，31.4％的被访者认为两家公司的产品或属于同一家公司的不同产品。必须指出的是，商标法上所称的混淆或者误认，不单指实际已经产生的混淆或者误认，而且包括混淆或者误认的可能性。司法实践中，若相关公众误认为使用两商标的商品来自于同一市场主体或者误认为两市场主体存在经营上、组织上或者法律上的关联，则可以认定相关公众已经造成了混淆和误认。商标法上所称的损害，既包括已经发生的实际损害，也包括可能会发生的损害。因此，喻某提供的广州市赛立信市场研究有限公司所作的调查报告，并不足以证明被诉商标没有侵犯米其林公司驰名商标权……"

❹ *Humble Oil & Refining Co. v. American Oil Co.*，405 F. 2d 803，817（8th Cir. 1969）（法院指出当受影响的消费者以百万计时，仅 11％混淆的调查结果也可以使法院认定存在极大混淆）。

成立。❶ 这一标准也可作为商标混淆性近似案件的参考。除此之外，相关公众当中产生混淆的比例，作为一个相对量化的标准，还应当根据商标所标识商品的类别、同类产品的多少、消费群体的大小等因素进行综合评断。❷

此外，对于混淆比例所代表的实际意义也要进行有针对性的合理解读。在美国的一个商标民事诉讼案例中曾展开针对600位消费者的电话调查，根据该调查只有38位相信自己能够确信谁是被控侵权商品的生产者，而这38位中又只有13位认为原告是被控侵权商品的生产者❸，那么混淆率究竟是34%（13/38）还是2%（13/600）呢？麦卡锡（McCarthy）教授曾对该案评价说："在混淆率的计算问题上，这两个数字都是正确的，它们从不同层面反映了市场的真实情况。34%这个数据是正确的，因为只有这38位消费者是真正的潜在消费者，其中有较大比例的消费者发生了混淆，由此推知在相关市场上确实可能存在较高的混淆可能性；2%这个数据也是正确的，它反映了原告商标在普通消费者心中知名度较低这一基本事实。"❹

（五）对市场调查证明力的正确认知

需强调的是，调查结果所显示的混淆比例与最终法官认定是否存在混淆的结果之间不能也不应当建立"一刀切"式的对应关系。如前文所述，市场调查报告的本质是借助社会研究的实证方法，为当事人规划自己的诉讼活动及法官审理案件提供一定的辅助和参考，正如司法鉴定意见是否采信属于审理法院认证范畴。市场调查报告仅仅是案件诸多证据

---

❶ 参见美国专利商标局发布的《商标审查操作手册》（Trademark Manual of Examining Procedure），2021年7月更新，网址为 https：//tmep. uspto. gov/RDMS/TMEP/current＃/current/TMEP-1200d1e1. html。

❷ 例如，山东省青岛市中级人民法院（2004）青民三初字第304号民事判决书中指出："……要判断全部相关公众对某一商标是否知晓并不现实，而委托社会调查机构、进行随机抽样调查的方法能够相对客观地反映商标在相关公众中的知晓程度。如果相关公众中的被调查者对于该商标的知晓程度超过了一定比例，就可以说明该商标被相关公众广为知晓。而这种比例，作为一个相对量化的标准，还应当根据商标所标识商品的类别、同类产品的多少、消费群体的大小等因素进行综合评断。"

❸ *Frank Brunckhorst Co. v. G. Heileman Brewing Co.*，875 F. Supp. 966，973-973 (E. D. N. Y. 1994)。

❹ MCCARTHY J T. McCarthy on Trademarks and Unfair Competition ［M］. 5th ed. Eagan：Thomson West，2017：§32：185。

中的一种，不能对案件结果起到直接定性的作用。

另外还需说明的是，不论采取何种设计、安排或质量控制手段可能都无法实现一个完美的调查。正如有学者敏锐指出的，调查方法越严谨、细节准备越细致，可能受到的攻击反而会越多。❶ 但无论如何，合理的问卷设计及科学的质量控制手段能够提升调查结果的可靠性，进一步提高调查报告作为证据的证明力及其被法庭采纳的可能。

六、适用市场调查应当考虑的因素

除上文所讨论的证据类型、庭前确定调查相关内容，以及方式选择和质量控制问题外，当事人还应当考虑案件的具体情形是否适宜采用市场调查方式，以及进行市场调查所花费的成本是否与收益达成平衡。考虑到市场调查的规模不宜过小，成本一般较高，当事人也要充分考虑适用成本与收益之间的平衡。

是否适用市场调查主要由案件的类型和案情这两方面决定。案件类型决定了适用市场调查的可行性；而具体案情更进一步决定了适用市场调查的必要性。就案件类型而言，前述《北京市高级人民法院商标授权确权行政案件审理指南》及《最高人民法院关于适用〈中华人民共和国民事诉讼法〉的解释》中的规定表明市场调查可适用于商标驰名度和近似性的判断。而在其他法域，市场调查证据还常用于在具体诉讼案件中展示商标混淆性近似及商标是否获得第二含义，❷ 也可以用于判断商标是否驰名、是否淡化、是否通用化等，在证明通用化的问题上甚至被法院认为是必备的证据。❸

---

❶ McCarthy J T. McCarthy on Trademarks and Unfair Competition [M]. 5th ed. Eagan：Thomson West，2017：§ 32：178.

❷ 如 *Charles Jacquin Et Cie，Inc. v. Destileria Serralles，Inc.*，921 F. 2d 467，476（3d Cir. 1990）（"消费者调查证据是展示第二含义及混淆性近似的最直接方法"）。

❸ 在 *American Thermos Products Co. v. Aladdin Industries，Inc.*，207 F. Supp. 9（D. Conn. 1962），aff'd 321 F. 2d 577（2d Cir. 1963）中，涉案商标"THERMOS"因一项消费者调查而被法院认定为通用名称"热水瓶"。而在 *E. I. DuPont de Nemours & Co. v. Yoshida Intern.，Inc.*，393 F. Supp. 502（E. D. N. Y. 1975）中，被告进行了相关消费者调查，辩称TEFLON已成为不粘锅等厨具产品的通用名称，因而其注册商标 EFLON 不侵犯原告公司就TEFLON享有的商标权。

确定案件类型后，考虑到市场调查所需成本通常较高，并非所有适用市场调查类型的案件的当事人都有意愿或有必要采用市场调查的方法。以美国司法实践为例，就适用市场调查的具体案情而言，在一些较难抉择的商标民事诉讼案件中（如涉及较低近似度商标或较低类似度商品，或并无事实混淆证据或恶意证据），以恰当方式实施的市场调查可能起到改变案件胜负平衡点的作用。❶ 另外，在市场调查应用较为成熟和广泛的地区，如当事人有经济能力开展市场调查以支持其商标显著性或混淆性近似的主张但却未进行的，甚至可能被法院推断认定为调查结论将不利于该方当事人并最终导致不利的诉讼结果；❷ 此外，当一方当事人使用较为有利的市场调查报告作为其证据时，另一方当事人未能提交类似的市场调查证据或进行必要的反驳也可能较为不利。❸

七、总　结

加拿大最高法院在其审理的一个案件中称："市场调查报告（特别是其中所得的统计资料）是一种重要的证据方法，可以被认为是客观真实市场认知的最为接近的一种映射。尽管其不能也不应取代或约束司法机关进行最后的独立判断，但它无疑是所有证据中最为耀眼和最有说服力的证据。"❹ 这无疑是对市场调查报告作为证据进行的最为客观而准确的定位。

在商标民事诉讼案件中适用市场调查，将能够为待证事实提供客观、量化的数据实践支撑，并以此就专业的争点问题提供可参考的解决路径。应当理解的是，市场调查在设计和实施中的技术缺陷是不可避免的，但只可能用来减弱其证据效力，而不是完全排斥其结论。如能通过司法规范进一步明确市场调查的建构路径及适用机制，则将有助于确认市场调查报告的证据分类和启动程序，避免单方启动实施调查带来的客观性瑕

---

❶ *Steak Umm Co，LLC v Steak 'Em Up，Inc*，868 F Supp 2d 415，434（E. D. Pa. 2012）。

❷ *Eagle Snacks，Inc. v. Nabisco Brands，Inc.*，625 F. Supp. 571，583（D. N. Jersey. 1985）。

❸ 引述 *Arrow Trading Co，Inc v Victorinox AG*，Opp No 91/103，315（TTAB 2003），参见：SACOFF R G. People Power?：A Survey of Surveys［EB/OL］.（2013-03-01）［2022-01-06］. https：//www. worldtrademarkreview. com/enforcement-and-litigation/people-power-survey-surveys.

❹ *Masterpiece Inc. v. Alavida Lifestyles Inc.*，2011 SCC 27，［2011］2 S. C. R. 387。

疵，选择适合的市场调查方式并进行合理的质量控制及数据分析解读。司法层面如能够在审慎评估的基础上尽早出台一套科学、客观、具体的市场调查证据的采信规则或指南，将能够有效指引司法实践，推动此类证据在商标民事诉讼案件中发挥更为积极的作用，从而更加有效地保障诉讼当事人的合法权益。

搜索引擎竞价排名中
商标侵权及不正当竞争
问题的司法实践

吴　放[1]

摘　要

近年来，互联网搜索引擎的竞价排名商业模式引发了越来越多的商标侵权及不正当竞争纠纷。关于将他人商标设定为搜索关键词的行为是否构成商标侵权、是否构成不正当竞争，搜索引擎公司是否应当承担侵权责任等相关问题，学术界与实务界尚未达成共识。笔者主要以司法实践为视角，通过研究近年来法院的相关案例，认为在处理涉竞价排名的商标侵权及不正当竞争纠纷时，首先应当区分被控侵权行为属于对关键词的显性使用行为还是隐性使用行为，再行判断是否构成商标侵权或不正当竞争；对于作为网络服务提供者的搜索引擎公司是否应当承担侵权责任的问题，应适用《民法典》第1194条至第1197条"通知与知道规则"进行认定。

关键词

竞价排名　商标侵权　不正当竞争　网络服务提供者

---

[1]　作者单位：湖北省武汉市中级人民法院。

一、搜索引擎竞价排名引发的商标侵权及不正当竞争问题

竞价排名是网络搜索引擎营销的主要方式之一，属于互联网广告服务类别下的付费搜索广告，其特点是按"付费高者排名在前"的基本原则，将购买了搜索关键词的网站及其推广内容显示在搜索结果页面靠前或醒目位置，进而吸引网络用户的关注和点击。目前，包括谷歌、雅虎、百度、必应、360等国内外知名搜索引擎网站均使用了竞价排名的商业营销模式。竞价排名由于其按效果付费的特点，能够以少量的投入为市场经营者吸引大量网络流量，进而带来潜在客户，有效提升知名度和销售额，因此受到市场经营者的广泛青睐，但与此同时也引发了越来越多的商标侵权及不正当竞争纠纷案件。

纠纷的产生与竞价排名操作的具体模式有关：市场经营者即广告主在竞价排名推广服务中注册企业账号之后，可以自行选定关联到其网站的关键词、编辑推广广告内容（包含标题、网页描述和网址链接等）并设定点击价格。搜索引擎网站通过出价的高低对出现在搜索结果中的网站进行排序。当网络用户在搜索引擎中输入的搜索词与广告主后台设置的关键词一致时，广告主的网站链接会出现在搜索结果页面靠前位置或单独显示在搜索结果页面右侧的推广栏目中。实践中，大量广告主将竞争对手的商标文字设定为后台关键词，当网络用户进行搜索触发了关键词后，在搜索结果前排位置出现广告主的网站链接或推广内容。部分网站链接或推广描述中直接包含了竞争者的商标，但指向的却是广告主运营的网站。竞争者由此诉至法院，认为竞价排名中将他人商标设定为后台关键词的行为构成了商标侵权或不正当竞争。❶

此类案件中，被控侵权行为的表现形式主要分为两类：一是广告主在推广服务平台后台将竞争者商标设定为搜索关键词，并在搜索结果页面的网页链接及推广描述中包含了他人商标；二是广告主仅在推广服务平台后台将竞争者商标设定为关键词，但该商标未出现在搜索结果的网

---

❶ 实践中，大量广告主也将竞争者的字号、企业名称、网络域名等设置为后台关键词。本文只讨论将竞争者商标设置为后台关键词的情形。

页链接及推广描述中。为方便论述，我们将前者称为关键词的显性使用，将后者称为关键词的隐性使用。❶ 被控侵权主体除了广告主，往往还包括作为网络服务提供者的搜索引擎公司。所涉争议焦点主要包括：①广告主将竞争对手的商标设置为搜索关键词的行为是否构成商标侵权？②该行为是否构成不正当竞争？③网络服务提供者是否应当承担侵权责任？关于以上问题，目前学术界和实务界尚未达成共识，法院的裁判观点也不尽统一。鉴于此，笔者主要通过实证研究方法，以司法实践为视角，对近年来人民法院相关案例进行梳理分析，旨在对相关裁判规则进行探讨研究。

二、关键词显性使用行为的分析与定性

（一）关键词显性使用行为是否构成商标侵权

在判断竞价排名中将他人商标设定为后台关键词的行为是否构成商标侵权的问题上，人民法院普遍采用"两步分析法"，首先分析该使用行为是否构成商标性使用，再结合《商标法》第 57 条判断是否构成混淆以及有无合理使用的抗辩事由。

1. 关键词显性使用行为构成商标性使用

商标性使用是构成商标侵权的前提。《商标法》第 48 条规定："本法所称商标的使用，是指将商标用于商品、商品包装或者容器以及商品交易文书上，或者将商标用于广告宣传、展览以及其他商业活动中，用于识别商品来源的行为。"商标性使用的核心在于让相关标志发挥识别来源的作用。❷ 在关键词的显性使用行为中，由于搜索结果显示的网页链接或推广描述中直接包含了他人商标或近似商标标识，待网络用户点击链接后进入竞争者的网站或商品页面，此时该标识起到了识别商品或服务来源的作用，因此目前多数法院的主流观点是关键词的显性使用行为构成商标性使用。例如，在海淀法院审理的"智汇魔方案"中，法院指出：

---

　　❶　参见：陶乾. 隐性使用竞争者商标作为付费搜索广告关键词的正当性分析 [J]. 知识产权，2017（1）：73-81. 亦有学者将其称为商标或关键词的外部使用和内部使用，参见：姚志伟，慎凯. 关键词推广中的商标侵权问题研究：以关键词推广服务提供者的义务为中心 [J]. 知识产权，2015（11）：68-74.

　　❷　王迁. 知识产权法教程 [M]. 7 版. 北京：中国人民大学出版社，2021：612.

"此种设置关键词并在链接名称及描述中使用的行为，目的是链接到厦门金鼎公司运营的 APP 并指向其提供的服务，系在市场交易过程中对标识的商标性使用"❶。在青岛市中级人民法院审理的"捷能汽轮机案"中，法院指出："被告青能公司将'捷能'、'青岛捷能'设置为搜索关键词，通过该关键词将搜索结果指向其网站用于介绍、宣传被告及其产品，上述网络推广活动系具有广告宣传性质的商业活动，构成《中华人民共和国商标法》第四十八条规定的商标意义的使用。"❷

2. 根据个案情况分析是否构成混淆以及有无合理使用抗辩事由

在认定关键词的显性使用行为构成商标性使用后，法院会结合个案情况分析是否存在混淆并落入《商标法》第 57 条规制的七类侵犯注册商标专用权的情形之一。一般而言，如果经法院判断，涉案网站链接或推广描述中直接包含了权利人商标或近似商标，且所涉商品或服务类别构成相同或类似，法院会认定该行为会导致相关公众认为商标权人和被控侵权人网站之间存在某种关联，容易导致相关公众对商品或服务的来源产生混淆和误认，属于《商标法》第 57 条第 1 项或第 2 项规制的商标侵权行为，构成商标侵权。❸

以上司法裁判观点与知识产权行政执法保持了一致。2020 年，国家知识产权局发布了知识产权行政执法指导案例，在 1 号指导案例中明确了当事人将与他人注册商标相同或者近似的文字作为搜索关键词，并在搜索结果页面网页链接的标题等显著位置显示的，构成商标性使用。关于互联网环境下容易导致混淆的判断问题，依据《商标侵权判断标准》，如果足以使相关公众认为案涉商品或服务是由商标权人生产或提供，或者与商标权人存在投资、许可、加盟或合作关系的，即可认定为"容易导致混淆"，而不以存在实际混淆为要件。❹

---

❶ 参见北京市海淀区人民法院（2018）京 0108 民初 51396 号民事判决书。

❷ 参见山东省青岛市中级人民法院（2017）鲁 02 民初 1013 号民事判决书。类似案件还可参见重庆市第五中级人民法院（2019）渝 05 民初 2913 号民事判决书、上海知识产权法院（2019）沪 73 民终 280 号民事判决书、北京市海淀区人民法院（2020）京 0108 民初 33815 号民事判决书。

❸ 参见重庆市第五中级人民法院（2019）渝 05 民初 2913 号民事判决书、上海知识产权法院（2019）沪 73 民终 280 号民事判决书。

❹ 参见国家知识产权局知识产权行政执法指导案例"上海市崇明区市场监管局查处上海章元信息技术有限公司侵犯邓白氏注册商标专用权案"（指导案例 1 号）的理解与适用。

（二）关键词显性使用行为是否构成不正当竞争

由于在关键词显性使用的多数情形中，被控侵权人直接使用了他人商标并显示在搜索结果的网页链接和推广内容中，直接落入了《商标法》第 57 条第 1 项或第 2 项的规制范围内，因此多数情况下均构成商标侵权。对于商标权人指控该行为同时构成不正当竞争的诉讼请求，法院通常会认定侵权人的行为已构成商标侵权，通过商标法已足以保护原告权益，因此对该行为是否构成不正当竞争行为不再审查。❶ 该裁判思路与《最高人民法院关于适用〈中华人民共和国反不正当竞争法〉若干问题的解释》第 24 条规定一致。❷

三、关键词隐性使用行为的分析与定性

（一）关键词隐性使用行为是否构成商标侵权

总体来看，将商标设定为关键词进行隐性使用的司法案件相对较少。从目前的既有判决来看，多数法院所持观点是关键词隐性使用的行为因不属于商标性使用，因此不构成商标侵权，法院会进一步审查该行为是否构成不正当竞争。

"映美打印机案"可谓一典型案例。在该案中，被告爱普生公司将原告新会江裕公司注册商标"Jolimark 映美""映美"设置为百度推广服务后台搜索关键词，但在搜索结果页面的网络链接和推广描述中均无"Jolimark 映美""映美"等字样，出现在搜索结果前排的是"发票打印机首选爱普……关于爱普生创新科技""espon 全面支持营改增，经济适用，品质保证"等推广内容以及爱普生公司的网站链接。原告向法院同时提起了商标侵权之诉和不正当竞争纠纷，北京市海淀区人民法院分别立案受理。关于商标侵权问题，北京市海淀区人民法院认为："本案中爱普生公司行为未将原告商标使用在爱普生公司的商品、服务及相关链接描述、

---

❶ 参见山东省青岛市中级人民法院（2017）鲁 02 民初 1013 号民事判决书、北京市海淀区人民法院（2018）京 0108 民初 51396 号民事判决书、北京市海淀区人民法院（2020）京 0108 民初 33815 号民事判决书、上海知识产权法院（2019）沪 73 民终 280 号民事判决书。

❷ 该条规定："对于同一侵权人针对同一主体在同一时间和地域范围实施的侵权行为，人民法院已经认定侵害著作权、专利权或者注册商标专用权等并判令承担民事责任，当事人又以该行为构成不正当竞争为由请求同一侵权人承担民事责任的，人民法院不予支持。"

网页标识中，没有发挥商标区分不同商品来源的功能，不属于商标使用行为，不构成商标侵权。"❶ 原告不服，提出上诉，北京知识产权法院作为二审法院支持了原审法院的裁判观点，并进一步指出：爱普生公司对该关键词的使用行为系后台使用，在相关搜索结果及网页中均不包括原告商标的情况下，相关公众在看到搜索结果和相关网页时并不会认为其与原告商标有关。相应地，这一在后台使用关键词的行为不具有使相关公众将搜索结果与原告商标相混淆的可能性，不会构成对原告商标专用权的侵犯。❷ 北京知识产权法院还指出："侵犯注册商标专用权案件的审理与不正当竞争案件的审理不同，前者强调被诉行为是否落入注册商标专用权的保护范围，后者则强调被诉行为的不正当性……这一认定并非意味着被诉行为不应被禁止，只是对其行为的规制不应使用商标法调整。"❸ 最终，法院未将爱普生公司的关键词隐性使用行为认定为商标侵权行为，而是认定为不正当竞争行为。❹

笔者同意这一观点。如前所述，商标性使用是判定商标侵权的前提，而商标性使用的核心在于让相关标志发挥识别商品或服务来源的作用。仅将他人商标在后台设置为搜索关键词，但搜索结果中未显示他人商标，对他人商标的使用无法被网络用户直观地感受到，因此很难说此时商标的使用行为可以发挥识别商品或服务来源的作用，不应属于商标性使用。此时，广告主使用他人商标与其说是为了识别来源，毋宁是为了借助他人商标的影响力使自己的网站获得网络用户的关注和流量，进而攫取竞争优势。即使从混淆的角度分析，搜索结果中出现的网络链接和推广信息中并未出现商标权人的商标，只是出现广告主信息，而点击进入广告主网站后也无任何他人商标标识，对于一般网络用户而言很难造成商品或服务来源的混淆。因此，将商标作为关键词隐性使用的行为并不构成商标侵权，不应当通过商标法进行规制。

---

❶　参见北京市海淀区人民法院（2014）海民（知）初字第 28241 号民事判决书。

❷❸　参见北京知识产权法院（2015）京知民终字第 1752 号民事判决书。

❹　至于构成不正当竞争行为的理由，笔者将在后文论述。类似案件还可参见"罗浮宫家具案"福建省高级人民法院（2015）闽民终字第 1266 号民事判决书、"万德案"浙江省高级人民法院（2015）浙知终字第 268 号民事判决书、"数可视案"北京市海淀区人民法院（2020）京 0108 民初 41202 号民事判决书。

（二）关键词隐性使用行为是否构成不正当竞争

1. 司法裁判观点存在分歧

关键词隐性使用行为并不构成商标侵权，那么是否构成不正当竞争呢？目前，司法实践中对此争议很大。

部分法院通过适用《反不正当竞争法》第 2 条，认为该行为构成不正当竞争。在前述的"映美打印机案"中，经一审、二审、再审程序，三级法院均认可这一观点。法院认为该行为违反了诚实信用原则和商业道德，主要理由是：被控侵权行为会导致本欲关注原告商品的网络用户关注到了被告网站及商品，获取了原告的交易机会，这一过程虽无混淆的发生，但对原告商业机会的掠夺是毋庸置疑的，进而造成原告经济损失，违反了《反不正当竞争法》第 2 条的规定。❶ 同样，在北京市海淀区人民法院审理的"数可视案"中，也涉及关键词的隐性使用，法院判定该行为不属于《反不正当竞争法》第 6 条规定的市场混淆行为，但该行为以降低原告竞争优势的方式不正当获取了商业利益，违反了《反不正当竞争法》第 2 条规定的诚实信用原则和商业道德，因此构成不正当竞争。❷

但是，有的法院对此持不同观点。在江苏省高级人民法院审理的"金夫人婚纱摄影案"中，法院认为对《反不正当竞争法》第 2 条应当从严适用。法院在再审程序中通过适用 2009 年最高人民法院"海带配额案"中确立的适用《反不正当竞争法》第 2 条的三项条件❸，认为被告将原告商标设定为关键词进行隐性使用的目的在于为其带来潜在的商业机会，但商业机会并非法定权利，原告也未提供证据证明被告行为实质损害了其正当利益或消费者利益，被告行为未使相关公众产生混淆，也未误导消费者，因此综合认定被告行为未违反诚实信用原则和商业道德，不构成不正当竞争。❹ 与此类似，在浙江省高级人民法院审理的"海亮教育集团案"中，法院指出认定该行为是否构成不正当竞争必须结合搜索

---

❶ 参见北京市高级人民法院（2018）京民再 177 号民事判决书。

❷ 参见北京市海淀区人民法院（2020）京 0108 民初 41202 号民事判决书。

❸ 三项适用条件：一是法律对该种竞争行为未作出特别规定，二是其他经营者的合法权益确因该竞争行为受到实质性损害，三是该竞争行为因确属违反诚实信用原则和公认的商业道德而具有不正当性或可责性。参见最高人民法院（2009）民申字第 1065 号民事裁定书。

❹ 参见江苏省高级人民法院（2017）苏民申 2676 号民事裁定书。

结果页面所呈现的具体形态进行判断，考虑该行为是否会导致混淆或对他人商业标识造成其他不当损害。原告所称交易机会并非一种法定权利，只是一种可能受到反不正当竞争法保护的利益，该利益能否受到保护的关键在于被诉行为是否具有不正当性。考虑到网络用户的认知水平以及被告虽通过竞价排名使自身网站位于靠前位置，但并未妨碍原告的信息展示，也不会导致相关公众的混淆误认，因此被告行为不构成不正当竞争。❶

综合以上裁判观点，我们可以发现分歧的根源主要在于法院对《反不正当竞争法》第2条即一般条款的理解与适用存在不同。从关键词隐性使用行为可能涉及的《反不正当竞争法》相关条文来看，无论是第6条市场混淆行为抑或是第12条互联网专条适用的余地都不大，因为从关键词隐性使用行为的实质分析，很难将其认定为混淆行为，也不存在插入链接、强制跳转、恶意不兼容、误导欺骗网络用户等情形。因此，实践中多数法院会重点审查该行为是否违反《反不正当竞争法》第2条所规定的诚实信用原则和商业道德。

2. 《反不正当竞争法》第2条诚实信用和商业道德条款的适用

在反不正当竞争法中，诚实信用原则主要体现为公认的商业道德；商业道德所体现的是一种商业伦理，是交易者共同和普遍认可的行为标准，应按照特定商业领域中市场交易参与者的伦理标准来加以评判。❷ 根据《最高人民法院关于适用〈中华人民共和国反不正当竞争法〉若干问题的解释》第3条第1款规定，特定商业领域普遍遵循和认可的行为规范，人民法院可以认定为《反不正当竞争法》第2条规定的"商业道德"。根据该条第2款规定，人民法院应当结合案件具体情况，综合考虑行业规则或者商业惯例，经营者的主观状态，交易相对人的选择意愿，对消费者权益、市场竞争秩序、社会公共利益的影响等因素，依法判断经营者是否违反商业道德。结合最高人民法院在"海带配额案"中确立

---

❶ 参见浙江省高级人民法院（2020）浙民终463号民事判决书。但最高人民法院再审该案后，认定被告关键词隐性使用行为构成不正当竞争，理由是该行为不正当地利用了权利人商标和企业名称在消费者心中的知名度和市场影响力，不仅损害了权利方的商业权益，也妨碍了搜索引擎基本功能的正常发挥以及网络用户对搜索引擎的正常使用，扰乱了正常的互联网竞争秩序，违反了诚实信用原则和商业道德准则。参见最高人民法院（2022）最高法民再131号民事判决书。

❷ 孙晋，李胜利. 竞争法原论［M］. 2版. 北京：法律出版社，2020：284.

的三项适用条件，笔者倾向于认为关键词的隐性使用行为违反了反不正当竞争法中的诚实信用原则和商业道德，理由如下。

其一，该行为损害了经营者的合法权益。在"互联网+"时代，流量经济的重要性不言而喻，网络用户的关注与商业机会、商业利益密切相关。对于一般的网络用户而言，在有限的时间、精力和注意力的限制下，不可能对搜索结果中出现的百万量级的信息予以同样关注，通常只会浏览搜索结果前几页甚至前几项的信息。广告主通过竞拍竞争对手商标作为关键词，使其意欲推广的网站和信息排在搜索结果靠前位置并优先显示，相应地必然会使商标权人相关网站信息排名靠后。在"流量为王"的互联网信息时代，所谓"妨碍信息的展示"不仅包括信息的不展示例如信息被直接屏蔽，也包括利用各种方式使信息的展示延后甚至淹没于茫茫的数字海洋之中。关键词的隐性使用行为以降低商标权人竞争优势的方式获取了商业机会，进而造成权利人商业利益损失，损害了权利人的合法权益。虽然最高人民法院在"海带配额案"中认为必须受到实质性损害，但该标准中的证明责任可能过高，实践中权利人往往很难举证证明其所受损害的程度。笔者认为，实质性损害不等于可计算的损害，在依靠逻辑推理和经验法则可以推断出存在损害的情况下，即可认定合法权益受损。

其二，该行为具有不正当性。首先，从网络用户或网络消费者的角度来看，该行为在一定程度上提高了搜索成本。有观点认为，关键词隐性使用的行为增加的并不是消费者的购物成本，而是选择商品的机会。我们认为，先获取更多商品信息进行比较后再消费是大多消费者的习惯行为，但不可否认的是在不同情况下作为消费者的网络用户的搜索目的也是不同的，例如搜索"打印机品牌"和搜索"映美打印机"的网络用户心理存在差异：当网络用户搜索"打印机品牌"时，更期待的是搜索结果的多样性，意欲获得更多商品信息及选择；但是当网络用户搜索"映美打印机"时，更偏向的是搜索结果的精确性，希冀获得的是更多关于映美品牌产品的信息资讯。利用关键词的隐性使用，推广过多的营销广告或相关度并不高的信息资讯，会造成网络用户搜索成本的巨大提高。其次，该行为也破坏了竞争秩序，减损了社会公共利益。由于竞价排名的基本原则是"出价高者排名靠前"，将他人商标设定为关键词进而出现在搜索结果更靠前的位置可以获取更多关注，因此商标权人如果想取得更加靠前的排名，也不得不向搜索引擎公司支付广告费，甚至是比竞争者所支付的更高的广告费用。如果普通经营者必须通过支付搜索引擎广告费以取得竞争优势，而非将成本投入用于提升产品品质或优化网站设计性能，对于整个社会而言这都是对公共利益的减损。

综上，笔者认为，关键词的隐性使用行为不仅损害了商标权人的合法权益，而且具有不正当性或可责性，违反了《反不正当竞争法》第 2 条规定的诚实信用原则和商业道德，构成不正当竞争行为。

四、关于网络服务提供者侵权责任的认定

在竞价排名引发的商标侵权及不正当竞争纠纷案件中，作为商标权人的原告除起诉将商标设定为搜索关键词的广告主之外，往往还同时起诉作为网络服务提供者的搜索引擎公司，认为其未尽到审查义务，构成帮助侵权，应当承担连带侵权责任，比如作为中文网络最大搜索平台的百度公司就往往牵涉其中。

关于搜索引擎公司是否应当承担侵权责任的问题，从现有裁判的主流观点来看，法院普遍持保守态度，认为其无须承担侵权责任。主要理由是：第一，搜索关键词的设定系企业用户的自主行为，搜索引擎公司并未参与关键词的选择或推荐，并不构成帮助侵权行为；第二，从主观过错和注意义务的角度来说，搜索引擎公司对企业用户选择的关键词并不负有全面、主动、事先审查的义务，且在收到权利人投诉之后能够及时删除侵权关键词并断开相关链接，视为履行了相应注意义务，并不存在主观过错。❶ 但部分法院也持相反观点。主要分歧是关于搜索引擎公司应当承担的注意义务标准不同。有法院认为，作为付费经营性质的竞价排名商业机制，搜索引擎公司应当承担较高的注意义务，其不对用户选择关键词的行为进行任何审查和限制（除明显违反国家法律法规情形之外）是不合理的，即使搜索引擎公司抗辩声称进行了"事前提示""事中强调""事后监管"，也并未达到相应注意义务的标准，理应承担侵权责任。❷

---

❶　参见北京市高级人民法院（2018）京民再 177 号民事判决书。

❷　参见北京知识产权法院（2015）京知民终字第 1753 号民事判决书、陕西省西安市中级人民法院（2019）陕 01 民初 1156 号民事判决书。

笔者认为，在判断搜索引擎公司相关行为是否构成帮助侵权以及是否应当承担侵权责任的问题上，应当结合个案事实情况，依据《民法典》第1194条至第1197条确立的"通知与知道规则"进行综合认定。

（一）关于"通知与知道规则"的适用

在确定网络服务提供者是否应当承担侵权责任时，最重要也是最基本的规则是《民法典》第1194条至第1197条确立的"通知与知道规则。"关于《民法典》第1195条和第1196条的"通知规则"与第1197条的"知道规则"的关系，我们认为两者应属并列关系，即如果被侵权人有证据证明网络服务提供者知道或者应当知道网络用户利用网络服务侵害他人民事权益而没有采取必要措施的，则无须依据第1195条向网络服务提供者发出通知就可以直接依据第1197条要求网络服务提供者与实施侵权行为的网络用户负连带责任。❶

（二）搜索引擎公司相关行为未违反"知道规则"

搜索引擎公司的被控侵权行为主要是未对竞价排名服务中企业用户擅自在后台将他人商标设定关键词的行为进行审查。从《民法典》第1197条确立的"知道规则"来看，网络服务提供者承担连带责任的条件是其知道或应当知道侵权行为的发生且未采取必要措施。从"知道"的层面来看，企业用户对搜索关键词的选取和设定系自行决定，搜索引擎平台并未进行选择或推荐，客观上并不存在"明知"的情形；从"应知"的层面来看，法律也不宜规定网络服务提供者有"对于利用网络服务的海量第三人所实施的侵权行为积极地采取行动，进行审查并予以预防和制止"的一般性义务，❷ 否则会影响网络服务的提供、信息的传播与交流，而且也没有必要苛求网络服务提供者充当"裁判者"的角色对某一行为是否构成侵权行为进行审查和确认。再从"必要措施"的角度看，以百度推广为例，在《百度推广服务合同》中有关于"关键词使用应确保其不违法、侵权且与用户网页信息相关""通过百度链接推广的信息不应含有违法或侵权等内容"等相关提示；侵权行为发生后，百度公司也往往及时采取删除、屏蔽相关链接和侵权关键词等措施，应理解为采取了必要措施。因此，搜索引擎公司的被控行为并未违反《民法典》第

❶❷　程啸. 论我国《民法典》网络侵权责任中的通知规则 [J]. 武汉大学学报（哲学社会科学版），2020（6）：137-149.

1197 条的"知道规则"。

（三）结合个案分析搜索引擎公司相关行为是否违反"通知规则"

《民法典》第 1195 条和第 1196 条对"通知规则"的具体适用程序作出了详细规定，主要内容包括：

（1）权利人向网络服务提供者发出通知。根据《民法典》第 1195 条第 1 款规定，通知应当包括构成侵权的初步证据及权利人的真实身份信息。笔者认为，为更好保护民事权益，"构成侵权的初步证据"标准不宜太高，包含侵权网络用户是谁、侵权人实施了何种行为、侵犯了何种民事权益、权利人享有民事权益的证明等内容即可。如果网络服务提供者自行制定了相关审查规则或内部投诉流程，对侵权通知中构成侵权的初步证据提出了更高要求，应当认定该规则对权利人不具有约束力。

例如，在广东省高级人民法院审理的"精英"商标侵权及不正当竞争纠纷案件中，百度公司抗辩称权利人未按照系统反馈的答复及"百度推广"中"权利通知"的要求进行投诉，故权利人的通知并非有效通知。法院认为，对于此类侵权行为的投诉，法律并无明确规定采用何种形式，通常而言只要该通知内容清楚表达了侵权事实存在以及被侵权人主张权利的信息，并提供了相关权利证书，且百度公司已收到该通知，达到了促进网络服务提供者采取必要措施的目的，即为有效通知。对于侵权事实比较明显的行为，对投诉人提供的书面通知不应过于苛求，在相关通知足以判断侵权行为可能存在的情况下，网络服务提供者即应采取必要措施，以防止损害后果的进一步扩大。据此，广东省高级人民法院认定，百度公司在接到权利人有效通知后，未及时采取删除等必要措施，造成损害进一步扩大，故判决对损害扩大部分承担连带责任。❶

（2）网络服务提供者接到通知后的义务。根据《民法典》第 1195 条第 2 款规定，网络服务提供者在接到权利人的侵权通知后，应当及时将该通知转送相关网络用户并根据构成侵权的初步证据和服务类型及时采取必要措施。笔者认为，在竞价服务引发的商标侵权及不正当竞争纠纷案件中，只要搜索引擎公司在收到权利人提交的侵权通知后及时将通知

---

❶ 参见广东省高级人民法院（2018）粤民终 2352 号民事判决书。该案被评为 2021 年广东法院互联网领域反不正当竞争和反垄断十大案例之一。

进行转送，并采取了对侵权关键词和相关网络链接进行下架、删除、屏蔽等措施的，应视为履行了采取必要措施的义务，无须与侵权网络用户承担连带侵权责任。❶

五、结　语

将竞争者商标设定为搜索关键词并出现在搜索结果页面的网页链接或推广内容中的行为是关键词的显性使用行为，该行为构成商标性使用并在通常情况下构成混淆，因此司法实践中常认定该类行为属商标侵权，应当承担商标侵权责任。相对地，仅将竞争者商标设定为搜索关键词，但并未出现在搜索结果页面的行为被视为关键词的隐性使用行为；因该行为并未使相关标志发挥识别商品或服务来源的作用，也难以造成相关公众混淆，故不属于商标侵权行为；至于该行为是否构成不正当竞争，司法实践中还存在不同观点，主要分歧在于如何理解适用《反不正当竞争法》第2条的诚实信用原则和商业道德条款。综合考虑对经营者合法权益的侵害、行为的不正当性和可责性，笔者倾向于认为该行为违反了《反不正当竞争法》第2条，构成不正当竞争行为。搜索引擎公司作为网络服务提供者，对其侵权责任的认定应当主要依据《民法典》第1194条至第1197条确立的"通知与知道规则"。因搜索引擎公司不存在明知或应知侵权行为的情形，已尽到合理的注意义务，只要在收到权利人提交的侵权通知后及时将通知进行转送并采取删除、屏蔽侵权关键词或网络链接等措施，即应被视为履行了采取必要措施的义务，无须与侵权人共同承担侵权责任。有研究认为，搜索引擎服务提供者是危险的开启者，其应负有交往安全的义务，且从交易成本理论分析也应当承担更高的注意义务。❷ 考虑到目前我国搜索引擎竞价排名商业机制并不够成熟完善，亦引发了诸多乱象，可以先行通过出台行业规范、政策指引等文件对搜索引擎平台的审查机制进行健全完善，以此创造更加安全和谐的信息搜索环境、公平自由的竞争秩序和健康有序的网络空间。

---

❶　至于《民法典》第1196条规定的"反通知规则"在此类案件中涉及较少，故在此不作展开讨论。

❷　杨显滨. 搜索引擎服务提供者的注意义务 [J]. 法商研究，2022（3）：30-41.

地理标志单独立法论

张　鹏[❶]

摘　要

　　就地理标志保护制度的立法模式而言，存在着证明商标或者集体商标方式的商标法保护模式、地理标志保护的专门立法模式以及作为兜底的反不正当竞争法补充保护模式。从地理标志保护制度的起源发展来看，法国最早探索了地理标志保护制度的专门立法模式，在此之后，美国等国家形成了地理标志保护制度的商标法模式。从地理标志保护制度的国际协调来看，从《保护工业产权巴黎公约》到《与贸易有关的知识产权协定》，地理标志日益获得重视并且形成了从构成要件到侵权行为认定到保护例外的完整制度。我国地理标志保护制度肇始于《保护工业产权巴黎公约》，缘起于《国家工商行政管理局商标局就县级以上行政区划名称作商标等问题的复函》等四个行政批复，推进商标法保护，探索专门法保护，但是竞争法保护受到一定限制。在知识产权强国建设背景下，迫切需要推进地理标志单独立法，制定"地理标志法"，以《与贸易有关的知识产权协定》有关地理标志构成要件、侵权行为、侵权例外等的制度为参照，以《民法典》第123条为核心，兼顾地理标志相关权益的严格保护和高效运用，以专门法为主体、以特别制度（管理制度、保护制度等）为补充，辅以地方地理标志制度，形成内在统一、逻辑严密、系统全面的中国特色地理标志保护制度。

---

❶　作者单位：中伦律师事务所。

关键词

地理标志 单独立法 商标法 竞争法 酒类地理标志

地理标志法律制度是重要的知识产权法律制度。2020年11月30日，习近平总书记在主持中央政治局第二十五次集体学习时专门要求："要加强地理标志、商业秘密等领域立法。"为了深入贯彻落实习近平总书记重要讲话精神，加强地理标志立法工作，中共中央、国务院印发的《知识产权强国建设纲要（2021—2035年）》明确指出，"探索制定地理标志、外观设计等专门法律法规，健全专门保护与商标保护相互协调的统一地理标志保护制度"，并进一步要求，实施地理标志保护工程，实施地理标志农产品保护工程，发挥集体商标、证明商标制度作用，打造特色鲜明、竞争力强、市场信誉好的产业集群品牌和区域品牌，推动地理标志与特色产业发展、生态文明建设、历史文化传承以及乡村振兴有机融合，提升地理标志品牌影响力和产品附加值。国务院印发的《"十四五"国家知识产权保护和运用规划》（国发〔2021〕20号）进一步要求，"加强地理标志、商业秘密等领域立法，出台商业秘密保护规定"。2022年4月26日印发的《国家市场监督管理总局2022年立法工作计划》将"地理标志法"这一法律列入第二类立法项目。之所以对地理标志法律制度的建构提出明确要求，与地理标志法律制度的制度价值是密不可分的。世界知识产权组织总干事邓鸿森曾提出：地理标志是"关键的品牌建设工具"和"质量与真实性的标志"。世界知识产权组织中国办事处主任刘华表示：地理标志作为最古老的知识资产形式，是人类文明、自然和传统发展的演绎和传承。❶ 可见，在知识产权强国建设背景下，地理标志制度建构的方向是，在《商标法》以证明商标、集体商标方式加以保护的同时，制定地理标志保护专门法律，加强地理标志相关权益保护，促进地理标志产业发展。

---

❶ WIPO中国办事处. WIPO中国：地理标志是质量的标志（2021年中国国际服务贸易交易会系列报道二）〔EB/OL〕.（2021-09-15）〔2022-05-13〕. https://www.wipo.int/about-wipo/zh/offices/china/news/2021/news_0029.html.

一、地理标志保护制度的起源发展

地理标志，也称为"原产地名称"，是一个国家、地区或者地方的地理名称，表明商品来源于某一地区，而商品的特定品质、信誉或者其他重要特征主要由该地区的自然因素或者人文因素所决定。[1] 地理标志是产源识别标志，它证明着商品的来源地；它又是商品质量的标志，代表着由来源地的地理环境（包括自然因素和人为因素）所确定的特定的、突出的质量；作为前两个特征的必然结果，地理标志附着着商业利益，可以推广特定地区的商品。所以，地理标志是产源识别标志、质量标志和商业利益的集合体。地理标志是基于产地的自然条件和产地的世代劳动者的集体智慧而形成的，作为一项无形资产，它应属于产地劳动者集体所有。[2] 主要知识产权强国均通过国内法建构地理标志保护制度。从各国地理标志保护制度的比较来看，不像以前的知识产权议题更多体现南北矛盾，亦即发达国家与发展中国家之间的矛盾，而是主要体现为有悠久历史的"旧世界国家"和历史较为短暂的"新世界国家"之间的矛盾。[3] 需要说明的是，虽然存在下述专门立法模式、商标法模式两种地理标志保护制度的立法模式，但是多数国家和地区会将反不正当竞争制度作为地理标志保护的补充制度。

（一）法国：地理标志保护制度的专门立法模式

法国是以专门立法模式保护地理标志的典型国家。前述具有悠久历史的"旧世界国家"的典型代表就是法国。法国是地理标志保护制度的发源地，也是成功实施地理标志保护制度的国家之一。[4] 法国法最早使用"原产地名称"这一概念，而这一概念也是法国地理标志制度的核心。[5]

---

[1] 刘春田. 知识产权法 [M]. 6 版. 北京：中国人民大学出版社，2022：254-255.

[2] 李永明. 论原产地名称的法律保护 [J]. 中国法学，1994（3）：65-72.

[3] ADDOR F，GRAZIOLI A. Geographical Indications beyond Wines and Spirits：A Roadmap for A Better Protection for Geographical Indications in the WTO/Trips Agreement [J]. Journal of World Intellectual Property，2002，5（6）：883.

[4] 冯寿波. 论地理标志的国际法律保护：以 TRIPS 协议为视角 [M]. 北京：北京大学出版社，2008：11.

[5] 王笑冰. 法国对地理标志的法律保护 [J]. 电子知识产权，2006（4）：16-20.

法国的地理标志保护制度一直采取专门立法模式，可以分为以下四个阶段。

1905 年之前：法国地理标志制度的探索期。法国地理标志制度可以追溯到 14 世纪查理五世颁发的关于洛克福奶酪（le Roquefort）生产的皇家许可证。❶ 1824 年，法国针对虚假描述产品来源的行为科以刑事处罚，这其中包括针对使用虚假的地理标志（产地名称）的假冒产品制造者的法律规制，也就是说，法国早期立法旨在通过打击使用虚假地理标志（产地名称）的行为，告知消费者产品的真实产地和真实生产者，并未将之直接与产品质量相联系。❷

1905～1919 年：法国地理标志保护制度的初始期。法国地理标志保护制度的首部法律起源于 1905 年 8 月 1 日的专门立法，亦即《关于商品交易欺诈之取缔的 1905 年 8 月 1 日法》。该法第 11 条规定：应当由公共管理部门制定规则，以便确定什么样的产品可以享有原产地名称。这一立法的背景是：19 世纪末的葡萄根瘤蚜病使得很多法国葡萄园毁于一旦，进而导致葡萄酒生产产生混乱。这一立法的意义在于，其标志着行政管理地理标志的开始，即行政管理部门负责地理标志的行政许可。在其后的时间里，产生了一系列具有个案性质的法令，这些法令给出了一些地理标志的使用许可，例如"干邑"（Cognac）❸、"波尔多"（Bordeaux）❹、"阿马尼亚克"（Armagnac）❺ 等。但是，这种通过行政的手段确定原产地名称的方式，在实践中遭到失败；特别是在香槟酒的保护方面，不论品质优劣，所有在香槟区生产的葡萄酒都使用"香槟"这一名称，影响了香槟酒的声誉。❻

1919～1935 年：法国地理标志保护制度的转型期。为了解决上述问题，1919 年 5 月 6 日，法国通过《关于原产地名称的 1919 年 5 月 6 日法》，将地理标志的相关权利作为集体财产权，明确：如果产品的构成要素都来自特定的原产地，那么该产品可以使用该地理标志，地理标志一

---

❶ 王笑冰. 法国对地理标志的法律保护 [J]. 电子知识产权，2006（4）：16-20.

❷ SIMON L E. Appellations of Origin：The Continuing Controversy [J]. Northwestern Journal of International Law and Business，1983，5（1）：137.

❸❹ The Decree of 1 May 1909。

❺ The Decree of 25 May 1909。

❻ 董炳和. 地理标志知识产权制度研究：构建以利益分享为基础的权利体系 [M]. 北京：中国政法大学出版社，2005：96.

经注册，就不会被视为通用名称。❶《关于原产地名称的 1919 年 5 月 6 日法》的核心变化是：改变了行政保护的方式，转向司法保护，赋予法官对地理标志使用的权利。亦即，《关于原产地名称的 1919 年 5 月 6 日法》将地理标志命名权由政府交给法院，由法官掌握原产地名称使用的认定或确认权力；该法同时也明确了法官在认定原产地名称时应该考虑的因素。❷ 在此之后，法国通过一系列法令，具体化地理标志保护制度。1925年，法国通过《1925 年洛克福奶酪保护法案》，使洛克福成为法国第一个非葡萄酒原产地名称，这并非事出偶然，而是法国路耶鲁谷地区的洛克福村村民百年来精良制作洛克福奶酪成果的展现。❸ 1927 年 7 月 22 日，法国国民大会制定新的《原产地名称保护法》，规定由立法机关自身决定哪些地方可以使用"香槟"原产地。应当说，这一阶段可以被称为转型期：一方面将地理标志的认定与保护从行政机关转型到法院，另一方面法院通过一系列判决强调地理标志保护制度的制度价值在于特定地区条件对产品质量的影响，从而确立了地理标志产品与货源标志产品之间的区别。❹

1935～1994 年：法国地理标志保护制度的成熟期。1935 年 7 月 30 日，法国颁布关于葡萄酒的受控原产地名称（AOC）的法令，这标志着法国原产地名称制度发生了重大转变。❺依据该法令，法国建立了葡萄酒、烈酒国家委员会。1947 年，上述葡萄酒、烈酒国家委员会更名为国家原产地名称局（INAO）。国家原产地名称局在法国农业部和经济部监督下，行使受控原产地名称的注册申请审查工作。1955 年 11 月 28 日，法国建立和葡萄酒类似的奶酪受控原产地名称注册保护制度。1996 年 7 月 6 日，法国《第 66-482 号法》建立新的原产地名称注册程序——通过法国最高行政法院发布法令予以注册。法国《1973 年 12 月 2 日法》引入了对货源

---

❶ LINDQUIST L A. Champagne or Champagne? An Examination of U. S. Failure to Comply with the Geographical Provisions of the TRIPS Agreement [J]. Georgia. Journal of International & Comparative Law, 1999, 27 (2): 313.

❷❺ 吴彬, 刘珊. 法国地理标志法律保护制度及对中国的启示 [J]. 华中农业大学学报（社会科学版）, 2013 (6): 121-126.

❸ O'CONNOR B. The Law of Geographical Indications [M]. London: Cameron May, 2004: 167.

❹ 董炳和. 地理标志知识产权制度研究：构建以利益分享为基础的权利体系 [M]. 北京：中国政法大学出版社, 2005: 96.

标记的保护制度，禁止误导性或者不正当的广告行为。1990 年 7 月 2 日，法国颁布《1990 年 7 月 2 日法》，彻底修改了《关于原产地名称的 1919 年 5 月 6 日法》，取代了"原产地名称"的概念，引入"受控原产地名称"这一术语，并将"受控原产地名称"扩大到农产品和食品。**❺** 这 时期，明确了地理标志权利的集体属性，要求一个地区相关产业的生产者需要组成保护协会才能获得"受控原产地名称"相关权益。

1994 年至今：法国地理标志保护制度的融入期。1994 年 1 月 3 日，为了适应《欧盟理事会第 2081/92 号条例》**❻** 的要求，法国颁布《第 94-2 号法》，将"地理标志"的概念引入法国法，承认受控原产地名称和地理标志的保护适用于所有的农产品而不是仅仅局限于葡萄酒和烈性酒。

法国是欧洲地理标志保护的起源地，是第一个制定地理标志保护法律制度的国家，其主要考虑是：原产地名称、地理标志的独特性在于其属于公共权利，是集体使用的权利，与国家财产紧密相关，从而其与知识产权中的商标权不属于同一种权利。**❼** 同时，法国是地理标志国际保护制度的重要推动者，积极向其他国家特别是广大发展中国家推介其地理标志保护制度的专门立法模式；目前已有不少国家制定了地理标志保护的专门立法，如 1999 年新加坡地理标志法、1999 年格鲁吉亚原产地名称和地理标志法、2000 年马来西亚地理标志法、2002 年毛里求斯地理标志法案等。

（二）美国：地理标志保护制度的商标法模式

美国通过商标法模式保护地理标志相关权利。通常而言，美国在联邦法层面将地理标志作为集体商标、证明商标加以保护，其地理标志的商标法保护制度具有以下两个方面的主要内容。

一方面，基于上述地理标志权利的集体性，如果将地理标志的专有权授予民事主体，那么将剥夺在同一地区经营类似商品的其他民事主体

---

❺ 赵小平. 地理标志的法律保护研究［M］. 北京：法律出版社，2007：154.

❻ Council Regulation（EEC）No 2081/92 of 14 July 1992 on the protection of geographical in dications and designations of origin for agricu ltural products and foodstuffs.

❼ 王蔚. 法国对原产地名称/地理标志的特殊保护：原则与案例［J］. 中华商标，2020（2）：112-115. 文章摘译自法国农业食品部地理标志法律顾问 Anne Laumonier 女士 2017 年文章《地理标志：法国的理解》中的"La protection specifique offerte aux AO/IG，principes et exemples"。

向社会公众展示其商品或者服务来源自同一地区的权利，❶ 因此禁止作为普通商标加以注册。1905 年美国商标法第 5 条规定禁止将纯粹的地理名称注册成为普通商标，1946 年《兰哈姆法》禁止注册欺骗性商标，禁止将地理描述的词汇注册为普通商标。为了履行《与贸易有关的知识产权协定》（TRIPS）等国际条约的义务，美国修改了《兰哈姆法》。修改后的《兰哈姆法》第 1052 条 a 项规定："根据商标的性质，凡能将申请人的商品区别于他人商品的商标，不应驳回其在主注册簿上的注册，除非该商标：（a）……或包含一个地理标志，当其用于葡萄酒或者烈性酒或者与其相关时，它与一个并非该商品原产地的地名相同，而且在世界贸易组织协定［见第 19 篇 3501 条第（9）款］在美国生效之日一年以后，申请人才第一次使用于葡萄酒或者烈性酒上。"❷

另一方面，基于上述地理标志权利的利益性，地理标志可以作为集体商标或者证明商标加以注册，从而在注册后可以得到相应保护。这一保护就是允许任何民事主体针对其被或者可能被在任何商品、服务、商业广告或者促销上适用的认可虚假地理标志所遭受的损害提起民事诉讼。《兰哈姆法》第 1054 条规定："根据可适用于关于商标注册的规定，集体商标和证明商标，包括原产地标记，应根据本法以商标相同的方式注册，并具有相同的效力，且在注册后，有权享有本法为商标提供的保护。……"❸ 需要指出的是，作为一个地理上的描述性商标，地理标志权利人的合法权益受到"合理使用"的限制：如果该地理标志的使用准确地说明了商品的地理原产地并且该使用不会对消费者造成混淆、误导或者欺骗的后果，那么应该允许他人使用。

同时，在州法层面，美国大多数州通过立法的方式，禁止在出售的商品或者服务的来源上作虚假描述或者误导性描述——这样的行为规制方式更多是从不正当竞争制度的角度加以考虑。例如，加利福尼亚州民法规定，在商品或者服务上使用具有欺骗性的地理名称是违法的［The following unfair methods of competition and unfair or deceptive acts or practices undertaken by any person in a transaction intended to result or

---

❶ BENDEKGEY L，MEAD C H. International Protection of Appellations of Origin and other Geographic Indications ［J］. Trademark Reporter，1992，82（5）：768.

❷ 《十二国商标法》翻译组. 十二国商标法 ［M］. 北京：清华大学出版社，2013：483.

❸ 《十二国商标法》翻译组. 十二国商标法 ［M］. 北京：清华大学出版社，2013：485-486.

which results in the sale or lease of goods or services to any consumer are unlawful: ⋯ (4) Using deceptive representations or designations of geographic origin in connection with goods or services],❶ 因为当商品或者服务商使用具有欺骗性的地理标志时，即构成虚假宣传的不正当竞争行为。❷

除了美国，加拿大、英国、日本、意大利等一百多个国家和地区采取商标法模式保护地理标志。通过证明商标和集体商标的方式保护地理标志，可以使用现有的商标法律制度资源，无须投入新的立法资源，相对而言成本较低。❸ 下面以德国立法最新进展加以说明。2019 年 1 月 14日，德国正式实施《德国商标法改革法》，其修订内容涵盖《德国商标法》《德国商标法实施细则》《有关德国专利商标局和专利法院费用法案》等，其中的重要修改内容之一就是加强对地理标志等标识的保护。具体而言，新《德国商标法》第 8 条第 2 款新增了包括地理标志在内的四个绝对注册障碍，对包含地理标志、原产地标识的商标的注册和使用进行严格限制且其保护不以混淆或者误导为前提，同时新增了"证明商标"相关制度。❹

上述以法国为代表的专门立法模式和以美国为代表的商标法模式并非互相排斥的，二者具有一定的互补作用。以意大利为例，虽然意大利在欧盟法框架下增加了地理标志的商标法保护途径，但是由意大利国内法和欧盟法共同构成的意大利地理标志法律制度仍然呈现出以专门保护为主、以商标保护为辅的特点，意大利立法者考虑到地理标志具有来源功能和品质功能，其专门保护具有显著的公权色彩，同时地理标志保护体现了对地方传统技艺之集体智慧成果的认可，这一点不同于商标这种单纯的标记权，不应该单纯用商标法保护。❺

---

❶ 1770 (d) of the California Civil Code。

❷ *California Apparel Creators v. Weider of California*，162 F2d 893，74 USPQ 221 (CA 2 1947)。

❸ 王莲峰，黄泽雁. 地理标志保护模式之争与我的立法选择［J］. 华东政法大学学报，2006（6）：44-53.

❹ 孙靖洲.《德国商标法》的最新修订及其对我的启示［J］. 知识产权，2019（6）：81-96.

❺ 李尔康. 意大利地理标志法律制度研究［D］. 上海：上海外国语大学：10-12.

二、地理标志保护制度的国际协调

地理标志保护制度的国际协调，发源于《保护工业产权巴黎公约》（以下简称《巴黎公约》），成形于 TRIPS，对各国地理标志保护制度的发展起到了非常重要的作用。

（一）《保护工业产权巴黎公约》：地理标志保护制度国际协调的起源

早在 19 世纪下半叶，人们就意识到保护这种地理名称的必要性。《巴黎公约》第 1 条第 2 款在列举知识产权保护客体时加入了"货源标记"（indications of source）和"原产地名称"（appellations of origin），第 10 条对与之相关的侵权行为加以规制，亦即"（1）前条各款规定应适用于直接或间接使用虚假的货源标记、生产者、制造者或商人标记的情况。（2）凡从事此项商品的生产、制造或销售的生产者、制造或商人，无论为自然人或法人，其营业所设在被虚假标为货源的地方、该地所在的地区，或在虚假标为货源的国家，或在使用该虚假货源标记的国家者，无论如何均应视为有关当事人"。

这一条文在 1883 年的最初文本中仅仅适用于当货源标记、特定地名用作商标的一部分而产生误认的情况，适用范围比较狭窄。在 1900 年、1911 年、1925 年、1934 年和 1958 年都对该条文进行了修改，但只有 1958 年的修改拓展了该条文的适用范围，将其拓展到"直接或间接使用虚假的货源标记"的情形，无论该货源标记是否为特定地域、特定国家的名称，同时将其拓展到"直接或间接使用虚假的货源标记、生产者、制造者或商人标记"的情况。❶

与《巴黎公约》1883 年最初文本同步，欧洲一些国家于 1891 年签订了《制止商品来源虚假或欺骗性标记马德里协定》。《制止商品来源虚假或欺骗性标记马德里协定》仅有 6 个条文，是首个禁止对货源标记错误或作欺骗性标记（false or deceptive indication）的国际公约。这意味着即

---

❶ BODENHANUSEN G H C. Paris Convention for the Protection of Industrial Property ［EB/OL］. ［2022-05-27］. https：//www. wipo. int/edocs/pubdocs/en/intproperty/611/wipo_pub_611. pdf.

使一个产品的确标记了正确的产地或来源名称，但如果仍造成了消费者关于产品的真正来源指向或质量的混淆（例如使用相同或近似的地名或地名＋产品名称），则依然可能构成使用欺骗性的标志。❶ 1958 年，在上述《巴黎公约》修改的同时，法国等地理标志资源丰富的欧洲国家积极推动签署了《保护原产地名称及其国际注册里斯本协定》，其是近代以来首个完全聚焦于原产地名称保护的国际公约。《制止商品来源虚假或欺骗性标记马德里协定》和《保护原产地名称及其国际注册里斯本协定》都沿用了《巴黎公约》中的"货源标记""原产地名称"的表述，并且进一步对"货源标记""原产地名称"的定义给出了描述。但是，上述两个协定均因为参加国家不多而影响力有限。❷

（二）TRIPS：地理标志保护制度国际协调的核心

1994 年世界贸易组织 TRIPS 以"货源标记""原产地名称"等为基础，首次使用"地理标志"这一术语。TRIPS 有关地理标志的保护制度分为三个部分。

第一，TRIPS 第 22 条给出的地理标志定义和地理标志侵权行为。TRIPS 第 22 条第 1 款规定，地理标志是指区别商品来源于某一特定成员的地域或该地域中的地区或者地点的标志，而该商品的特定质量、声誉或者其他特征主要来自该地理来源。同时，TRIPS 明确了地理标志保护制度。亦即，TRIPS 第 22 条第 2 款规定，在地理标志方面，各成员应为有利益关系的各方提供法律手段以阻止：（a）用任何方式在标示和说明某一货物时指示或暗示该有关货物来源于一个非其真实原产地的地理区域，从而在该货物的地理来源方面误导公众；（b）任何构成《巴黎公约》（1967）第 10 条之二意义下不公平竞争行为的使用。TRIPS 第 22 条第 4 款进一步明确，根据第 1 款、第 2 款和第 3 款给予的保护应可适用于虽在字面上表明了货物来源的真实领土、地区或地方，但却虚假地向公众表

---

❶ 孙远钊. 论地理标志的国际保护、争议与影响：兼论中欧、中美及相关地区协议［J］. 知识产权，2022（8）：15-59.

❷ 《保护原产地名称及其国际注册里斯本协定》于 1966 年生效时仅有 6 个成员，之后成员数量一直缓慢增加，直到 2020 年底经完全批准生效的成员也只有 30 个国家（有的还有作为对其国内或成员生效的附带或保留条件就暂不计入），至于批准加入《保护原产地名称及其国际注册里斯本协定》后续修正文本的国家就更少了。孙远钊. 论地理标志的国际保护、争议与影响：兼论中欧、中美及相关地区协议［J］. 知识产权，2022（8）：15-59.

明该货物源于另一领土的地理标志。为什么字面上表明了货物的真实来源，仍然会产生对公众的误导呢？郑成思教授的解释是：如果英国剑桥的陶瓷商品在新西兰消费者中较有名气，这时一家美国波士顿的厂商就把自己的陶瓷商品也拿到新西兰销售，商品包装上表明"坎布里奇"陶瓷；"坎布里奇"实实在在是波士顿地区的一地方，英文却正是"剑桥"的意思；这种标示法，显然会使得用惯了英国陶瓷的新西兰消费者误认为该商品不是来自美国的坎布里奇，而是来自英国剑桥。❶

第二，TRIPS 第 23 条对葡萄酒、烈性酒的地理标志保护提出了更高的标准。这样做的主要原因在于：葡萄酒、烈性酒的出口额巨大，地位特殊，对欧洲一些主要的出产国而言，对地理标志的一般性保护还不够充分，必须追加更高水准的保护。❷ 对于这一点，存在诸多争议：对于许多发展中国家来说，它们需要对欧洲大量酒类地理标志承担附加保护的任务，本国的地理标志却得不到同等的保护；它们认为，TRIPS 对酒地理标志的附加保护构成了对其他产品的歧视，强烈要求将附加保护的使用范围扩大到葡萄酒和烈性酒以外的其他产品上。❸

第三，TRIPS 第 24 条给出了地理标志保护的例外规定，包括在先使用和善意使用、在先权利、地理标志中的习惯用语、地理标志的注册申请对抗不利使用的期限、姓名的使用权、在原产地不受保护或者已被终止废弃的地理标志不受保护等。❹ 应当说，TRIPS 第 24 条的保护例外与其第 22 条、第 23 条的保护内容，体现了美国、欧盟两大利益集团在地理标志保护方面的妥协。综上所述，正如郑成思教授所指出的，TRIPS 对地理标志的保护主要是从"禁"的一面着手，即禁止不正当使用、保护正当的经营者。❺

三、我国地理标志保护制度的演进

据统计，截至 2021 年 6 月底，我国已累计批准地理标志保护产品

---

❶ 郑成思. WTO 知识产权协议逐条讲解 [M]. 北京：中国方正出版社，2001：59.

❷ 黄晖. 商标法 [M]. 北京：法律出版社，2004：278-280.

❸ 王笑冰. 论地理标志的法律保护 [M]. 北京：中国人民大学出版社，2006：205.

❹ 刘春田. 知识产权法 [M]. 6 版. 北京：中国人民大学出版社，2022：432-433.

❺ 郑成思. WTO 知识产权协议逐条讲解 [M]. 北京：中国方正出版社，2001：56.

2478 个，地理标志作为集体商标、证明商标注册 6339 件，核准使用地理标志专用标志市场主体 12789 家。可见，地理标志已经成为我国非常重要的一类知识产权。纵观我国地理标志保护制度的演进，可以分为三个阶段。

（一）我国地理标志保护制度的起源

我国于 1982 年 8 月 23 日通过《商标法》。我国地理标志保护制度肇始于《巴黎公约》，缘起于《国家工商行政管理局商标局就县级以上行政区划名称作商标等问题的复函》等四个行政批复，这四个行政批复构成了我国地理标志保护制度的最初文本。在于 1985 年 3 月 19 日加入《巴黎公约》后，按照公约义务要求，我国开始以行政批复的方式探索保护地理标志。

第一，保护地理标志的最早法律文书是 1986 年 11 月 6 日，原国家工商行政管理局商标局针对原安徽省工商行政管理局于 1986 年 9 月 16 日提交的请示（合工商标字第 136 号），形成批复《国家工商行政管理局商标局就县级以上行政区划名称作商标等问题的复函》，其中指出，"不得使用县级以上行政区划名称作商标的主要原因"之一是"与保护原产地名称产生矛盾"。该函件中虽未明确规定地理标志的含义，但从侧面说明其至少应包含以下含义：①地理标志具有商标所具有的显著性特点；②地理标志是一种集体权利，不应由某一个企业或个人作为商标注册而排除该地区其他企业或个人在同一种商品上使用；③地理标志作为一种事实上的区别标志，是受我国法律保护的。[1]

第二，更加明确的法律文书是 1987 年 10 月 29 日《国家工商行政管理局商标局关于保护原产地名称的函》，明确了要履行《巴黎公约》的要求，对地理标志加以保护。具体来说，北京京港食品有限公司在其生产的一种食品上使用"丹麦牛油曲奇"名称。原国家工商行政管理局商标局发函给原北京市工商行政管理局并指出："我国是《保护工业产权巴黎公约》成员国，有义务遵守该公约的规定。若……反映的情况属实，你局应责令北京京港食品有限公司立即停止使用'丹麦牛油曲奇'这一名称，以保护《巴黎公约》缔约国的原产地名称在我国的合法权益。"

第三，1988 年 5 月 9 日，原国家工商行政管理局作出《国家工商行

---

[1] 王莲峰. 我国地理标志立法模式的选择 [J]. 法律适用，2003 (7)：70-72.

政管理局商标局关于"龙口"名称的意见》，就原山东省工商行政管理局提出的"龙口"名称能否作商标的问题进行答复。《国家工商行政管理局商标局关于"龙口"名称的意见》的主要内容是："1.'龙口'是地方长期使用在粉丝商品上的带有产地名称性的称谓，不宜由某一企业作商标注册专用。2.为了维护塔牌龙口粉丝商标在国内外市场上的声誉，山东省粮油食品进出口分公司可以将塔牌龙口粉丝装潢中的特征图案双龙图形作商标申请注册。3.为了有利于保护山东省的拳头产品，发挥烟台地区名特产品的优势，防止滥用龙口名称的现象，在目前国家尚无产地名称或原产地名称保护法的前提下，建议你局请山东省政府主持，同有关部门进行协调，统一对龙口名称的认识，并制定相应的保护产地名称或原产地名称的地方性的暂行规定及相应的保护措施。"

第四，1989 年 10 月 26 日，原国家工商行政管理局发布《国家工商行政管理局关于停止在酒类商品上使用香槟或 Champagne 字样的通知》，明确指出："我国是《巴黎公约》的成员国，有保护原产地名称的义务。……我国企业、事业单位和个体工商户以及在中国的外国（法国除外）企业不得在酒类商品上使用'Champagne'或'香槟'（包括大香槟、小香槟、女士香槟）字样。对现有商品上使用上述字样的，要限期使用，逾期不得再用。"这实际上是以单行规定的方式对一个原产地名称给予特殊的明确的保护。

（二）我国地理标志保护制度的框架（一）：商标法保护

自 1994 年 12 月 30 日原国家工商行政管理局制定颁布《集体商标、证明商标注册和管理办法》伊始，我国一直在积极探索商标权保护路径。该办法第 2 条第 2 款规定："证明商标是指由对某种商品或者服务具有检测和监督能力的组织所控制，而由其以外的人使用在商品或服务上，用以证明该商品或服务的原产地、原料、制造方法、质量、精确度或其他特定品质的商品商标或服务商标。"上述条文明确提出：证明商标可以用来证明商品或者服务的原产地，第一次以部门规章的方式明确地理标志可以作为证明商标加以保护。需要补充的是，原国家工商行政管理总局已于 2003 年 6 月 1 日起施行《集体商标、证明商标注册和管理办法》（中华人民共和国国家工商行政管理总局令第 6 号），并同时废止了上述原国家工商行政管理局于 1994 年 12 月 30 日发布的《集体商标、证明商标注册和管理办法》。2003 年 6 月 1 日起施行的《集体商标、证明商标注册和管理办法》第 4 条第 1 款明确规定："申请集体商标注册的，应当附送主体资格证明文件并应当详细说明该集体组织成员的名称和地址；以地理标志作为集体商标申请注册的，应当附送主体资格证明文件并应当详细说明其所具有的或者其委托的机构具有的专业技术人员、专业检测设备等情况，以表明其具有监督使用该地理标志商品的特定品质的能力。"第 6 条规定："申请以地理标志作为集体商标、证明商标注册的，还应当附送管辖该地理标志所标示地区的人民政府或者行业主管部门的批准文件。外国人或者外国企业申请以地理标志作为集体商标、证明商标注册的，申请人应当提供该地理标志以其名义在其原属国受法律保护的证明。"由此，进一步将上述"用来证明商品或者服务的原产地"的证明商标扩展到地理标志可以作为集体商标、证明商标加以注册。

《商标法》（第二次修正）及其实施条例全面引入地理标志条款，全面强化商标权保护路径。一方面，《商标法》明确禁止第三人将地理标志注册为商标的相关规则。2001 年 10 月 27 日，我国《商标法》第二次修正引入地理标志保护的条款，亦即第 16 条规定："商标中有商品的地理标志，而该商品并非来源于该标志所标示的地区，误导公众的，不予注册并禁止使用；但是，已经善意取得注册的继续有效。前款所称地理标志，是指标示某商品来源于某地区，该商品的特定质量、信誉或者其他特征，主要由该地区的自然因素或者人文因素所决定的标志。"上述条文在第四次修正后的《商标法》中仍然保留不变。另一方面，2002 年《商标法实施条例》进一步明确了运用证明商标或者集体商标对地理标志加以保护的路径，其第 6 条第 1 款明确了地理标志可以作为证明商标或者集体商标申请注册，亦即"商标法第十六条规定的地理标志，可以依照商标法和本条例的规定，作为证明商标或者集体商标申请注册"。第 6 条第 2 款提出了作为证明商标或者集体商标申请注册的具体要求，即"以地理标志作为证明商标注册的，其商品符合使用该地理标志条件的自然人、法人或者其他组织可以要求使用该证明商标，控制该证明商标的组织应当允许。以地理标志作为集体商标注册的，其商品符合使用该地理标志条件的自然人、法人或者其他组织，可以要求参加以该地理标志作为集体商标注册的团体、协会或者其他组织，该团体、协会或者其他组织应当依据其章程接纳为会员；不要求参加以该地理标志作为集体商标注册的团体、协会或者其他组织的，也可以正当使用该地理标志，该团体、协会或者其他组织无权禁止。"上述条文在 2014 年修改后的《商标法实施条例》中仍然保留不变。

（三）我国地理标志保护制度的框架（二）：专门法保护的探索

我国地理标志保护制度也在逐步探索专门法保护的模式。1999 年 8 月 17 日，原国家质量技术监督局发布《原产地域产品保护规定》。该部门规章仿照法国的原产地名称制度建立，立足"有效地保护我国的原产地域产品、规范原产地域产品专用标志的使用、保证原产地域产品的质量和特色"的制度目的，由原国家质量技术监督局确立原原产地域产品保护办公室具体负责组织对原产地域产品保护的审核和注册登记等管理工作。《原产地域产品保护规定》第 19 条规定："任何单位和个人不得伪造原产地域产品专用标志。任何单位和个人不得擅自使用原产地域产品专用标志，不得使用与原产地域产品专用标志相近的、易产生误解的产品名称或者产品标识。……"2005 年 6 月 7 日，原国家质量监督检验检疫总局发布《地理标志产品保护规定》，废止上述《原产地域产品保护规定》，将上述"原产地域产品"修改为"地理标志产品"。2007 年 12 月 25 日，原农业部发布《农产品地理标志管理办法》，对农产品地理标志的登记、使用、监督管理作出规定。

2018 年，我国重新组建国家知识产权局，将"拟订原产地地理标志统一认定制度并组织实施"作为新组建的国家知识产权局的法定职责。此后，国家知识产权局出台了系列规范性文件，进一步完善地理标志保护的专门制度。2020 年 4 月 3 日，国家知识产权局颁布《地理标志专用标志使用管理办法（试行）》对地理标志的使用、管理作出规范。2021 年 5 月 21 日，国家知识产权局、国家市场监督管理总局联合印发《关于进一步加强地理标志保护的指导意见》，部署深化地理标志管理改革，强化地理标志保护，提升地理标志领域治理能力，支撑经济高质量发展。2021 年 12 月 31 日，国家知识产权局印发《地理标志保护和运用"十四五"规划》，明确提出建立协调有序的地理标志统一认定制度，优化地理标志审查工作机制，健全地理标志标准化体系，建立地理标志保护资源动态管理制度，加强地理标志专用标志管理，强化地理标志产地质量管控，强化地理标志保护监管，增强地理标志公共服务能力。

（四）我国地理标志保护制度的框架（三）：竞争法保护大门的关闭

我国《反不正当竞争法》曾经将"伪造产地"作为不正当竞争行为，从而为地理标志的保护提供行为规制的法律制度供给。1993 年 9 月 2 日，第八届全国人民代表大会常务委员会第三次会议通过《反不正当竞争法》，该法第 5 条第 4 项将"伪造产地"作为不正当竞争行为，亦即"经营者不得采用下列不正当手段从事市场交易，损害竞争对手：……（四）在商品上伪造或者冒用认证标志、名优标志等质量标志，伪造产地，对商品质量作引人误解的虚假表示"。事实上，1993 年《反不正当竞争法》是我国最早保护地理标志的法律，标志着我国地理标志保护制度首次拥有了法律依据，也逐步开启了我国地理标志保护制度的成形过程。应当说，我国地理标志保护制度的成形，缘起于不正当竞争行为规制路径，逐步扩展到商标权保护路径和地理标志产品保护路径。

《反不正当竞争法》第一次、第二次修订删除了保护地理标志的上述规定，我国地理标志的竞争法保护路径的大门被关闭。2017 年 11 月 4 日，第十二届全国人民代表大会常务委员会第三十次会议修订《反不正当竞争法》，删除了前述条款。2019 年 4 月 23 日，《反不正当竞争法》的第二次修正没有作出新的调整。虽然 2017 年《反不正当竞争法》第 5 条增加了兜底条款"（四）其他足以引人误认为是他人商品或者与他人存在特定联系的混淆行为"，同时存在着作为一般条款的第 2 条，但是，《最高人民法院关于适用〈中华人民共和国反不正当竞争法〉若干问题的解释》第 1 条规定："经营者扰乱市场竞争秩序，损害其他经营者或者消费者合法权益，且属于违反反不正当竞争法第二章及专利法、商标法、著作权法等规定之外情形的，人民法院可以适用反不正当竞争法第二条予以认定。"据此，《反不正当竞争法》第 2 条作为一般条款，需要《专利法》《商标法》《著作权法》等没有规定的情况下才能适用。对于地理标志而言，虽然目前没有"地理标志法"，但是如前所述存在着地理标志保护法律制度，因此，笔者认为，用竞争法路径规制地理标志非法使用行为的空间有限，但是已经大大降低了这种制度价值。

综上所述，我国地理标志保护制度可以概括为"两种模式、三大制度"，亦即，我国采取商标法保护模式和专门法保护模式并行，同时以

《商标法》、原国家质量监督检验检疫总局发布的《地理标志产品保护规定》，原农业部发布的《农产品地理标志管理办法》三大制度作为地理标志保护制度的主体。

四、地理标志单独立法模式的分析

回顾我国地理标志保护制度的演进，我国地理标志保护制度肇始于《巴黎公约》，缘起于前述四个行政批复，在采取商标法模式的基础上逐步探索了专门立法模式，然而专门立法存在层级较低（部门规章层次）、缺乏统一性和系统性等诸多问题，加之《反不正当竞争法》第一次、第二次修订删除了保护地理标志的上述规定，我国地理标志的竞争法保护路径的大门被关闭，迫切需要推进地理标志单独立法，制定"地理标志法"，明确地理标志的性质、权利内容、权利取得、权利运用、权利保护（侵权构成、抗辩事由、侵权责任）以及国际互认等。亦即，我们应当考量中国知识产权长项、短板的基本情况，斟酌地理标志保护"新旧世界"利益的格局，在不改变现行双轨制保护模式的基础上，建立起一个外在协调、内在统一的地理标志保护制度。❶

第一，地理标志的独立知识产权类型属性决定了地理标志专门立法的逻辑正当性。从我国法律体系角度来看，《民法典》第 123 条将"地理标志"作为独立于"商标"的知识产权保护客体，明确了地理标志的独立客体地位。这一点明确了如下理论逻辑：地理标志相关权益是一项独立的、重要的、具有自己特征的知识产权，其区别于商标权等其他知识产权。从国际条约角度来看，TRIPS 第 22 条和第 23 条规定地理标志保护的主体是"有利益关系的各方"，而不像对其他类型知识产权的主体一样，采用"所有人""持有人""合法控制人"等能够显示对客体有专有权或直接支配关系的称谓。地理标志是区别于商标的独立客体，具有特殊性。此外，从法政策学角度而言，通过专门立法强化地理标志相关权益的保护，是与我国的国情相适应的。我国历史悠久、幅员辽阔，孕育了各地丰富的名优产品，强化地理标志这种知识产权类型的保护与运用

---

❶ 吴汉东. 知识产权法 ［M］. 北京：法律出版社，2021：748-749.

有助于提高我国产品，特别是农副产品的国际竞争力。[●] 从这个角度来说，我国丰富的地理标志资源和尚且薄弱的保护力度，都要求现阶段我国应当实施保护门槛高、质量监管严、保护力度强的地理标志制度，这恰恰是专门立法保护模式的特点。[●] 正是因为这一点，考虑到地理标志的经济价值来源与一般的工业标志和商业标记不同，主要是由地理环境因素所决定的，其权利的专有性与一般工业产权有别，需要专门立法予以调整，在规定地理标志保护的 160 多个国家或者地区中，有 110 个国家和地区采取了专门立法模式。[●] 由于我国在地理标志方面有着丰富的资源以及地理标志本身所特有的自然、社会和法律属性，因此应当以专门立法模式来设计我国地理标志保护的主体，并同时针对每一个地理标志产品制定专门的技术标准作为法律制度的支撑，以实现对地理标志的较高水平的保护。[●]

第二，地理标志与普通商标的异质性，决定了地理标志专门立法的体系正当性。地理标志具有与普通商标一样指示商品来源的共性，但有明显不同的特性，[●] 地理标志与商标的标识性、专有性、时间性等特征均存在矛盾。首先，证明商标和集体商标具有标识性，其本质在于标识商品来源，区分该商标使用者与其他民事主体的商品或者服务。然而，地理标志的核心在于其所标识的产品质量和特定的地理环境之间的密切联系，与证明商标和集体商标存在不同。进而，地名和产品通用名称因为不具备显著性，所以不能作为商标注册，即地名、商品通用名称通常因缺乏显著性，而不可作为普通商标注册和使用。证明商标和集体商标也要受到这一约束，而地理标志发挥识别功能的真正内容恰恰是"地名+品名"文字表述，这使得证明商标和集体商标与地理标志的表达存在根本性的冲突。其次，商标权具有专有性，他人未经商标权人许可，不得在同类商品或者类似商品上使用与注册商标相同或者近似的商标。地理

● 我国地理标志资源丰富这一点与法国类似。吴彬，刘珊. 法国地理标志法律保护制度及对中国的启示［J］. 华中农业大学学报（社会科学版），2013（6）：121-126.

● 杨佳倩. 地理标志保护制度概述与我国地理标志保护模式的探讨［M］//国家知识产权局条法司. 专利法研究，2018. 北京：知识产权出版社，2020：67-76.

● 吴汉东. 知识产权法［M］. 北京：法律出版社，2021：738-749.

● 郭禾. 我国地理标志保护制度发展的应然进路［J］. 知识产权，2022（8）：3-14.

● 王莲峰. 制定我国地理标志保护法的构想［J］. 法学，2005（5）：69-74；王莲峰. 我国地理标志立法模式的选择［J］. 法律适用，2003（7）：70-72.

标志的专有性与之不同，并非由特定的民事主体专有，而是由该地理标志产品所在地区的所有生产同类产品的民事主体享有。还有，商标权具有时间性的特征，注册有效期为 10 年，10 年期满可以续展，续展次数不受限制，如不续展则可以由商标管理机关注销该商标；地理标志则具有永久性，属于无法定消灭事由的永续性权利。正是由于上述差异，地理标志和商标权存在着冲突的可能性。我国法律实践中的"金华火腿案"、"绍兴黄酒"均反映了地理标志和商标权冲突的现实情况，❶ 同时，"舟山带鱼案"体现出地理标志与普通商标的异质性。在该案中，舟山市水产流通与加工行业协会认为北京申马人食品销售有限公司生产的"舟山精选带鱼段"在外包装上突出使用"舟山带鱼"字样的行为侵犯了商标权；人民法院认定，证明商标是用来标示商品原产地、原料、制造方法、质量或者其他特定品质的商标，证明商标注册人的权利以保有、管理、维持证明标准为核心，是否侵犯证明商标的权利，不能以被控侵权行为是否容易导致相关公众对商品来源产生混淆作为判断标准，而应当以被控侵权行为是否容易导致相关公众对商品的原产地等特定品质产生误认作为判断标准，地名作为地理标志注册为证明商标的，无权禁止他人正当使用该地名。❷ 特别是 2021 年底的"逍遥镇胡辣汤"和"潼关肉夹馍"事件，已经将两套制度的冲突展现在我们面前。尽管国家知识产权局在该两起事件成为舆论焦点后作出了回应，但其仅仅从"逍遥镇"相关商标为普通商标、"潼关肉夹馍"为集体商标的角度加以解释，或许国家知识产权局只能就该两起具体事件予以说明，但其仍然没有彻底解决地理标志与商标之间在现行制度层面上存在的冲突。❸

第三，地理标志的客观关联性，决定了地理标志单独立法的客观需要。地理标志产品必须具有归因于地理来源的特性，此特性可以是产品的特定质量、特征甚至声誉，因此产品与产地之间的关联性是地理标志的核心要素。上述产品与产地之间的关联性存在两种理解：一是主观关联性，也就是地理标志的关联性是消费者将特定产品与特定产地相联系，它存在于消费者的认知中；二是客观关联性，也就是产地的环境造就了

---

❶ 张佳佳. 地理标志与证明商标权利冲突问题研究 [J]. 青年与社会，2013 (7)：66-67.

❷ 北京市高级人民法院 (2012) 高民终字第 58 号民事判决书。

❸ 郭禾. 我国地理标志保护制度发展的应然进路 [J]. 知识产权，2022 (8)：3-14.

产品的特定质量或者特征。❶ 作为商标法核心的商标显著性理论仅能解释地理标志的主观关联性因素，无法规范地理标志的客观关联性因素。因此，如果不采取地理标志单独立法模式，而是将地理标志作为证明商标或者集体商标完全置于商标法框架下，则由于客观关联性的地理标志与消费者的主观认知没有关系而无法适用商标显著性理论，从而无法适用商标法框架进行保护；如果将地理标志的客观关联性因素生硬纳入商标法，则也会导致商标法框架的内在冲突。

第四，地理标志专门法保护模式中基础性法律制度的缺失，使其与商标法保护模式的衔接性受到影响。由于我国商标法保护模式的并存和专门法保护模式中基础性法律制度的缺失，我国在法律实践中出现了三种官方证明并存的情况：原国家工商行政管理总局推出的用于地理标志集体商标或者证明商标上的"地理标志商标专用标志"、原国家质量监督检验检疫总局推出的"地理标志产品专用标志"、原农业部推出的专门用于农产品的"农产品地理标志专用标志"并存。2018 年，我国重新组建国家知识产权局，重新组建后的国家知识产权局确定最新的地理标志"专用标志"，停用了"地理标志商标专用标志"和"地理标志产品专用标志"。虽然将二者在形式上予以统一，但是没有解决《商标法》缺乏质量评价的立法价值取向的根本性问题。

第五，地理标志专门法立法，也是落实《中华人民共和国政府与欧洲联盟地理标志保护与合作协定》（以下简称《中欧地理标志协定》）的要求。2011 年，《中欧地理标志协定》谈判启动。2020 年 9 月 14 日，中欧正式签署《中欧地理标志协定》。2021 年 3 月 1 日，《中欧地理标志协定》正式生效。《中欧地理标志协定》第 2 条第 1 款提出："双方认定附录一中列出的双方各自的法律确立了与《与贸易有关的知识产权协定》第二十二条第一款所定义的地理标志有关的注册和保护程序的基本要素。双方同意第二条第一款第一项所指基本要素为如下所述：（一）列明相关领土内受保护之地理标志的一个或多个登记簿；（二）证实地理标志证明了某产品原产自一方领土范围内或是该领土的一个地区或地点且该产品的某种质量、声誉或者其他特性在本质上取决于其产地的一套行政程序；

---

❶ 王笑冰. 经济发展方式转变视角下的地理标志保护 ［M］. 北京：中国社会科学出版社，2019：154-155.

（三）规定注册名称应与出台了产品规范的某一具体产品或某些产品相对应的要求，且规范只能通过正当行政程序进行修订；（四）适用于生产的控制条款；（五）政府部门为落实注册名称保护所采取的妥善的行政行动；（六）任何生产商在这一领域所拥有的向管理体系提出申请以将带有受保护名称标识的产品投放市场的权利，前提是该生产商须遵循相应产品规范；（七）无论产品名称是否作为知识产权的一种形式受到保护，都应考虑该名称在先使用者合法利益的一套异议程序。"可见，上述内容通过"地理标志法"的立法可以实现。在《中欧地理标志协定》生效后，双方第一批各 100 件地理标志产品立即在对方领土范围内获得保护。根据国家知识产权局在 2021 年 3 月 1 日发布的第 407 号公告，国家知识产权局对塞浦路斯鱼尾菊酒等 96 种欧盟地理标志产品（不包括英国 4 件）已完成技术审查，并于公告之日起实施保护。鉴于地理标志在欧盟是由一系列专门的地理标志法律法规来保护，因此可以预料在具体操作层面，欧盟势必会要求我国采用同样的方式和力度对其在我国的地理标志加以保护。❶

五、地理标志单独立法的内容体例

就"地理标志法"的内容定位、法律名称与总体框架，笔者建议应当以 TRIPS 有关地理标志构成要件、侵权行为、侵权例外等制度为参照，以《民法典》第 123 条为核心，兼顾地理标志相关权益的严格保护和高效运用，以专门法为主体、以特别制度（管理制度、保护制度等）为补充，辅以地方地理标志制度，形成内在统一、逻辑严密、系统全面的中国特色地理标志保护制度。在中国特色地理标志保护制度中，居于主体地位的是"地理标志法"这一专门法。如前文所述，国家市场监督管理总局印发的《国家市场监督管理总局 2022 年立法工作计划》将"地理标志法"这一法律列入第二类立法项目。笔者理解，采取"地理标志法"这一名称是准确的，涵盖了地理标志的注册授权、管理使用、权利保护等方面。从双边条约的借鉴角度而言，《中欧地理标志协定》涵盖地理标

---

❶ 李琦. 我国地理标志法律制度的现状与完善研究 [J]. 中国发明与专利，2021，18（10）：54-59.

志的确立与新增、地理标志的保护范围、地理标志使用权、地理标志与商标的关系、地理标志的保护、透明度与信息交换等内容。从现有地理标志保护制度的专门法模式的经验凝练角度而言，现行《地理标志产品保护规定》涵盖地理标志的申请受理、审核批准、保护监督等部分。结合上述两个角度的借鉴总结，建议我国"地理标志法"包含如下部分：总则，地理标志的申请、审查与注册，地理标志的保护，地理标志的使用与地理标志相关权益的运用，葡萄酒和白酒地理标志保护的特别规定，附则。"地理标志法"的主要内容具体如下。

第一部分为总则，包括立法宗旨、地理标志的定义、地理标志的管理机构等。就"地理标志法"的立法宗旨而言，建议采取如下条文："为了保护地理标志相关权益，促进发挥地理标志的价值，加强地理标志的管理，以保障消费者和生产、经营者的利益，促进社会主义市场经济的发展，依据《中华人民共和国民法典》，制定本法。"就"地理标志法"的适用范围而言，应当涵盖农业、工业商品或者服务的地理标志的法律保护。特别是，为了解决上述"两种模式、三大制度"存在的问题，宜建立以地理标志专门立法保护为主、商标法保护为辅的模式，以原国家质量检验检疫总局地理标志产品管理模式为基础，整合农业农村部农产品地理标志的管理职能，在国家知识产权局建立统一的地理标志专门管理机构。建议国家知识产权局在现有专利局、商标局的基础上，设立地理标志局或者地理标志审查委员会负责地理标志的管理与审查批准工作。

第二部分为地理标志的申请、审查与注册，包括地理标志注册申请的程序、条件，地理标志注册申请的审查要求等。考虑到地理标志所标识的产品质量和特定的地理环境之间的密切联系，建议在地理标志注册申请的审查程序中强化现场调查程序；审查人员组成调查小组，对地理环境进行考察，并将考察结果作为地理标志注册申请的授权条件之一。建立以专家审查为核心的行政确权制度，专家审查工作的重点是产品的品质与特点及其与特定产地的自然人文因素之间的客观关联性。[1] 同时，考虑到地理标志的集体性属性，建议将地理标志注册申请的申请人定位为县级以上人民政府建立的地理标志产品生产者协会等组织，而不应当

---

❶ 王笑冰. 经济发展方式转变视角下的地理标志保护［M］. 北京：中国社会科学出版社，2019：196-197.

将企业法人或者自然人作为申请人。

第三部分为地理标志的保护，明确规定地理标志相关权益的保护范围，地理标志相关权益侵权行为的具体形式和法律责任（包括民事责任、行政责任等）。笔者建议，将地理标志相关权益分解为所有权、使用权、收益权和处分权。通常来看，所有权和处分权属于原产地内的产品生产经营者，具有集体民事权利的属性。首先，在地理标志相关权益的保护范围方面，参照《中欧地理标志协定》第 4 条的规定，明确列举"在产品名称或者描述中使用指示或者暗示所涉产品源自非真正产地的某一地理区域，从而误导相关公众对该产品地理来源的认识"等侵权行为。其次，规定地理标志相关权益的行政保护途径与司法保护途径，强化行政保护、司法保护与行业协会自律相结合的协同保护机制。还有，参照 TRIPS 第 24 条的例外规定，对在先使用和善意使用、在先权利、地理标志中的习惯用语、地理标志的注册申请对抗不利使用的期限、姓名的使用权、在原产地不受保护或者已被终止废弃的地理标志不受保护等地理标志相关权益侵权的例外加以明确。此外，明确地理标志一旦获得授权，不会进入公有领域，不会被视为通用名称。❶ 最后，建议原则性规定：根据国际公约、双边协定或者互惠原则保护外国地理标志，并且加强地理标志保护的国际协作。

第四部分为地理标志的使用与地理标志相关权益的运用。一方面，明确规定地理标志的使用规范，明确地理标志使用人所承担的执行地理标志标准、维护地理标志声誉等义务；另一方面，就促进地理标志相关权益的运用、引导地理标志密集型产业发展作出规定。根据欧盟知识产权局、欧盟专利局发布的《欧盟知识产权密集型产业和经济表现》报告❷，以 2014～2016 年的平均值来看，地理标志密集型产业的就业贡献率为 0.2%，GDP 贡献率为 0.1%，贡献了 201.55 亿欧元的 GDP。可见，发展地理标志密集型产业具有重要的意义。欧盟执行委员会的一项实证

---

❶ 赵小平. 地理标志的法律保护研究［M］. 北京：法律出版社，2007：72.

❷ EUIPO，EPO. IPR-intensive Industries and Economic Performance in the European U-nion［EB/OL］. 3rd ed.［2022-04-22］. https：//euipo. europa. eu/tunnel-web/secure/webdav/guest/document_library/observatory/documents/IPContributionStudy/IPR-intensive_industries_and_economicin_EU/WEB_IPR_intensive_Report_2019. pdf＃～:text＝In％20response％20to％20the％20clear％20need％20to％20provide，made％20to％20the％20EU％20economy％20by％20IPR-intensive％20industries.

调研显示：从 2011 年到 2017 年，欧盟 3207 种产品背后的 3153 个地理标志和 54 个传统专门技艺保证（Traditional Specialities Guaranteed，TSG）的销售估值约为 771 亿欧元（地理标志约为 748 亿欧元），其中酒类产品约占 51％（390 亿欧元），农产食品约占 35％（270 亿欧元），烈酒约占 13％（100 亿欧元），加味/加香葡萄酒约占 0.1％（4300 万欧元），7 年的总增长率为 42％（地理标志约为 37％）；其中约有 22％（2017 年）出口到欧盟境外（估计约为 170.3 亿欧元，地理标志约为 169.5 亿欧元）。❶建议在"地理标志保护法"中，从地理标志相关权益的运用的角度加以部署。同时，对地理标志的使用进行行政监管，根据具有强制性效力的产品规范，对产品的产地范围、生产工艺、生产条件、产品的质量特色的合规性进行监控管理，并对地理标志标记的印刷、发放、数量、使用进行管理。❷

第五部分落实 TRIPS 第 23 条的规定，对葡萄酒和白酒这两类特殊商品的地理标志保护作出特别规定。我国作为酒类产品的生产大国，需要对葡萄酒和白酒这两类特殊商品的地理标志采取有力的保护措施。同时，授权国务院制定葡萄酒地理标志保护条例、白酒地理标志保护条例。

第六部分为附则，对"地理标志法"的生效等作出规定。

---

❶ 孙远钊. 论地理标志的国际保护、争议与影响：兼论中欧、中美及相关地区协议［J］. 知识产权，2022（8）：15-59.

❷ 赵小平. 地理标志的法律保护研究［M］. 北京：法律出版社，2007：200-201.

日本地理标志保护制度的历史演变及其启示[*]

宋昕哲[❶]　周　萦[❷]

摘　要

本文旨在探讨日本地理标志保护立法的历史、政策、法律等多方面原因，为我国地理标志立法提供参考。与欧盟和美国的地理标志保护模式不同，日本对地理标志的保护来源于对西方制度的学习，发展出了由反不正当竞争法、行政规范、商标法和专门法多种保护方法并行的地理标志保护制度，并且采用了地域团体商标和农林水产省专门立法保护并行的制度模式。日本当前制度是在反思制度缺陷的基础上作出的适合其自身国情发展的主动选择。随着对地理标志保护的经验积累和意识提升，我国对专门保护模式的优势也进行了系统性反思。通过借鉴日本的经验，我国应建立适合国情的保护制度。

关键词

地理标志　地域团体商标　专门立法　日本

---

* 本文系基金项目"2022年海南省教育厅研究生创新课题"（Qhyb2022-14）和"海南省哲学社会科学规划课题研究"［HNSK（QN）20-02］的研究成果。

❶❷　作者单位：海南大学法学院。

加强国外地理标志法律制度比较研究，是《地理标志保护和运用"十四五"规划》贯彻落实《知识产权强国建设纲要（2021—2035年）》厘定的地理标志专门立法、健全专门保护与商标保护相互协调的统一地理标志保护制度任务的重要举措。地理标志保护模式之争延续至今。备受关注的是起源于法国、欧盟的专门保护模式，以及以美国为代表的商标保护模式。日本所采取的保护模式获得的关注相较甚少。

日本所采取的模式尤其值得我国地理标志立法工作关注。原因在于，日本与我国同属地理标志法的继受国，引进西方制度保护地理标志。随着知识产权保护意识的提升，日本与我国不约而同对西方制度进行批判性反思，并逐渐发展出具有本国特色的法律保护制度。从1934年的《日本不正当竞争防止法》到2015年的《特定农林水产品等名称保护法》，日本地理标志保护的立法发展历经80余年，逐步形成由反不正当竞争法、行政规范、商标法、专门法多种保护方法并行的现状。尤其值得关注的是，日本出于对本国制度的主动反思，根据自身国情形成地域团体商标和农林水产省专门立法保护并行的制度模式。

本文旨在通过历史的方法揭示日本通过专门法、商标法等多重手段保护地理标志的历史、政策、法律等多方面的原因，从而为我国根据国情设计地理标志制度提供更多参考。

一、被动吸收：地域团体商标制度建立前的历史

日本早期地理标志立法是为了回应国际条约的要求，其中影响最为深远的是《保护工业产权巴黎公约》（以下简称《巴黎公约》）与《与贸易有关的知识产权协定》（TRIPS）。这两个国际条约促使日本为地理标志提供了以防止混淆与误认为核心的反不正当竞争保护与对酒类产品的"绝对保护"。

（一）《巴黎公约》下日本对地理标志的反不正当竞争保护

日本对地理标志的最早保护形式是反不正当竞争保护，直接动因是满足1883年《巴黎公约》的要求。日本于1899年加入《巴黎公约》，当时生效的《巴黎公约》文本仍然是最初签订的巴黎文本。巴黎文本未将地理标志、原产地名称或原产地标记（indication de provenance）列举为受保护的工业产权，其第2条集中提及的工业产权仅包含发明专利、外

观设计、商标与商号。"借用"保护商标和商号的措施，巴黎文本为保护地理标志设定了国际义务。巴黎文本第 9 条规定，"任何非法标记商标或商号的产品在进口到该商标或商号有权获得法律保护的巴黎联盟国家时，可被扣押"。第 10 条将上述措施"参照适用"于地理标志保护，规定第 9 条的规定应适用于任何虚假地标明某地名称作为原产地标记（indication de provenance）的产品，"如果这种标明是附在一个虚构的商品名称上的，或者是以欺诈的意图借用的"。1900 年布鲁塞尔文本增加第 10 条之二，规定联盟国家提供反不正当竞争保护，但未明确何为不正当竞争，也未明确将虚假地使用原产地标记列举为一类不正当竞争行为。1911 年华盛顿文本正式将原产地标记补充列入第 2 条所列举的工业产权清单中。1925 年海牙文本进一步细化了不正当竞争的内涵，将其界定为任何违反工业或商业诚实惯例的竞争行为，并列举了两类典型行为：第一，造成与竞争对手产品相混淆的行为；第二，诋毁竞争对手产品性质的虚假指控。海牙文本虽未明确使用地理标志的行为落入不正当竞争的范畴中，但如果使用行为导致与其他竞争对手的产品相混淆，包括地理标志产品生产者的产品相混淆，即属于海牙文本禁止的对象。因此，海牙文本事实上提供了以反不正当竞争为方法保护地理标志的依据。

日本为地理标志提供反不正当竞争保护是在海牙文本的背景下诞生的。为满足海牙文本设立的国际义务，日本于 1934 年颁布《日本不正当竞争防止法》。该法将不正当竞争行为界定为造成与知名产品标识混淆的行为、造成虚假产地误认的行为和诽谤行为。该法要求不公平竞争的行为为了"不公平竞争的目的"（主观要求）。[❶]《日本不正当竞争防止法》使得滥用地理标志的行为既可构成与知名产品标识混淆的行为，也可构成造成虚假产地误认的行为。1934 年《日本不正当竞争防止法》产生于日本"旧法"时代，是日本引进西方知识产权制度的产物。[❷] 因此，以反不正当竞争法保护地理标志的方法可理解为日本为履行《巴黎公约》而从西方引进的制度。

《日本不正当竞争防止法》经 1938 年、1950 年、1965 年、1975 年、1990 年修改，并于 1993 年得以重新制定（对全部条款的根本性修改）

❶ 《不正競争防止法》［昭和九年（1934 年）敕令第三百四十一号］；经济产业省、知的财产政策室：《逐条解说不正競争防止法》，令和元年 7 月 1 日施行版。

❷ 李明德. 日本知识产权法 ［M］. 北京：法律出版社，2020：25.

后，又于 2005 年、2015 年、2018 年、2023 年进一步修改。❶ 在现行有效的 2023 年版本中，其对地理标志保护内容仍有所体现。1993 年版本所界定的"不正当竞争"包括在商品上对其原产地、质量等进行误导性标示或转让带有这种标识的商品（第 2.20 条）。这种误导性标示可以是对原产地名称或地理标志的滥用造成的。此外，第 2.1 条规定，如果一个标识在消费者中被广泛认为是另一个人的商品的标识，那么使用该标识也被认为是不正当竞争。因此，如果地理标志被广泛认可为表示某个人的商品，那么使用该地理标志可能构成不正当竞争。

然而，反不正当竞争法所提供的保护范围并不总是明确的。首先，条款的适用需要经过"误导性"或"显著性（是否被消费者认为标示某个人的商品）"的测试，其测试结果依赖于对法律条文的解释与法律事实的证明，降低了保护结果的可预见性。其次，当地理标志与"型""类"等词汇接连使用时，是否构成不正当竞争仍是不明确的，因为如果涉案产品本身的质量与地理标志产品质量相似，使用诸如"型""类"等词汇可被理解为只是提供让消费者知道产品的质量的信息。

当无论《巴黎公约》还是成员国国内法所提供的反不正当竞争保护存在的局限逐渐暴露时，旨在克服局限的新的国际条约应运而生。1958 年《保护原产地名称及其国际注册里斯本协定》（以下简称《里斯本协定》）所提供的"绝对保护"即克服司法过程中的主观判断，降低不确定性，规定成员国应"防止任何假冒和仿冒，即使标明了产品的真实来源或者使用名称的翻译形式或附加'类'、'式'、'样'、'仿'字样或类似字样"。然而，日本并未加入《里斯本协定》。因此，直到 TRIPS 生效，日本才对酒类产品提供"绝对保护"（后文详述）。

（二）日本履行 TRIPS 之义务提高地理标志保护水平

1994 年日本缔结了 TRIPS，开启了法律直接保护地理标志新时代。❷《巴黎公约》中对地理标志采用的是"货源标记"（indication of source）和"原产地名称"（appellation of origin）的描述，❸ 而 TRIPS 中直接采

---

❶ 金伦. 日本 1993 年修改《不正当竞争防止法》概况 [J]. 中外法学，1994（2）：77-79.

❷ FUNAKOSHI Y. Protection of Geographical Indications in Japan [D]. 台北：台湾大学，2004.

❸ 国家知识产权局商标局. 地理标志的概念和特征 [EB/OL]. (2021-08-26) [2023-03-30]. https://sbj.cnipa.gov.cn/sbj/jtzmsb/202108/t20210826_946.html.

用"地理标志"（geographical indications）的概念。

由于《里斯本协定》成员国数量有限，欧盟国家等"旧世界"国家意图在 TRIPS 中将"绝对保护"确立为保护地理标志的国际义务。然而，由于美国等"新世界"国家的反对，最终作为妥协，"绝对保护"仅向葡萄酒与烈性酒提供。TRIPS 第 22 条规定，使用地理标志造成误认或者构成《巴黎公约》所界定的不正当竞争时应当禁止。事实上，该条并未超越《巴黎公约》所提供的保护水平。然而，TRIPS 第 23 条所提供的"绝对保护"则引发保护水平的质变，即使用葡萄酒和烈酒的地理标志，只要使用该地理标志的产品不是真实来源于地理标志所示的地区，即构成侵权，无论对公众是否产生误导或是构成不正当竞争。第 23 条还特别明确，即使其标明了该葡萄酒和烈酒的真实来源地，或者以翻译的方式使用地理标志，或者在标签中伴以"种类""类型""特色""仿制"及类似的表达方式，同样构成侵权。

"绝对保护"的国际义务明显超越了《日本不正当竞争防止法》所提供的保护水平。由于 TRIPS 并未限定满足保护水平所依赖的方式，日本采取行政管理酒类标签的手段，通过《酒类税收和酒类行业协会保护法》（以下简称《酒类公司法》）满足 TRIPS 高水平的保护要求。根据《酒类公司法》第 86.6 条，当财政部长认为有必要确保酒精饮料的适当标签，以促进酒精饮料贸易的顺利运作和消费者的利益时，可以制定酒精饮料标签方面应遵守的必要标准。在该条之下，日本于 1994 年发布《有关地理标志的表示标准》，对葡萄酒和烈酒提供"绝对保护"，并在 2005 年将"绝对保护"延伸至清酒。❶ 根据该标准，不得对在指定地区以外生产的任何葡萄酒或烈酒使用表明日本葡萄酒或烈酒原产地的任何地理标志，或表明 WTO 成员的葡萄酒或烈酒原产地的任何地理标志；同时，对于在指定地区以外生产的任何清酒，不得使用表明清酒产地的任何地理标志。即使表明葡萄酒或烈酒的真正原产地，或地理标志在翻译中使用，或伴随着诸如"种类""类型""特色""仿制"或类似的表达，这些规定也应适用。上述条款几乎沿用了 TRIPS 的语言，是日本满足 TRIPS 国际义务的措施。

综上所述，纵观《巴黎公约》、TRIPS 对日本立法的影响，可见日本

---

❶ 木村一弘. 地域団体商標による地域ブランドの保護 [J]. 特許研究，2006（9）：59.

关于地理标志的早期立法是对国际义务的回应。在此过程中，日本看到了仅仅回应国际义务只会偏向性地服务于欧洲葡萄酒和烈性酒产业，因而在适用过程中，其将高水平的保护延伸至日本的优势产业——清酒之上。随后，日本对地理标志制度进行了更为系统的、根本上的反思，主要体现在两个主动保护机制的建立上。

二、主动反思：从地域团体商标制度到地理标志专门制度

日本通过结合《日本不正当竞争防止法》和《酒类公司法》等多种保护制度，履行了《巴黎公约》、TRIPS 等关于地理标志保护的成员义务。但是日本国内的整套地理标志保护立法体系，很大程度上基于欧盟创设的国际条约体系。日本不断反思总结已制定法律存在的弊端，逐渐意识到建立适合日本国情的地理标志保护制度的重要性，促进了其建立以本国利益为基础的地理标志国内保护模式。

（一）地域团体商标制度的建立

1. 地域团体商标制度建立的政策背景

受国际形势的影响，日本国内的政策导向积极朝着更有利于保护地理标志的方向发展。自签订 TRIPS 以来，地理标志这类来源于履行国际义务的知识产权逐步为日本市场主体所运用，日本当地企业围绕地理标志展开生产上的合作，以统一形象以及产品与原产地之间的关联性受到消费者的关注。日本政府为了进一步促进这一生产者与消费者之间的良性互动，增加日本地域产品的附加值，提高生产者收入，促进地方经济提升，❶ 通过维护企业经营者对当地产品的信誉来加强产业竞争力并振兴当地经济。为此，日本增加了注册由地域名称和产品名称组成的地域团体商标的制度。❷

---

❶ 特許庁. 平成 19 年度地域団体商標制度説明会：説明会テキスト［EB/OL］.［2023-03-30］. https：//warp. da. ndl. go. jp/info： ndljp/pid/998256/www. jpo. go. jp/torikumi/ibento/text/pdf/h19_tiikidantai/01. pdf.

❷ 経済産業委員会. 商標法の一部を改正する法律案（閣法第八〇号）（衆議院送付）要旨［EB/OL］.［2023-03-30］. https：//www. sangiin. go. jp/japanese/joho1/kousei/gian/162/pdf/580162800. pdf.

而在日本国内，政府在《2004 年知识产权推进计划》❶ 和《新产业创造战略》❷ 中强调了振兴地区经济的必要途径是建立区域品牌保护制度。❸在区域品牌化的努力中，为了充分发挥地域团体商标的作用，一方面证明商品与产地的关联性，另一方面向广大需求者提供准确的商品信息，因此引入了产地名称与商品通用名称结合作为商标的形式。❹

2. 地域团体商标制度建立的法律背景

在 2005 年《日本商标法》修改之前，地域品牌以普通商标的形式进行注册保护。"地域名＋商品名"的纯文字描述形式不符合普通商标构成要件的要求，同时，地理标志的共有性质决定了在主体、权利范围、权利行使等方面均存在不适应的情况。将地理标志作为普通商标注册的弊端主要体现在以下几方面。

第一，注册要求过高。单纯由地理描述性的产地名称和商品名称所构成的标志原则上禁止注册为普通商标，❺ 例外是，全国有名的产品（例如夕张甜瓜等）具有识别力的商标，取得商标显著性，与特定人的业务产生关联，❻ 能够发挥表示出处的功能，可以被注册为普通商标。对于产品知名度不足的名称，只有产地名和商品名的名称不能直接注册，需要将文字描述和图形等组合在一起才能注册为形式上的商标。❼ 总之，由地域名称和商品名称组成的文字商标原则上不被注册为普通商标，因为商品或服务的商业来源无法识别；这种商标在地区企业间广泛使用，不适合由一个企业注册独家使用。对于产品知名度以及显著性认定的要求较

---

❶ 知的財産戦略本部. 知的財産推進計画 2004 [EB/OL]. [2023-03-30]. https：//www. kantei. go. jp/jp/singi/titeki2/kettei/040527f. pdf.

❷ 《経済産業省. 新産業創造戦略 [EB/OL]. [2023-03-30]. https：//www5. cao. go. jp/keizai-shimon/minutes/2004/0519/item7_04. pdf.

❸ 産業構造審議会知的財産政策部会. 地域ブランド保護のための商標法の在り方について [R/OL]. [2023-03-30]. https：//www. jpo. go. jp/resources/shingikai/sangyo-kouzou/shousai/shohyo_shoi/document/index/houkoku. pdf.

❹ 産業構造審議会知的財産政策部会. [R/OL]. [2023-03-30]. https：//www. jpo. go. jp/resources/shingikai/sangyo-kouzou/shousai/shohyo_shoi/document/index/houkoku. pdf.

❺ 《日本商标法》（1959 年）第 3 条第 1 款第 3 项。

❻ 《日本商标法》（1959 年）第 3 条第 2 款。

❼ 内藤恵久. 地理的表示法の解説：地理的表示を活用した地域ブランドの振興を！[M]. 東京：株式会社大成出版社，2015：77.

高，需要在全国范围内获得认可，❶ 因此将地理标志注册为普通商标本身就存在障碍。

第二，转让限制过少。普通商标权的垄断性并不能适应地理标志的地域公有属性，尤其是在对于权利转让的规定方面。地域性决定了其只能被一个特定区域内的生产者使用，无疑应当禁止将权利随意转让给区域外的主体。而在区域内是否就能随意转让，区域内的转让是否应当受到限制甚至直接禁止，是地域团体商标制度建立需要解决的问题。

第三，正当使用的适用条件苛刻。按照《日本商标法》为普通商标设立的正当使用规则，商标权人之外的第三人在该商标申请日前已经使用相同商标的，可以继续使用原商标。但是，其限制条件是：使用人的在先使用需要达到为相关公众广泛接受的程度，才能构成正当使用而依法有权继续使用原商标。这意味着地理标志如果被注册为普通商标，其他商标权人之外的第三人若要继续使用地理标志，则该地理标志必须达到驰名商标的认定标准，方能享受侵权豁免。如此严格的标准不利于鼓励地域品牌发展的理念。因此，将在先使用的行为与普通商标同等严格看待是不合理的。❷

3. 政策要求与法律缺陷双重背景下地域团体商标制度的建立

以"地域名＋商品名"组合构成的地域团体商标被赋予相应法律地位，并且在权利保护和约束方面，制度也设置了相应的内容。

第一，为地域团体商标制定了特殊的注册要件，解决了注册难题。地域团体商标注册的要求包括以下几点。①申请人必须符合地域团体商标的资格要求，允许中小企业合作社、农业合作社等进行注册。此外，在地域团体商标制度建立时，特定非营利性组织不允许注册，但在 2014 年《日本商标法》再次修改后也允许其注册。②集体必须打算让其成员使用该商标；并且组织中的成员无须经过特别许可，均有权使用注册的地域团体商标。❸ ③取消了通过全国消费者普遍周知性取得识别效果才能

---

❶ 特許厅. 平成 19 年度地域团体商標制度説明会：説明会テキスト［EB/OL］.［2023-03-30］. https：//warp. da. ndl. go. jp/info：ndljp/pid/998256/www. jpo. go. jp/torikumi/ibento/text/pdf/h19_tiikidantai/01. pdf.

❷ 《日本商标法》（2005 年）第 32 条。

❸ 《日本商标法》（2005 年）第 31 条之二第 1 款。

注册为商标的特殊要求，改为在需求者中广为人知即可，❶ 大大降低了注册难度。④商标的整体由地域名＋商品通用名称两者的文字描述即可。⑤商品与地域之间必须有密切关系。总体上，地域团体商标相较于普通商标注册实质上放宽了注册标准。

第二，直接追加了禁止地域团体商标转让的内容。❷ 明确了除组织分立等，由一般继承关系获得的情况外，区域集体商标的权利不得转让给无任何关联的其他组织，并且不得以其他间接形式以达到类似转让的效果。例如，可以将地域团体商标许可给其他组织使用，但不能是独占使用那种实质上等同于转让的行为。❸ 对于生产者而言，允许转让意味着原成员无法继续使用，由于地域团体商标的使用人数众多，涉及利益甚广，会造成很多生产者的利益受损；对于消费者而言，地域团体商标作为商品特性的保障，允许转让使得消费者无法建立信任，达不到地域团体商标品牌化的预期效果。因此，为了保护生产者的共有利益和地域团体商标的可信度，规定地域集体商标无条件禁止直接转让十分合理。

第三，放宽了正当使用主体的保护。一方面放宽了正当使用主体的判定条件，另一方面对正当使用主体允许继续使用。与普通商标权的在先使用权❹是以"众所周知"为条件❺不同，地域团体商标的在先使用权不要求商标在申请商标注册时驰名，❻ 具有"一定程度的众所周知"即可。❼ 放宽了正当使用者的范围。此外，对于日本国内不以不正当竞争为目的在先使用地域团体商标的人，即使其未经商标权人许可使用已注册的地域团体商标，也不构成侵犯商标权，可以继续使用；商标权人可以要求在先使用人采取在商品上贴上"本商品与××协会无关"等标签等有效措施，防止继续混淆。❽

---

❶ 《日本商标法》（2005 年）第 47 条第 2 款。

❷ 《日本商标法》（2005 年）第 24 条之二。

❸ 《日本商标法》（2005 年）第 30 条第 1 款但书。

❹ 《日本商标法》（1959 年）第 32 条。

❺ 《日本商标法》（1959 年）第 32 条第 1 款。

❻ 《日本商标法》（2005 年）第 32 条之二。

❼ 産業構造審議会知的財産政策部会. 地域ブランド保護のための商標法の在り方について（産業構造審議会知的財産政策部会報告書）［EB/OL］.［2023-03-30］. https：//www. jpo. go. jp/resources/shingikai/sangyo-kouzou/shousai/shohyo_shoi/document/index/houkoku. pdf.

❽ 《日本商标法》（2005 年）第 32 条之二第 2 款。

（二）地理标志专门制度的建立

1. 地理标志专门制度建立的政策背景

设立地理标志专门制度的提议最早出现在 2004 年。日本经济产业省提出了创设地域团体商标制度的同时，农林水产省成立研究会研究建立地理标志保护制度，结果是前者提交的商标法修正案取得通过，而后者由于未能及时讨论出具体机制的运行方案，地理标志专门保护制度设立计划暂时搁浅。

很快，日本当局意识到地理标志专门保护的必要性，并且重启了制度设计方案。一方面，作为准确传达品质等信息的重要工具，地理标志能够有效保护生产者和消费者的利益。❶ 从保护作为品牌的地区农林牧渔产品与以其附加值扩大销售和消费的角度出发，日本国内对建立基于产品质量保证的地理标志保护新法律体系的期望越来越高。❷ 2008 年 9 月的《新经济战略跟进与改订》中提出通过普及地理标志的方式提升品牌保护水平的方案，❸ 使地理标志专门保护制度再次受到关注。此后，2009 年 4 月公布的《第 3 期知识产权战略基本方针》中也同样将提高地理标志保护水平作为推进产业增长的软实力。❹ 据此，农林水产省再次开始讨论创设特别的地理标志保护制度。另一方面，地理标志是国家农林水产品产业振兴的重要途径。日本的农林牧渔业和农村的周边环境形势越来越严峻，高效利用当地的农林牧渔优势是支撑日本经济再生的关键领域，❺ 通过利用地理标志推进地区品牌化的方式，可以实现缓解环境危机同时促进经济发展的效果。

同时，日本政府对于专门制度设置的追求不仅仅停留在国内品牌价

---

❶❺ 衆議院農林水産委員会. 特定農林水産物等の名称の保護に関する法律提案理由（平成二六年六月二五日法律第八四号）[EB/OL].［2023-03-30］. https：//www. sangiin. go. jp/japanese/joho1/kousei/gian/186/pdf/k031860811860. pdf.

❷ 石川武彦. 農林水産物・食品の地理的表示保護制度の創設：上：地理的表示保護に係る国際協定と主要国の現状 [EB/OL].（2014-07-01）［2023-03-30］. https：//www. sangiin. go. jp/japanese/annai/chousa/rippou_chousa/backnumber/2014pdf/20140701043. pdf.

❸ 内藤恵久. 地理的表示の保護制度の創設どのように政策は決定されたのか [M]. 東京：筑波書房発行所，2022：107.

❹ 首相官邸. 第3期知的財産戦略の基本方針（2009 年 4 月 6 日知的財産戦略本部決定）[EB/OL].（2009-04-06）［2023-03-30］. https：//www. kantei. go. jp/jp/singi/titeki2/kettei/090507siryou. pdf.

值的提升，还透露出对区域品牌打入国际市场的愿景。❶ 在 2011 年 10 月 25 日发布的《日本食品和农林渔业再生的基本方针和行动计划》中，食品和农林渔业再生推进部重新制定了国家农林水产品和食品的出口战略等，旨在提高日本高品质农林水产品的声誉和获得适当的评价。这一决策已经包含了引入地理标志保护制度的考虑。

2. 地理标志专门制度建立的法律背景

地理标志专门制度的设置建立在对现有地域团体商标制度缺陷的弥补和更大程度地发挥其预期优势这两方面考量的基础上。虽然 2005 年《日本商标法》的部分修订引入了地域团体商标制度，将存在的注册方式、权利转让、权利范围等问题解决，但同时商标的私权性质也暴露出产品质量管理、使用主体、维权主体范围等方面的短板。❷

第一，缺乏产品质量管理的相关规定。商品质量作为提高品牌附加价值的根本保障，并没有引起地域团体商标制度的重视。在地域团体商标申请要件中没有要求应当具备相应的管理手段和标准，并且在注册通过后也没有外界监督的机关和程序等，商品的质量完全依赖商标权利人自律管理，商品质量问题仍存在不能得到充分保证的困局。❸这与商标的私权性不无关系，因此也体现了脱离商标制度建立一套新的专门保护制度的必要性。

第二，使用主体限制。地域团体商标的垄断性决定了只能由一个团体、协会取得，合法的注册者也只能允许其成员使用，❹ 无形中限制了地域团体商标的使用范围。虽然制度中还规定了可以通过设置非专有使用权授权给其他主体使用，❺ 看似扩大了适用范围，但如此一来被授权组织相对缺乏直接监管，无形中降低了商品的质量和声誉。

第三，维权主体的局限。地域团体商标的私权性质，也造成了其在面对不正当侵权行为时的救济主体只有权利人自身。❻ 并且作为商标，需要每十年进行一次续展以维护商标使用权，从日常保有和侵害救济等角度都十分耗费成本。

---

❶❸　日本第 186 回国会全体会议第 23 号会议纪要（2014 年 5 月 13 日）。

❷　第 186 回国会農林水産委员会第 15 号会议纪要（2014 年 5 月 21 日）。

❹　《日本商标法》（2005 年）第 31 条之二。

❺　《日本商标法》（2005 年）第 30 条第 1 款。

❻　日本第 197 回国会農林水産委员会第 5 号会议纪要（2018 年 11 月 20 日）。

3. 政策需求与法律缺失双重背景下地理标志专门制度的建立

2014年6月日本《特定农林水产物等名称保护法》的通过，标志着地理标志专门保护机制在日本正式引入。该法中的关键点包括以下几方面。

第一，从准用到使用期间的商品质量提出要求。只有符合一定质量标准的产品才能注册成为地理标志产品，生产者群体在提交申请的材料中包括生产过程管理方法有关的规则（生产过程管理规则），❶农林水产大臣会通过将材料公开接受公众查阅、专家评审等严格的审查流程，决定是否予以注册。并且在注册驳回事由中，除了明确生产过程管理规则不符合标准的情况，还增加了"为建立确保生产流程管理公平的必要制度"❷的情形。变更和暂停都需要提前向农林水产大臣报告。❸ 由此可见，《特定农林水产物等名称保护法》为保障商品品质，采取了严格生产过程管理的手段。

第二，地理标志的使用不限于单个团体及其成员。在地域团体商标保护制度中，只有一个申请团体能够获得注册资格，是保留商标的相对垄断性的结果，但地理标志作为地域"共有财产"，在同样满足《特定农林水产物等名称保护法》中对申请要件的要求的情况下，两个、三个甚至更多生产者群体都可以被注册为同一地理标志的主体。❹ 负责生产管理的组织亦可联合申请注册。❺ 如此一来，扩大了地理标志的注册使用范围，更有利于地理标志发挥其优势。

第三，行政主管机关担纲地理标志权利救济。专门保护制度带领地理标志脱离了商标属性，同时也赋予其行政公权力救济的优势。❻不论是第三人的不正当使用，还是以其他任何形式对地理标志权利造成侵害，由国家采取措施应对，大大节省了生产者群体及其成员打击侵权的成本。同时，地理标志专门保护不同于商标注册的续展制度，不需要以十年为周期花费维持权利的成本，更加降低了地理标志权利使用的成本，最大程度为保护地理标志提供便利。

---

❶ 日本《特定农林水产物等名称保护法》第7条第2款第2项。

❷ 日本《特定农林水产物等名称保护法》第13条第1款第2项第4条。

❸ 日本《特定农林水产物等名称保护法》第18条、第19条。

❹❻ 第186回国会農林水産委員会第15号会议纪要（2014年5月21日）。

❺ 日本《特定农林水产物等名称保护法》第7条第3款。

《特定农林水产物等名称保护法》对地域团体商标制度中存在的缺陷针对性地设置了弥补规制，在解决地域团体商标问题的同时，体现了地理标志专门保护制度的相对严谨性与实现地区品牌价值的适配性。由于该制度是由政府设计的，旨在打击欺诈性标签，它的优势是生产者可以以低成本保护其产品的品牌价值，而无须承担诉讼等负担；它还有助于消费者选择高质量的产品，发挥保护以高质量地理标志为支撑的品牌价值的作用。

三、对我国的启示

日本地理标志立法历史可以为地理标志多模式保护提供一种解释。作为地理标志法的继受国，日本最初保护地理标志是出于满足国际条约的需要。由于不同国际条约对地理标志保护的规定不同，因此日本采取不同手段履行国际义务。例如，通过反不正当竞争立法满足《巴黎公约》海牙文本对反不正当竞争的新规定；通过《酒类公司法》满足 TRIPS 关于绝对保护的规定。多模式保护一定程度上是为了回应国际义务的增加，在国内法中不同法律部门增补相应条款。无独有偶，我国最初为地理标志提供保护的时间也是在加入《巴黎公约》、TRIPS 前后。多维的国际义务客观上为多模式共存提供了空间。

问题在于，是否有必要专门立法？日本专门立法的进程一定上也是对过往保护模式的反思。反不正当竞争保护模式存在适用成本高、权利边界不既定的缺陷。普通商标保护模式存在可注册性和侵权判断的难点。集体商标保护模式对于质量监控存在短板。日本地理标志专门保护制度的建立原因是其独有的制度优势。同样，随着我国保护地理标志经验积累、意识提高、水平提升，对专门法保护模式的优势亦进行了系统性反思。从《国家知识产权局关于政协十三届全国委员会第五次会议第 02119 号（政治法律类 176 号）提案答复的函》（国知建提法函〔2022〕53 号）可得知，"专门保护具有特色质量保障、高水平保护的优势"已经被纳入地理标志立法的考量因素。

然而，必须看到日本与我国国情的不同。虽然日本与中国专门制度均具有特色质量保障、高水平保护的优势，但制度优势带来的实际利益是不同的，实现制度优势需要的成本也不是一概而论的。更重要的是，专门制度的设计应当是因地制宜的。国情不同决定了我国建立专门立法的探索，无论是立法决策还是制度设计，都应在充分了解国外法（日本法）并合理借鉴的基础上，立足我国国情作出适合自身的选择。

论"胜诉可能性"要件
改造对知识产权行为
保全禁令的适用影响

姜　文❶

摘　要

行为保全制度一直深受知识产权法等特定领域规则的影响。新的转变隐含在最高人民法院在 2018 年发布的《最高人民法院关于审查知识产权纠纷行为保全案件适用法律若干问题的规定》中。该规定没有保留"胜诉可能性"这一旧表述，而是以"是否具有事实基础和法律依据"予以替换。结合行为保全制度在我国的确立与发展进程，以及"胜诉可能性"要件在国外临时救济案件中的适用经验，该规定对这一要件改造的实际指导意义应当被进一步挖掘。此次改造是一次与实体法相独立的尝试，旨在减少"胜诉可能性"的不确定性对行为保全审理结果的影响。对这一变化的正确理解，应是使行为保全制度回归到民事诉讼法体系，扩充和完善一般规则，尤其重视对"胜诉可能性"以外的其他要件的理论探索与适用规范。

关键词

行为保全　胜诉可能性　必要性审查　知识产权诉前禁令

---

❶　作者单位：陕西省法学会人工智能与大数据法学研究会。

一、问题的提出

近些年来，行为保全制度在保护知识产权权利人救济方面确有开创性提升效果，案件数量增量明显。这与最高人民法院于 2018 年末发布的《最高人民法院关于审查知识产权纠纷行为保全案件适用法律若干问题的规定》（以下简称《行为保全规定》）有直接关系。❶ 从一些地方法院和研究机构提供的区域性统计数据来看，《行为保全规定》颁布后，行为保全制度的适用数量提升明显，在快速制止侵权行为方面的作用日益受到重视。例如《2019 年浙江知识产权司法保护分析报告》提到，浙江在 2019 年新收的行为保全案件总量由 2018 年的 4 件上升到 29 件；另一份《互联网领域知识产权司法保护数据分析报告》提到，2020 年浙江行为保全收案量又上升到 226 件。在全国层面，仅涉及信息网络传播权诉讼的行为保全案件在 2019～2021 年就达到了 104 件。❷ 相比 2013～2017 年发生的 157 件诉前停止侵权案件与 75 件诉中停止侵权案件❸这些数据，行为保全近些年在全国层面的适用数量应该也是有显著提升的。

然而，司法实践对《行为保全规定》中部分规定的理解不足可能会引发知识产权禁令泛滥。以本文讨论的"胜诉可能性"要件为例，虽然《行为保全规定》已经废除了这一表述，但裁定文书仍然常见胜诉可能性要件，存在"混用、乱用、不用"问题。从文本层面来看，《行为保全规定》没有沿袭《最高人民法院关于对诉前停止侵犯专利权行为适用法律问题的若干规定》《最高人民法院关于诉前停止侵犯注册商标专用权行为和保全证据适用法律问题的解释》等一系列已废止规定中关于"胜诉可能性"的表述。实际适用情况是，本文在梳理知识产权领域行为保全裁定书的过程中发现，审判实践中，绝大多数文书仍然保留了胜诉可能性

---

❶ 宋晓明，王闯，夏君丽，等.《关于审查知识产权纠纷行为保全案件适用法律若干问题的规定》的理解与适用［J］. 人民司法，2019（7）：20.

❷ 中国司法大数据研究院. 涉侵害作品信息网络传播权诉讼保全案件特点和趋势（2019.1—2021.12）研究报告［R］. 北京：中国司法大数据研究院，2022.

❸ 最高人民法院.《最高人民法院关于审查知识产权纠纷行为保全案件适用法律若干问题的规定》新闻发布会［EB/OL］.（2018-12-13）［2022-11-25］. https：//www.court.gov.cn/zix-un-xiangqing-135361.html.

分析，部分裁定甚至仍然以此要件作为禁令颁发与否的决定性考查要件。❶ 这一法律文本与实践层面的显著差距引起笔者对实务界如何理解与适用《行为保全规定》的疑虑。正如最高人民法院强调的"坚持及时保护与稳妥保护兼顾"原则，行为保全适用应得当、慎重，否则可能会助推投机性版权诉讼。❷

本文指出，为避免行为保全制度滥用、误用、错用，❸ 可以从胜诉可能性改造的意义探究出发，将行为保全制度讨论从知识产权等个别领域规则转移到民事诉讼法一般规则的扩充上。行为保全制度作为一项诉前程序性规定，与正式审判相比，缺少法庭审理、当事人抗辩等环节，法官对具体案情的了解比较有限，因此，对于该制度应该要更加严格掌握，慎重适用。❹ 然而，行为保全制度当前正处于"重应用"阶段，法官在法律适用中更倾向于支持申请行为保全的权利人，实体法价值导向色彩浓。行为保全制度在知识产权与反不正当竞争领域的适用频次常年高于人格权等其他民事领域。基于此，本文第二部分将介绍"胜诉可能性"要件在《行为保全规定》中的改造情况以及实际适用问题；第三部分回溯行为保全制度的立法演进以及知识产权禁令近年来的案件情况，阐释知识产权领域规则对行为保全制度建构"潜移默化"的影响；第四部分提出要关注必要性审查其他要件及要件间互动关系，就"胜诉可能性"改造一事提供新的诠释角度，并基于行为保全制度从"程序法价值"导向视角提供几点具体建议。

---

❶ 需要说明的是，有不少案件只从新闻报道中找到了案号，但未能在中国裁判文书网等专业文书检索网站上找到对应的裁定原文。我们在梳理过程中发现，通过网络公开途径查询行为保全禁令裁定文书仍然非常困难，与《行为保全规定》发布前相比公开度提升不明显。

❷ 杨红军. 版权禁令救济无限制适用的反思与调适 [J]. 法商研究，2016，33（3）：188.

❸ 有研究指出，（行为保全）禁令存在无限制适用、滥用的现象。参见：李澜. 美国禁令制度研究：兼评我国知识产权诉讼中临时禁令制度 [J]. 科技与法律，2003（2）：57；周翠. 行为保全问题研究：对《民事诉讼法》第 100—105 条的解释 [J]. 法律科学（西北政法大学学报），2015，33（4）：97；杨红军. 版权禁令救济无限制适用的反思与调适 [J]. 法商研究，2016，33（3）：184.

❹ 刘桓林. 民事诉讼中适用诉前保全之管见 [J]. 河北法学，1995（1）：29.

二、"胜诉可能性"在必要性审查中的"去"与"留"

(一)胜诉可能性"名亡"

必要性审查是行为保全制度中非常重要的实体性规则之一。尽管"行为保全"概念是我国独创的,❶ 但我国民事保全制度在立法模式上主要以传统大陆法系中的"假处分""假扣押"制度为参考依据,❷ 在具体内容上则更接近英美法系的"中间禁令"制度。❸ 不过,在具体规则层面,我国对美国判例法中的预备禁令的审判规则借鉴较多。❹ 美国法院通常要求预备禁令申请人证明:①具有胜诉可能性;②没有初步禁令可能对申请人造成难以弥补的损害;③权益平衡上(即双方受损害程度比较)倾向于申请方;④禁令符合公共利益。我国《行为保全规定》在必要性审查要件上大致相同。❺ 除上述提出的具体要件外,在如何平衡各个要件上,美国法院最早呈现出两种模式:传统观点要求申请方承担具有胜诉可能性的较高证明责任;新近观点则认为,如果申请方能够证明在困难权衡上处于明显不利地位,则能够证明"构成进入实体审判的严肃问题"也是可以的。❻

必要性审查是法官决定颁发禁令与否的重要依据,而胜诉可能性在其中扮演着举足轻重的历史作用。行为保全制度在民事诉讼体系中获得独立地位的时间很晚,在具体制度设计上反而受知识产权、海事诉讼等

---

❶ "行为保全"这一术语最早出现在 1994 年,由江伟、肖建国提出,参见:江伟,肖建国. 民事诉讼中的行为保全初探 [J]. 政法论坛,1994 (3):56-59.

❷ 黄文艺. 比较法视域下我国民事保全制度的修改与完善 [J]. 比较法研究,2012 (5):69.

❸ 关于行为保全制度的国外立法渊源,参见:李仕春. 民事保全程序基本问题研究 [J]. 中外法学,2005 (1):44-47.

❹ 潘伟. 关于知识产权行为保全的法律思考 [J]. 法学论坛,2004 (4):43.

❺ 《行为保全规定》第 7 条规定:"人民法院审查行为保全申请,应当综合考量下列因素:(一)申请人的请求是否具有事实基础和法律依据,包括请求保护的知识产权效力是否稳定;(二)不采取行为保全措施是否会使申请人的合法权益受到难以弥补的损害或者造成案件裁决难以执行等损害;(三)不采取行为保全措施对申请人造成的损害是否超过采取行为保全措施对被申请人造成的损害;(四)采取行为保全措施是否损害社会公共利益;(五)其他应当考量的因素。"

❻ LEE T R. Preliminary Injunctions and the Status Quo [J]. Washington and Lee Law Review,2001,58 (1):113.

早期领域规则的影响更大，其中就包括胜诉可能性要件，具体是指《最高人民法院关于对诉前停止侵犯专利权行为适用法律问题的若干规定》《最高人民法院关于诉前停止侵犯注册商标专用权行为和保全证据适用法律问题的解释》等规定中分别使用了"被申请人正在实施或即将实施的行为是否构成侵犯专利权""被申请人正在实施或即将实施的行为是否侵犯注册商标专用权"，概括起来就是"胜诉可能性"要件。2015 年公布的《最高人民法院关于审查知识产权与竞争纠纷行为保全案件适用法律若干问题的解释（征求意见稿）》在措辞上也直接使用了"胜诉可能性"。从司法实践来看，法官也倾向于倚重胜诉可能性，以尽量避免申请错误给被申请人带来的损失，但对"难以弥补的损害""利益平衡"等其他要件，因缺乏规则指引和审判经验而相对不熟悉。

"名亡"是指在文本层面发生了变化，直接表现为《行为保全规定》在必要性审查规定中直接删除了"胜诉可能性"这一表述。2019 年《行为保全规定》正式生效后，《最高人民法院关于对诉前停止侵犯专利权行为适用法律问题的若干规定》《最高人民法院关于诉前停止侵犯注册商标专用权行为和保全证据适用法律问题的解释》也随之废止。在具体内容上，与此两个原先规定相比，《行为保全规定》在必要性审查规定上至少有三个变化。变化之一是增加利益权衡要件，具体表述是"不采取行为保全措施对申请人造成的损害是否超过采取行为保全措施对被申请人造成的损害"。变化之二是不再把提供担保作为必要性审查要件之一。变化之三则是对传统胜诉可能性要件的措辞调整。关于第三点变化，在《行为保全规定》正式出台之前，即 2015 年这一征求意见阶段，❶ 最高人民法院其实还是保留了"胜诉可能性"这一旧表述，但 2019 年《行为保全规定》决定不再沿用。一方面，包含"胜诉可能性"表述的旧规定不复具有法律效力，另一方面新规定也没有使用"胜诉可能性"。因此，"胜诉可能性"在文本意义上已经消失。

（二）胜诉可能性"实存"

在文本层面，"胜诉可能性"这一措辞已经消失，但"是否具有法律依据"实际上在继续发挥胜诉可能性的审理效用。对比《行为保全规定》和

---

❶ 征求意见期间的文件名称为《最高人民法院关于审查知识产权与竞争纠纷行为保全案件适用法律若干问题的解释（征求意见稿）》。

已废止的几项司法解释，从条文顺序调整来看，"申请人的请求是否具有事实基础和法律依据"最有可能取代"胜诉可能性"。已废除的几项司法解释在措辞上倾向于引导法官关注侵权行为是否成立，如"被申请人正在实施或者即将实施的行为是否侵犯注册商标专用权""被申请人正在实施或即将实施的行为是否构成侵犯专利权"。《行为保全规定》则不同，"申请人的请求是否具有事实基础和法律依据"这一措辞实质上将引导法官将判断重心放到法律依据的有无上，并进一步提示关注"包括请求保护的知识产权效力是否稳定"。尽管措辞侧重有所变化，但前后两版实质在一定程度上都要求法官提前预测可能的实体法审判结果，只是考察程度有所不同。

司法实务中，不少法官仍然在沿用"胜诉可能性"，● 而且对新旧条文之间如何衔接与转换的理解并不一致。在腾讯就《王者荣耀》申请诉前停止侵害著作权（重庆）案●中，法官认为"申请人的请求是否具有事实基础和法律基础，关键是从权利基础的稳定性和胜诉的可能性进行分析"。亦即，该案法官将"胜诉可能性"作为该要件下的子要件进行考察，与权利基础的稳定性（《行为保全规定》第8条●）该子要件并列。在腾讯就《王者荣耀》申请诉前行为保全（广州）案●和腾讯就《穿越火线》申请诉前行为保全案●中，法官也在"行为保全申请是否有依据"部分分析了"胜诉可能性"，同样也是在该部分分析了著作权效力的稳定性。不过，与前述案件不同的是，后者并未直接说明二者之间的关系如何。● 还

● 例如，2020年广东省高级人民法院发布的《关于网络游戏知识产权民事纠纷案件的审判指引（试行）》第九条关于全面审查事实基础和法律依据的规定，明确指出"还应审查被申请人在构成侵权方面是否具有较大可能性"。

● 重庆自由贸易试验区人民法院（2019）渝0192行保1号民事裁定书。

● 《行为保全规定》第八条规定："人民法院审查判断申请人请求保护的知识产权效力是否稳定，应当综合考量下列因素：（一）所涉权利的类型或者属性；（二）所涉权利是否经过实质审查；（三）所涉权利是否处于宣告无效或者撤销程序中以及被宣告无效或者撤销的可能性；（四）所涉权利是否存在权属争议；（五）其他可能导致所涉权利效力不稳定的因素。"

● 广州知识产权法院（2018）粤73民初2858号之一民事裁定书。

● 广州知识产权法院（2019）粤73知民初252号之一民事裁定书。

● 以上案件在说理部分都有不同程度的展开，实际情况是，大部分案件几乎都比较简短，在事实和法律分析部分都几近于无。美国学者也发现了类似问题。20世纪90年代，美国在预备性禁令上虽然能总结出较为固定的几个要素，但是在要素适用上缺乏统一标准，导致法官们并不愿意详述其审查过程；参见：VAUGHN L B. A Need for Clarity：Toward a New Standard for Preliminary Injunctions [J]. Oregon Law Review，1990，68：841.

有法官指出，司法实践中判断是否具有事实基础和法律依据，主要还是判断申请人的请求是否具有"胜诉可能性"。❶ 另有一些法官则严格遵循《行为保全规定》规定的必要性审查要件，在说理部分不再纠结于其胜诉可能性分析，而是综合分析"难以弥补的损失"等其他审查要件后驳回了权利人的行为保全申请。❷

笔者认为，不论是权利基础还是胜诉可能性要件都很难凭一己之力做到知识产权禁令裁决所需要的平衡。一是从法律移植的制度源环境来看，"胜诉可能性"源于判例法国家，法官可以通过自由裁量创设法律规范。然而，国内的司法传统不同，法官相对保守。换言之，诉前/诉中禁令审理需要搭配允许法官造法的制度和实践空间。❸ 行为保全制度确立初期就曾遭遇水土不服，当时围绕"胜诉可能性"同时存在从严把握和从宽把握两种观点，司法适用的解释空间大，也曾因此背负架空质疑。❹ 二是知识产权的权利边界高度不确定。❺ 然而，知识产权尤其是著作权这类无体物权利的具体边界通常需要在事后诉讼中得到明确。在知识产权领域，适用行为保全禁令的后果是简易审理程序直接代替了实质性审判，法官必须要在 48 小时内完成复杂的权利归属判断，❻ 这种紧迫性要求进一步增加了行为保全禁令审理的平衡难度。即便进一步要求考察知识产权效力是否稳定，囿于内在的制度衔接困境，这一要件工具再怎么改造也很难对行为保全裁定结论产生实质阻却效果。

---

❶ 宋晓明，王闯，夏君丽，等. 《关于审查知识产权纠纷行为保全案件适用法律若干问题的规定》的理解与适用 [J]. 人民司法，2019 (7)：23.

❷ 北京互联网法院（2021）京 73 民初 1016 号民事判决书。

❸ 邓卓. 论我国知识产权禁令制度的完善 [J]. 知识产权，2013 (9)：48.

❹ 具体是指，主张从严适用行为保全禁令的通常会要求只有在胜诉可能性达到"确定无疑"或者"基本无误"的情况下才能考虑作出行为保全；主张从宽把握的法官则会认为应当以"权利是否有效"或者"争议是否严肃"作为标准。

❺ 有学者指出："知识产权的权利边界高度不确定，法院在知识产权侵权案件中对停止侵害救济采取近乎绝对化的方式，忽略了知识产权权利的不确定性和技术创新的复杂化趋势，造成权利人对知识产权停止侵害请求权的策略性运用……加剧了司法机关颁发禁令中的错误。"参见：陈武. 权利不确定性与知识产权停止侵害请求权之限制 [J]. 中外法学，2011，23 (2)：357-368.

❻ 有学者指出，与单纯的知识产权侵权审理案件相比，知识产权行为保全申请的审理范围更大，除要确定权利人和构成侵权行为与否之外，还要审理难以弥补的损害、公共利益等问题。参见：任重. 我国诉前行为保全申请的实践难题：成因与出路 [J]. 环球法律评论，2016，38 (4)：99.

三、行为保全制度建构深受知识产权领域规则影响

（一）行为保全最早适用于知识产权等领域

2012 年修正《民事诉讼法》之前，行为保全主要在知识产权、海事诉讼领域适用，以应对涉外案件及知识产权制度接轨国际制度的现实需求。以知识产权行为保全制度为例，其前身是诉前责令停止有关侵犯知识产权行为的措施，与我国加入世界贸易组织有直接关系。为达到《与贸易有关的知识产权协定》（TRIPS）要求，兑现中国加入世界贸易组织中关于知识产权保护的承诺，我国先后修改了《专利法》《商标法》和《著作权法》。❶ 这三部法律中的行为保全相关规定正是我国行为保全制度"碎片化时代"非常重要的一块碎片。另一块碎片是海事诉讼中的"海事强制令"，专指海事法院责令被申请人作为或不作为的强制措施，与行为保全的定义实质契合，《海事诉讼特别程序法》于 1999 年通过，因此被认为是我国行为保全制度在立法层面的先例。❷ 除上述两大碎片外，还有一大块碎片是 1992 年发布的《最高人民法院关于适用〈中华人民共和国民事诉讼法〉若干问题的意见》第 107 条❸对先予执行的改造，❹ 使之部分具有了行为保全的性质。❺

2012 年修正的《民事诉讼法》将行为保全纳入民事保全制度体系中，

---

❶ 具体是指：2000 年修正的《专利法》第 61 条规定了诉前行为保全；随后，《商标法》和《著作权法》在修正中也增加了类似规定；最高人民法院在 2001 年也通过了《最高人民法院关于对诉前停止侵犯专利权行为适用法律问题的若干规定》《最高人民法院关于诉前停止侵犯注册商标专用权行为和保全证据适用法律问题的解释》。

❷❺ 黄维智，万旭，张斌. 论我国行为保全制度的历史变迁 [J]. 天府新论，2014（3）：76-87.

❸ 该条第一次提到"需要立即停止侵害、排除妨碍的"和"需要立即制止某项行为的"，相当于大陆法系国家的制止性假处分。具体规定为："民事诉讼法第九十七条第（三）项规定的紧急情况，包括：（1）需要立即停止侵害、排除妨碍的；（2）需要立即制止某项行为的；（3）需要立即返还用于购置生产原料、生产工具货款的；（4）追索恢复生产、经营急需的保险理赔费的。"

❹ 参见 1991 年通过的《民事诉讼法》第九章关于"财产保全和先予执行"的规定。其中，第 97 条规定为："人民法院对下列案件，根据当事人的申请，可以裁定先予执行：（一）追索赡养费、扶养费、抚育费、抚恤金、医疗费用的；（二）追索劳动报酬的；（三）因情况紧急需要先予执行的。"

正式认可了其独立地位，但缺少规则细节，实际上在民事诉讼法规则内外都面临独立性问题。从民事保全制度框架完整性来看，行为保全制度的加入使得我国民事保全制度达到了有史以来完整度最高的水平。❶ 在民事诉讼法规则框架内部，行为保全制度是在原先财产保全的基础上增加的，很难快速从财产保全这一母体制度中独立出来。有学者评价 2012 年修正的《民事诉讼法》"只是在原有的财产保全框架中顺带规定行为保全"。❷ 实际适用中，刚从财产保全制度脱胎不久的行为保全制度也一直面临与财产保全制度、先予执行等诉前/诉中制度间独立感不强的问题。❸ 以行为保全制度与先予执行制度的比较为例，诉前和诉中行为保全禁令其实不仅可以强制要求被申请人不作为，还可以要求被申请人积极作为，因此容易与先予执行制度混淆。❹

从与特定领域的行为保全制度的外部互动来看，缺少民事诉讼法层面的一般性规则指引使得行为保全制度难以摆脱个别领域规则的影响。胜诉可能性要件的名亡实存即为具体表现之一。如放任发展，不单会使行为保全制度效用受限，还会使得行为保全制度与实体法思维过多绑定，从长期来看，不利于行为保全制度的精进。这也是民事诉讼法学者们经常指出的担忧之一，即忽视程序法属性方面的探索和思考，行为保全制度很可能会根基不稳，❺ 未来可能会窄化甚至还可能会异化成一种简易审理程序，从一种暂时行为演化成终局性行为，从而偏离"保全"的核心价值。❻ 总言之，我国行为保全制度从知识产权等领域规则中产生这一立法特点，容易使人忽视其程序法性质，无法彻底消除"实体法化"这一

---

❶ 黄维智，万旭，张斌. 论我国行为保全制度的历史变迁［J］. 天府新论，2014（3）：76-87.

❷ 李曼. 我国行为保全制度借鉴模式探讨［J］. 国家检察官学院学报，2016，24（5）：145.

❸ 张海燕，苏捷. 功能主义视角下知识产权诉前行为保全制度的激活［J］. 中国应用法学，2020（6）：79-80.

❹ 郭小冬. 诉讼保全的实体法视角及其展开［J］. 北方法学，2021，15（1）：103-112.

❺ 有学者指出："程序法应当是行为保全的正当性依据。"参见：李曼. 我国行为保全制度借鉴模式探讨［J］. 国家检察官学院学报，2016，24（5）：145.

❻ 保全的核心价值是"维持或恢复原状"。不过，有学者观察指出，有许多禁令申请者并不只是想要维持原状而已，而是希望法官命令对方当事人采取一定措施。参见：WOLF A D. Preliminary Injunctions：The Varying Standards［J］. Western New England Law Review，1984，77（2）：174.

误解。❶

我国行为保全制度的优势在于特定领域的制度铺垫较丰富,但弊端是民事诉讼法本身对行为保全制度的设计尚不充分。作为一项程序法规定,在民事诉讼法层面的一般性规定不足容易导致实务裁判对行为保全制度本身的程序法价值认识不足。❷ 在面对新问题、新领域中的行为保全申请时,法官也倾向于遵循旧例,❸ 即使想要创新也缺乏扎实的法律依据和法律说理。这样一来,碎片化时期行为保全规则的影响力就会远大于2012 年修正的《民事诉讼法》中行为保全规定的影响力,这导致行为保全制度在知识产权案件适用上的实体法视角尤为突出,❹ 直接表现为行为保全裁定结果受实体法的预判影响很大。虽然我国的行为保全制度雏形最早能够追溯到 1992 年发布的《最高人民法院关于适用〈中华人民共和国民事诉讼法〉若干问题的意见》和《最高人民法院关于审理专利纠纷案件若干问题的解答》,但在具体适用的规则指引上主要还是看知识产权行为保全规则。以行为保全必要性审查要件为例,《行为保全规定》基本借鉴的是美国"eBay 案"❺ 中确立的"四要件"原则,问题在于,这一"四要件"规定并不属于行为保全的一般性规则。暂不说其他领域的行为保全案件不能直接援引该规则,即使可以,也需要结合该领域特点进行调整甚至是重新设计。

(二)行为保全最多适用于知识产权案件

我国行为保全制度的运用以知识产权案件为主,其中著作权类禁令案件的支持率最高。有学者曾对《人民法院报》的行为保全典型案例文

---

❶ 肖建国. 论诉前停止侵权行为的法律性质:以诉前停止侵犯知识产权行为为中心的研究 [J]. 法商研究,2002(4):7.

❷ 具体体现在"各地法院对《行为保全规定》的适用标准不一,部分法院会严格参照《行为保全规定》对全部要件进行完整的适用解读,而也有法院在评价时,存在弱化或忽略'利益平衡'和'公共利益'要件的情况"。参见:郑理. 知识产权行为保全的典型案例剖析与司法趋势探讨 [EB/OL].(2020-04-02)[2022-11-29]. http://www.lungtinlegal.com/UpLoadFile/Files/2020/4/2/15536997654aeea4-b.pdf.

❸ 有美国学者指出,预备性禁令发放审理存在"锁定效应",提出引入平衡测试以提高审理的灵活性,破除法官们的认知偏见。参见:LYNCH K J. The Lock-in Effect of Preliminary Injunctions [J]. Florida Law Review,2015,66(2):779.

❹ 郭小冬. 诉讼保全的实体法视角及其展开 [J]. 北方法学,2021,15(1):103-112.

❺ *eBay Inc. v. MercExchange, L. L. C.*,547 U. S. 388(2006)。

章进行过统计，其中知识产权案例文章在 35 篇中占比达 43%，独占鳌头。❶ 从笔者检索到的 60 余件知识产权行为保全案件来看，其中著作权相关案件占比不小，也的确更容易获得法院支持。自 2010 年以来，涉及商标权类的行为保全案件最少，而涉及著作权、不正当竞争、专利权类的行为保全案件均不到 20 件，在案件数量上相差不大。在裁定结果上，支持行为保全申请的案件占绝大多数，驳回行为保全申请的只有寥寥几件。著作权、不正当竞争（包括商业秘密）类案件各只有 1～2 件驳回了权利人申请；专利权类稍多，但驳回也不超过 10 件。这符合知识产权类行为保全案件的审理特点：相较于著作权、商标权、不正当竞争类等案件，专利权类案件的侵权事实更为复杂，应从严把握行为保全制度的适用，恰恰体现了"分门别类采取行为保全措施"这一《行为保全规定》制定原则。❷ 总体而言，我国法院一直以来对适用行为保全等临时措施保护知识产权的态度较积极，裁定支持的比例较高。❸

相较国外，国内行为保全制度在人格权类等其他民事领域适用相对有限。❹ 国外行为保全制度的适用领域包罗万象，在反垄断❺、雇佣和劳动关系以及合同等诉讼中都有一席之地，且发挥重要作用。❻ 有学者在《民事诉讼法》新增"行为保全"制度之后，仍然在呼吁要扩大行为保全的适用范围。❼ 这是因为 2012 年修正的《民事诉讼法》赋予行为保全独

---

❶ 高路. 民事行为保全制度研究 [D]. 南京：南京师范大学，2016：89.

❷ 姜佩杉. 完善行为保全制度 有效保护知识产权 [EB/OL]. (2018-12-14) [2022-07-14]. http://rmfyb.chinacourt.org/paper/html/2018-12/14/content_146772.htm? div=-1.

❸ 易继明. 我国知识产权司法保护的现状和方向 [J]. 西北大学学报（哲学社会科学版），2018, 48 (5)：52.

❹ 有律师事务所检索统计：近年来，行为保全在知识产权保护、商业秘密保护、不正当竞争领域适用较多，在普通民事纠纷中亦有相关判例，但在劳动争议领域，行为保全制度迄今未有应用先例。

❺ 1966 年"FTC v. Dean Foods Co. 案"中，美国联邦最高法院判定美国联邦贸易委员会（FTC）可以就集中审查案件向法院提出预备性禁令，另一拥有该权力的机构是美国司法部。参见：COHEN J H. The FTC's Power to Seek Preliminary Injunctions in Anti-Merger Cases [J]. Michigan Law Review, 1967, 66 (1)：144.

❻ 美国学者约翰·勒布斯多夫（John Leubsdorf）在 1976 年关于预备性禁令的经典著作中，开篇即提到法院在预备性禁令的使用率上是最引人瞩目的，它可以适用于安排公投候选人、禁止罢工、组织合并、要求学校执行出勤计划等。参见：LEUBSDORF J. The Standard for Preliminary Injunctions [J]. Harvard Law Review, 1978, 91 (3)：525.

❼ 黄文艺. 比较法视域下我国民事保全制度的修改与完善 [J]. 比较法研究，2012 (5)：75.

立的制度地位后，虽然在法律规定中行为保全制度的适用领域被扩大到所有民事案件类型，但实际适用领域仍然比较局限。这与我国行为保全制度"先实体再程序"的发展历史有很大关系。有民法学者指出，2012年修正的《民事诉讼法》特别增加的行为保全制度仍不足以高效快捷地预防和制止侵害人格权的行为。❶

在我国，行为保全常用于商主体之间，权利人以承担申请错误带来的金钱损害赔偿风险换取诉争过程中的司法保护。知识产权、反不正当竞争类案件的正式审理时限长，难以提供及时救济，而权利人一旦行为保全申请成功就可以提前要求被申请人停止侵权。因此，即使申请需要提供担保，申请错误的还可能会承担损害赔偿责任，具备经济实力的企业也仍然愿意承担申请错误的风险。❷ 特别讲究热度和播出当时权利保护的视频行业尤其如此，其申请与否、成功与否直接关系到播放收益、平台流量、广告收益等。这也可以解释为什么信息网络传播权相关的行为保全案件近年来急剧增多，尤其是在长短视频平台之间。刘春田等学者在《关于完善我国知识产权行为保全制度的思考》一文中也曾提到："虽然截至目前的行为保全案件数量还较为有限，……所涉案件类型以不正当竞争纠纷为最多、以专利纠纷为最少，而且相关纠纷主要集中在对时效性要求较高的互联网行业。"

事实上，行为保全常常能发挥影响后续实体审判及系列审判的作用。作为一种诉前/诉中制度，行为保全能够在诉讼进程中发挥信号释放的作用，即法院对行为保全申请的态度本身具有很强烈的信息意涵。因为相比程序繁杂的正式审判，行为保全申请的审理更加简单，一旦法官提供了比较确定的结论，当事人可能不愿意再继续在法庭上鏖战，也就往往能够推动双方当事人达成庭外和解。如果法院支持申请人的禁令要求，则被申请人更愿意和解，特别是如果禁令明确提及赔偿金，则很可能申

---

❶ 程啸. 论我国民法典中的人格权禁令制度 [J]. 比较法研究，2021 (3)：141.

❷ 有美国学者专门就预备性禁令的经济作用作了模型分析，并指出预备性禁令申请人的目的之一是给对方当事人施加经济压力。一旦禁令成功实施，经济实力较弱的被申请人所面临的威胁比其他任何方式都更严重。参见：LANJOUW J O, LERNER J. Tilting the Table？：The Use of Preliminary Injunctions [J]. The Journal of Law & Economics，2001，44 (2)：573.

请人会索要更高的和解金额；反之，亦然。❶

我国行为保全申请的裁定法院和正式审判法院多为同一家法院，加之我国行为保全采用的是同院复议制度，很少有实体法审判结论与行为保全裁定结论相悖的情形。这样一来，对当事双方传递的审理意见倾向信号就接近于百分百，除非是案件确有争议且双方经济实力相当，否则很少有再提起实体法诉讼的。这实质上强化了行为保全案件审理意见的实体法化。其弊端是弱势一方当事人遭受不利裁定后缺少提起正式审判的意愿和动力，对于真正复杂的案件来说反倒是缺少充分的辩诉空间。然而，行为保全制度的价值在于"提前"救济，❷ 而不在于提前判断案件本身的"是非曲直"，这就决定了其制度价值必须独立于实体法审判才能得到充分发挥。总言之，综观制度起源和适用领域分布情况，知识产权行为保全规则对我国行为保全制度的建构和发展都可谓影响深远。

四、基于要件互动视角理解"胜诉可能性" 改造及其影响

保全制度的设计目的之一是防止给权利人的合法权益造成"难以弥补的损害"，❸ 在行为保全必要性审查中体现为难以弥补的损害要件和利益平衡要件。上文已对"胜诉可能性"展开诸多讨论，接下来将结合必要性审查其他要件，尝试提出"胜诉可能性"改造的另一种诠释路径。

（一）必要性审查各要件存在不确定性

胜诉可能性并没有固定标准，国内外学者对此都有一些总结和探讨。美国中间禁令申请判例有"比 X‰ 更大的胜诉可能""合理的可能""有可能""实质胜诉的可能"等程度不一的表述。❹ 国内谈论胜诉可能性时经

---

❶ JETSCHKO T D，KIM B C. Signaling，Learning，and Screening Prior to Trial：Informational Implications of Preliminary Injunctions [J]. Journal of Law，Economics，& Organization，2013，29（5）：1085.

❷ 姜佩杉. 完善行为保全制度 有效保护知识产权 [EB/OL]. （2018-12-14）[2022-07-14]. http：//rmfyb. chinacourt. org/paper/html/2018-12/14/content_146772. htm？div=-1.

❸ 《民事诉讼法》第 104 条。

❹ 李曼. 我国行为保全制度借鉴模式探讨 [J]. 国家检察官学院学报，2016，24（5）：145.

常会提到法官内心"不纠结"原则,这其实是一种非常高标准的证明义务。有专家认为,这其实是要求"极大的胜诉可能性",是"胜诉必然性"减去"相反证据",应同时要求事实认定和法律适用"不纠结",要避免泛泛谈论胜诉可能性。❶ 如果不要求胜诉可能性,或对胜诉可能性的要求较低,则法官不需要过多纠结于后续实体审判中申请人的权利是否会获得法院支持。

作为程序审查和实体审查之间的连接桥梁,胜诉可能性适用与否以及适用程度能够反映司法对实体权利保护的整体趋向。因此,一般来说,如果某个特定时期特别强调保护申请人权利包括人格权保护、知识产权保护,则会降低对胜诉可能性的要求甚至直接略过。以英国人格权临时禁令为例,其对多大程度上要求胜诉可能性的态度并不是一成不变的。英国法院 19 世纪末在"Bonnard v. Perryman 案"中要求申请人需要具备极大的胜诉可能性,到了 1998 年颁布《人权法案》又降低了胜诉可能性要求,但 2004 年在"Greene v. Associated Newspapers 案"中重申言论自由的重要性,所以又重新回到了"Bonnard v. Perryman 案"提出的严格标准。❷ 这其中,禁令审查高标准的"起—落—起"对应的正是人格权保护的"弱—强—弱",言论自由则充当了硬币的另一面。

正因为胜诉可能性具有不确定性,其他要件也同样具有不确定性,几大要件之间应保持动态平衡。胜诉可能性是法官对未来正式案件审判结果的一种预测,因此必然不能完全避免预估错误的情形,对这一点国内外皆有一定认识,难的是如何在制度设计上冲抵这一不确定性。有国外学者曾专门研究过行为保全制度中的不确定性,在胜诉可能性之外提出当事人双方就禁令颁布与否而遭受的损害本身其实也具有不确定性,后者长期以来被默认和广泛接受。双方损害评估的准确性直接关乎利益权衡要件判断,该学者认为,只有法官对损害有充分的了解,权衡方式才能真正起作用。在诸多不确定性的交织下,该学者提出的要件间配合方案是:①考虑胜诉可能性与损害评估,由受损程度较小的一方承担更高的胜诉可能性证明义务;②综合考量胜诉可能性与利益权衡,按一定

---

❶ 蒋强. 蒋强谈禁令:四:极大的胜诉可能性;"不纠结"原则 [EB/OL]. (2017-02-21) [2022-07-07]. https://mp. weixin. qq. com/s/KeJ3vjfUU-5BYaHvySjdGQ.

❷ 张素华. 论人格权禁令的性质及司法适用 [J]. 比较法研究,2021 (6):83.

公式计算后再决定支持哪方当事人。❶ 实际适用时，还可能会面临法官们对同一事实和证据的损害值判断不一致的情况——这也是一种不确定性。司法审判积淀下来几大难以弥补的损害的类型，例如市场份额减少、市场机会丧失，代表法官们对某几类事实达成了一些共识，提供了一定程度的确定性。如果一方损害明显大于另一方损害，在权益衡量上具有明显优势，则可以降低甚至不考虑胜诉可能性。例如，在"hiQ v. LinkedIn案"中，法官认为：当损害权衡明显偏向于申请方时，申请方只需要证明存在可进行实体审判的重大问题，而不需要证明具备胜诉可能性。❷

（二）各要件互动平衡以分摊不确定性

理解《行为保全规定》对胜诉可能性的改造，不能脱离必要性审查的其他要件。有观点认为，胜诉可能性这一改造方案实质上是希望降低行为保全禁令申请难度，更有助于权利人成功申请行为保全禁令，理由是胜诉可能性本身具有不确定性，要在短暂的诉前审理环节快速预判申请人在关联案件中的胜诉可能性对法官的审判经验要求很高。变更后则意味着不再按照实体审判的标准要求法官对"是否侵权"作出判断，法官只需判断"事实基础"和"法律依据"的有或无问题，可以帮助法官减少内心的"纠结"。这一观点有将胜诉可能性与其他要件孤立看待的嫌疑。事实上，《行为保全规定》对胜诉可能性以外的其他要件也作了调整，例如在利益权衡要件上，由原先的"采取保全措施对被申请人造成的损害是否明显超过不采取保全措施给申请人带来的损害"变更为"不采取行为保全措施对申请人造成的损害是否超过采取行为保全措施对被申请人造成的损害"。这意味着权衡天平的支点发生了滑移，从文义解释来看，变更后的规定也更倾向于被申请人权益优先。从整体视角出发，也可以认为《行为保全规定》将更考验法官们如何把握难以弥补的损害、利益权衡等要件在行为保全裁定中的决策占比分配问题，并不必然能推导出行为保全申请成功率会随之升高的结论。

笔者认为，《行为保全规定》提出的新表述可理解为对旧要件的一种拆解，以期能更好控制审判预期。《行为保全规定》第 7 条关于必要性审

---

❶ LICHTMAN D. Uncertainty and the Standard for Preliminary Relief [J]. The University of Chicago Law Review，2003，70（1）：197.

❷ *hiQ Labs，Inc. v. LinkedIn Corp.*，2022 U. S. App. LEXIS 10349。

查要件规定"申请人的请求是否具有事实基础和法律依据，包括请求保护的知识产权效力是否稳定"。紧接着，第 8 条进一步细化和补充知识产权效力的稳定性考查要素。这就不再笼统地要求考查"胜诉可能性"，而是基于审判经验进行细致的拆解，提供更切实的审判指引。《行为保全规定》将胜诉可能性的一种较为模糊的概率判断简化为几个组成要件的"是"或"否"判断，总体提高了可预期性，国外判例也有类似操作。在"hiQ vs LinkedIn 案"中，在"申请人成功提出具有实体法审判意义的重大问题"的判断上，法官认为，如果是侵权行为，则只需就侵权构成各要件依次具备证实可能性就能认定为"成功提出"。❶

不过，五大要素的判断虽相对简单，但个别疑难案件或新型案件在权利归属上仍存在不小的争议。知识产权相关事实基础和法律依据的判断向来不易，尤其是知识产权本身有诸多模糊地带，例如著作权法中作品独创性、实质性相似、趋同抗辩的审查认定，专利法中等同侵权、现有技术抗辩的审查认定，商标法中商标近似、商品类似、驰名商标及其保护范围的审查认定。又如，前两年行为保全申请有涉及网络游戏直播生成画面的，有法官在分析中提到"涉案游戏运行过程中形成的连续画面著作权应由游戏创作者享有"。❷ 然而，网络游戏直播画面的著作权归属并不容易确定，无论是司法案例还是学者观点在当时都尚未形成共识。互联网知识产权侵权案件审理难度则更大，因为还牵涉平台的"通知—删除"的义务范围界定难题。不同于传统的侵权案件，这类案件呈现出"侵权人—平台—权利人"的三角结构，即便权利人的知识产权效力稳定，但平台作为网络服务提供者的注意义务、何时需要承担侵权责任等的法律认识落到具体案件上仍然具有一定的主观性；在事实基础分析上，相比传统的"1v1"案件也更加复杂，涉平台类案件中一项权利往往对应多个、多类侵权行为，对法官查明事实能力的要求也很高。

除了在胜诉可能性要件上下功夫，还应当重视必要性审查要件之间的互动关系，共同分摊行为保全禁令固有的不确定性。事实上，对单个要件如何理解不乏著述，但国内鲜少讨论行为保全必要性要件之间的关系问题，即要件各自应占的权重如何。学者李曼曾总结美国的中间禁令

---

❶ *hiQ Labs，Inc. v. LinkedIn Corp.*，2022 U. S. App. LEXIS 10349。

❷ 广州知识产权法院（2019）粤 73 知民初 252 号之一民事裁定书。

的模式为"固定要件－灵活权衡",而在标准衡量模式上各州和联邦巡回法院各有不同,在司法实践中发展出多种模式,例如在"hiQ vs Linke-dIn 案"中法官使用的"浮动标尺模式"(sliding scale method)。❶ 所谓的浮动标尺模式,可以理解为在不同情况下各要件的比重可以是不同的,因此申请人的证明责任也会有所变动。法官对于是否要"浮动"以及如何"浮动"保有自由裁量空间,这可能会被质疑增加了不确定性。因此,浮动的启动设置非常关键。如果把行为保全类比成天平,"浮动标尺"就类似天平支点,但其不必时时都保持在中间,可以视情况向天平一方适当滑动。

浮动的启动设置就是指确定"视情况"应为何种情况,❷ 亦即哪一要件在何时发挥何种作用。相比传统的顺序测试(sequential test),浮动标尺这一平衡测试法更宽松、自由,其背后直接关系到行为保全制度的价值取向。如果将行为保全制度视作实体法审判的附随制度,则容易将行为保全理解为实体法问题的初步审理,最终就容易落脚在胜诉可能性分析上。然而,这一理解可能难以与 2021 年修正的《民事诉讼法》对保全适用的启动条件衔接。我国《民事诉讼法》明确规定,"使判决难以执行或者造成当事人其他损害的案件""不立即申请保全将会使其合法权益受到难以弥补的损害的",意即行为保全重在避免出现难以弥补的损害,而损害是不应当以胜诉为判断前提的。从这个意义上来说,胜诉可能性不应时刻走在其他要件前面,而是依具体情形适当调整其作用。

(三) 实现要件间互动平衡的几点建议

我国的行为保全制度有着自身的历史演进脉络,现阶段仍然呈现出"实体法属性大于程序法属性"的特点。基于此,笔者认为下一阶段应回到民事诉讼法框架下完善行为保全制度的一般性规则,提升行为保全制

---

❶ 李曼. 我国行为保全制度借鉴模式探讨 [J]. 国家检察官学院学报,2016 (5):145.

❷ 举例来说,美国联邦第九巡回上诉法庭近期支持 hiQ 的禁令非常清楚地体现了这一适用规则。它指出:如果不支持 hiQ 要求 LinkedIn 取消反爬取的技术和制度措施这一禁令要求的话,hiQ 将面临现实的倒闭危机——这一损害明显超过了 LinkedIn 列举的用户隐私受损、商誉受损等风险。基于此,标尺将向损害更加明显的一方适当滑动,禁令将不再苛求申请人 hiQ 证明存在较大的胜诉可能性,而只需要提出具有实体法意义的法律争议问题。

度的独立性,❶ 并提出以下几点具体建议。❷

第一,弱化胜诉可能性,避免提前进行价值判断。行为保全禁令审理区别于实体法审理的要点在于衡平双方可能的受损程度并作出选择,而不是急于判断谁对谁错。❸ 是否有必要颁布行为保全禁令需要审查四项要件,但《行为保全规定》没有说明四项要件的适用顺序和权重。对此,学界有不同意见。从初步观察来看,知识产权学者倾向于主张看是否具有稳定的权利基础。笔者并不赞同这一观点,理由是此种做法过于依赖实体法审判结果,复杂案件使法官往往又很难快速达成有说服力的"内心确信",以至于架空行为保全禁令这一制度的独立价值。事实上,过往讨论是否要取消胜诉可能性的文章已经对此作了非常详尽的讨论,支持取消的观点很明确提到在诉前审查要求法官在短时间内判断"胜诉可能性"大小是一种苛责。本文的实证观察也印证了这一点:大部分文书对于胜诉可能性的分析都提到了申请人对涉案作品享有著作权,也提到了创作者用户的侵权行为,但对于传播平台是否尽到合理的"通知—删除"义务等更复杂的法律争议问题却鲜少展开分析。倘若"天平"上还有其他分量更重的"砝码",仅此要件分析不到位尚不足以威胁到行为保全制度的衡平功能,但事实是法官们对胜诉可能性的依赖程度非常明显。理想的状态是,应逐一审查禁令颁布所需的各项要件,并视各方受损比对情况,动态调整各项要件在禁令最终裁定中所占权重。

第二,优先关注难以弥补的损害,明确证明顺序。知识产权行为保全禁令有其特殊性,但适用时要格外注意行为保全制度本身在"程序正义"上存在缺陷,"天平"从一开始应先倾向于被申请人。知识产权案件呈现出来的特点是只要侵权行为成立就天然会产生难以弥补的损害。这

---

❶ 有学者通过访问调查发现,《民事诉讼法》及其司法解释对行为保全的实质要件、程序要件、审理程序、救济程序等司法实务问题的浅尝辄止导致法官在适用行为保全时陷入了一种无所适从的状态,有315位法官认为《民事诉讼法》对行为保全制度的相关法律规定并不完善。参见:高路. 民事行为保全制度研究 [D]. 南京:南京师范大学,2016.

❷ 有法官指出:"作出行为保全,应当对胜诉可能性、难以弥补的损害、双方利益平衡以及社会公共利益四个因素进行整体判断,综合考虑"。参见:宋鱼水,杜长辉,冯刚,等. 知识产权行为保全制度研究 [J]. 知识产权,2014(11):18.

❸ 行为保全是我国的独创概念,对应英美法中的中间禁令、预备性禁令等概念,而禁令在英美法系中是从衡平法中发展而来的,具有非常浓重的"衡平"色彩,即公平处理争议。参见:李澜. 美国禁令制度研究:兼评我国知识产权诉讼中临时禁令制度 [J]. 科技与法律,2003(2):52.

一认知惯性与大陆法系对"难以弥补的损害"一直缺乏重视也有关系。❶
然而，这一要件对于判断是否要颁发禁令的考量意义其实也需要结合具
体案件所涉及的法律问题进行调整。❷ 行为保全的首要目的是制止侵权损
害的发生或扩大，其制度价值在于事先救济和临时救济。❸ 临时救济往往
意味着非最终救济，作为一项"权宜之计"，其未经实体审理而仅仅依据
初步证据作出，法官也很难在短时间内给予"两造"充分发表意见的机
会，可以说在一定程度上是适当牺牲"程序正义"的做法。因此，与
"保护受害人"为中心相比，行为保全应充分考虑被申请人是否会因保全
裁定而遭受难以弥补的损害，❹ 以"充分保护被申请人"为原则。换言
之，申请人的损害与被申请人的损害并不存在何者优先，相反，行为保
全作为一种额外的救济方式，应当以被申请人利益优先。

第三，优化利益权衡，扩大损害类型。应率先要求由申请人证明不
采取行为保全措施对其造成的损害超过采取行为保全措施对被申请人造
成的损害。这样一来，相当于要求权利人在申请禁令之前不能只看到自
身所受损害，还需要充分考虑禁令可能对对方造成的不利影响有哪些；
对被申请人来说，虽然无须承担举证责任，但可以主动举证禁令对其造
成的潜在合理损害。在损害的具体类型上，可以参考《行为保全规定》
第 10 条对"难以弥补的损害"的列举规定，例如商誉、隐私权等人身性
质的权利、相关市场份额明显减少等。对于要求被申请人积极作为的禁
令申请，在衡量禁令给被申请人造成的损害/困难时，还可以考虑禁令的
要求是否会给被申请人造成不可承受的负担，尤其是涉及要求网络服务
提供者承担事前过滤义务时。在实践中，有不少涉平台类行为保全案件，
除要求立即删除指定账号用户相关侵权视频外，还会要求被申请人即平

---

❶ 李曼. 民事行为保全担保制度的完善路径 [J]. 当代法学，2018，32（3）：119.

❷ 在一起涉及雇员歧视的预备性禁令案件中，美国法院直言无法就"难以弥补的损害"得
出结论，但依然支持了要求公司在案件结束前不得解雇的申请方。美国学者对此给予了肯定性评
价，并提出在劳工类且缺乏明确实体法规定的案件中，"难以弥补的损害"要件的处理可以适当
放宽。参见：LETTES J L. Irreparable Injury: Improper Standard for Preliminary Injunction Re-
lief in EEOC Cases [J]. Stanford Law Review，1986，（38）4：1163.

❸ 毕潇潇. 利益衡量视角下行为保全适用条件研究 [J]. 当代法学，2019，33（4）：151-
152.

❹ 有学者指出："中间禁令的首要关切不是其是否以及在多大程度上具有正当性，而是需
要考虑及衡量是否应该给予申请人保护，以及是否认定存在某种损害的可能性。"参见：李曼.
美国中间禁令制度研究 [M]. 北京：社会科学文献出版社，2020：11.

台"立即采取有效措施删除所有侵权视频""立即采取有效措施过滤和拦截"。此类禁令申请人将预防"难以弥补的损害"与消灭全部损害完全等同，不适当地扩大行为保全措施范围，不仅可能妨碍被申请人的正常经营活动，还可能会限制公众获取、欣赏文化产品的自由，❶ 而且还忽略了申请错误所带来的损害也可能是担保所无法弥补的。❷

　　第四，行为保全申请错误的应承担损害赔偿责任，过错认定可参考行为保全审理标准。行为保全以行为为救济内容，其功能之一是弥补财产保全不能弥补的损害，❸ 预防的损害内容也更加抽象，需要弥补的损害也相对紧迫，判断难度更高。从审理程序来看，相比冗长、复杂的实体法审判，行为保全禁令审理时间短，这也意味着其无力承担过于复杂的法律和价值判断。从救济效果来看，行为保全对被申请人的利益影响大于财产保全。❹ 鉴于行为保全禁令影响之大、审理之快，应当额外注重补足相配套的容错机制，督促当事人慎重提起行为保全申请。当前，对行为保全规定申请错误采取客观归责原则，❺ 例如《行为保全规定》规定"申请责令被申请人停止侵害知识产权或者不正当竞争，但生效裁判认定不构成侵权或者不正当竞争"则构成申请错误。这一考虑背后有充分的理由，笔者并不反对。然而，出于各种原因和考虑，❻ 现实中鲜少出现行为保全申请裁定结果与实体法裁判不一致的案件，实际适用行为保全申请错误规定的也就很少。笔者认为，将申请人是否满足行为保全审查标

---

❶　有观点认为："知识产权行为保全制度，是一项极其严厉的制裁性临时措施。其涉及对营业自由以及财产权的限制，同时还涉及平等权的问题，有必要论证知识产权行为保全制度的合宪性。"参见：应振芳，储晓丹. 我国知识产权行为保全制度的合宪性研究［J］. 知识产权，2016（2）：44.

❷　北京互联网法院（2021）京 73 民初 1016 号民事判决书。

❸　李曼. 民事行为保全申请错误的判断与赔偿［J］. 昆明理工大学学报（社会科学版），2019，19（4）：7.

❹　李晓枫，郭萍. 评析《民事诉讼法》中行为保全制度的立法突破与不足［J］. 法律适用，2015（6）：73.

❺　肖建国，张宝成. 论民事保全错误损害赔偿责任的归责原则：兼论《民事诉讼法》第105 条与《侵权责任法》第 5 条的关系［J］. 法律适用，2016（1）：40.

❻　司法实践对申请错误的认定一直存在争议。参见：赵珂. 申请保全错误行为之司法认定：以案例为样本解读《民事诉讼法》第 105 条的适用［J］. 法律适用，2021（8）：117-126.

准的举证责任作为过错认定依据之一，❶ 扩充申请错误的情形范围，有助于引导当事人依照各审查要件充实证据和说理，❷ 避免滥用行为保全，也能减轻法官的案件受理负担。

五、结　语

知识产权强保护下往往多行为保全禁令。这是时代任务，也是行为保全制度在中国发展的必经之路。❸ 行为保全制度的树立得益于知识产权强保护的时代大背景，但行为保全制度始终归属于民事诉讼法制度框架。《行为保全规定》对"胜诉可能性"要件的改造能够直接减少必要性审理标准的不确定性，但更高明的应对方案是同时提升对其他要件的运用意识和运用能力。这一变化的用意在于凸显行为保全作为程序法的独立价值，强调从民事诉讼法制度框架出发，丰富行为保全的一般性规则。

---

❶ 李曼. 民事行为保全申请错误的判断与赔偿 [J]. 昆明理工大学学报（社会科学版），2019，19（4）：6.

❷ 有学者认为："目前的裁判思路需要反思的是，过错的认定与民事保全的条件之间并无关联。如果将申请人关于申请民事保全的条件的认识内容作为错误的主观要件的判断标准，一方面更有利于被申请人损害赔偿请求权的成立，另一方面《民事诉讼法》第 105 条限制申请人滥用权利的制度功能也会更充分地得到发挥。"肖建国，张宝成. 论民事保全错误损害赔偿责任的归责原则：兼论《民事诉讼法》第 105 条与《侵权责任法》第 5 条的关系 [J]. 法律适用，2016（1）：44.

❸ 即便如此，在大趋势不变的前提下，法官对禁令的态度也会出现小幅度波动和调整。例如，20 世纪 90 年代，美国法院对于在专利权纠纷案件上的预备性禁令的态度就有上下起伏。1989～1993 年，美国地区法院在专利权案件预备性禁令的适用上非常克制，到了 1993 年后又有所放宽。参见：MARTENS D W, CONOVER P N. Preliminary Injunctions in U. S. Patent Cases [J]. The Journal of World Intellectual Property，1999，2（3）：331. 直到 2006 年 "eBay Inc. v. MercExchange 案"判决后，美国联邦最高法院又重新开始强调不能当然仅就存在侵权可能性发布禁令，地区法院仍然要遵守传统测试四要件。亦即，专利权人获得禁令支持的可能性将下降，整体态度开始回缩。参见：IANCU A, NICHOLS J W. Balancing the Four Factors in Permanent Injunction Decisions：A Review of Post-eBay Case Law [J]. Journal of the Patent and Trademark Office Society，2007，89：395.